Bernadette von Dreien

Christina – Zwillinge als Licht geboren

Bernadette von Dreien

CHRISTINA

Band 1:

Zwillinge als Licht geboren

Govinda-Verlag

Herausgegeben von Ronald Zürrer

Die «Christina»-Buchreihe umfasst bislang folgende Bände:

Band 1:   Christina – Zwillinge als Licht geboren
Band 2:   Christina – Die Vision des Guten
Band 3:   Christina – Bewusstsein schafft Frieden
            (in Vorbereitung)

Kontaktadressen des Verlages:

Schweiz   Govinda-Verlag, Postfach, 8462 Rheinau
Deutschland   Govinda-Verlag, Postfach, 79798 Jestetten
Internet   govinda.ch | meerstern.de

Offizielle Website von Christina: christinavondreien.ch

Achte Auflage – September 2018
(Erstveröffentlichung Juli 2017)

© 2017 Govinda-Verlag GmbH
Alle Rechte vorbehalten.

Lektorat & Layout: Ronald Zürrer
Fotos im Innenteil: Bernadette von Dreien
Autorenfotos & Logo: Narada Demian Zürrer
Einbandgestaltung: Ronald Zürrer & Narada Demian Zürrer
Gesamtherstellung: CPI books GmbH, Leck
Printed in Germany

ISBN 978-3-905831-48-1

FSC
www.fsc.org
MIX
Papier aus ver-
antwortungsvollen
Quellen
FSC® C083411

«Ich bin nicht auf dieser Welt, um Wunder zu vollbringen. Ich möchte den Frieden und das göttliche Bewusstsein in jeden einzelnen Menschen zurückbringen. Dann werden die Menschen erkennen, dass sie sich selbst heilen können.»

«Viele Menschen haben vergessen, dass jeder einzelne von uns ein göttliches Wesen ist. Jeder Mensch ist ein Licht, und nur alle zusammen ergeben wir ein großes Licht. Jedes Lebewesen trägt den göttlichen Funken in sich, und jeder von uns ist sozusagen ein Stück vom ganz großen Licht. Die Schöpfung wäre nicht vollkommen, wenn auch nur eines dieser Lichter fehlen würde. Das ist es, was ich den Menschen mitteilen möchte.»

«In meiner Auffassung gibt es nur eine einzige Liebe. Liebe ist Liebe, und sie ist grenzenlos, bedingungslos, ohne Ende und ohne Unterscheidung. Liebe ist das, was im Universum unbegrenzt vorhanden ist, eine Ursubstanz, die die Basis von allem ist, was ist.»

– Christina von Dreien

Inhalt

1

Einleitung:
Ein unauffälliges Mädchen

Ein Großteil der Menschheit erfährt das eigene Leben wohl als eine mehr oder weniger willkürliche Abfolge von glücklichen und unglücklichen Zufällen. Zugegebenermaßen gehörte auch ich zu diesen Menschen. Mit einer positiven Lebenseinstellung, mit einem klugen Verstand und mit dem Herz am rechten Fleck versuchte ich, meinen Lebensweg nach bestem Wissen und Gewissen zu gehen. Wie beim Großteil der Menschen, war meine private und berufliche Lebensführung geprägt von Erziehung und Gesellschaft, von kulturellen und religiösen Regeln, von Dogmen und festen Konstrukten.

In meinem Leben durfte ich immer schon vielen Menschen begegnen – Menschen aller Altersklassen, unterschiedlichster Herkunft, mit den unterschiedlichsten Denk- und Handlungsweisen. Diese Unterschiede übten stets eine gewisse Faszination auf mich aus. Ich fragte mich: Warum entwickeln sich die einen zu einem gütigen, friedvollen Menschen, während für andere Hass und Gewalt wie selbstverständlich zum Alltag zu gehören scheinen? Warum sind alle Menschen auf so viele unterschiedliche Arten auf der Suche nach dem Glück, und was ist dieses angestrebte «Glück» überhaupt?

Bald wurde mir klar, dass das Rezept für Glück nicht bloß in einer guten Schulbildung, im beruflichen Erfolg oder im materiellen Wohlstand liegen kann. Vielmehr ist der Schlüssel zum persönlichen Glück und zu innerer Zufriedenheit und Erfüllung wohl nur in uns selbst zu finden. Glück stellt sich dann ein, wenn es uns gelingt, uns von negativen Gedanken- und Selbstsabotagemustern zu lösen und unser tatsächliches inneres Potenzial, unser wirkliches Sein, unsere Bestimmung zu entfalten. Doch den Blick nach innen zu richten, dies hat man uns nicht gelehrt, und wer nach seinem inneren Selbst sucht, der blickt nicht selten zunächst in einen tiefen Abgrund, in ein inneres Chaos.

Während wir uns als Baby noch ganz natürlich von unserer inneren Führung leiten lassen und auch mit anderen Realitätsebenen verbunden sind, werden wir im Laufe unserer Biografie immer mehr von außen geformt, konditioniert und geprägt, so dass wir im Erwachsenenalter mehrheitlich nach Mustern und Konstrukten funktionieren, die von anderen Menschen und von der Gesellschaft erschaffen worden sind. Wir werden darauf getrimmt, uns nach außen zu orientieren, nicht nach innen. Dadurch entsteht zwangsläufig ein Ego, ein künstliches Ich, das nicht unserem wahren Sein entspricht. Die Erkenntnis, dass wirkliches Glück und tiefe Erfüllung nicht dadurch zu erlangen sind, dass wir andere Menschen zu kopieren versuchen oder materiellen Dingen nachjagen, fällt vielen schwer. Sie scheinen das Gleichgewicht von Körper, Geist und Seele sowie den natürlichen Zugang zur inneren Stimme verloren zu haben und irren verwirrt und ängstlich durch ihr Dasein.

So gewann ich zunehmend den Eindruck, dass die Menschheit seit Jahrhunderten sowohl in Sachen persönliches Glück und Erfüllung als auch in Sachen globale Gerechtigkeit und Weltfrieden nicht weiterkommt. Die Menschheit mag in wissenschaftlicher und technischer Hinsicht heute vielleicht so gewandt sein wie nie zuvor, doch an wirklicher Weisheit und Friedensfähigkeit scheint sie nicht viel dazugelernt zu haben. Die zunehmende Ökonomisierung in der Wirtschaft und in den sozialen Strukturen fördert die einseitig-rationale, materialistische Denkweise. Diese dominiert seit über zweihundert Jahren nahezu vollständig unser Dasein, und eine unerfreuliche Folge davon ist die Ausbeutung und Schändung unseres Planeten Erde, mit deren fatalen Auswirkungen wir uns immer mehr konfrontiert sehen. So stehen wir als Menschheit heute in vielen Bereichen vor unseren selbst erschaffenen Scherbenhaufen.

Wo aber blieb die innere geistige und seelische Entwicklung des Menschen in all den Jahrhunderten? Warum hadern so viele

Zeitgenossen mit ihrem eigenen Schicksal? Warum hat sich unsere Gesellschaft zu einem brutalen System von Leistungskampf, Gier, Neid und dem Streben nach Macht und Ruhm gewandelt? Mehrheitlich leben wir in einer nicht wirklich befriedigenden, künstlichen Realität, die das Ego verehrt und eine Bewusstseinserweiterung und damit auch das Entfalten unseres tatsächlichen Potenzials verhindert. Die große Masse der Menschen verharrt nach wie vor in alten kollektiven Denk- und Handlungsstrukturen, was ihre individuelle Entwicklung verunmöglicht.

Kein Wunder fühlen sich heutzutage so viele Menschen unter dem Druck der Arbeitswelt überfordert und sind tief unzufrieden mit ihrem Leben. Wie sollte man auch zufrieden sein, wenn man nicht nach seiner eigenen, persönlichen Bestimmung lebt, sondern bloß nach vorgegebenen fremden Strukturen funktioniert? Sind wir etwa dazu geboren worden? Wohl eher nicht. So verwundert es auch nicht, dass die Zahl der psychischen Erkrankungen stetig zunimmt, trotz einer medizinischen Spitzenversorgung.

Noch nie zuvor sah die Menschheit sich mit derart vielen globalen Problemen und Herausforderungen konfrontiert wie in unserer Zeit: Zahllose Konflikte und Kriege; grassierende Armut und Not vielerorts; menschliches Elend und Flüchtlingsströme; stark schwankende Finanzmärkte, Währungskrisen und Rezessionen; fatale ökologische Sackgassen; innere Zerrissenheit und Orientierungslosigkeit sowie die unzähligen Missstände in vielen Regierungen dieser Welt – all dies scheinen Zeichen entweder eines bevorstehenden Untergangs oder aber eines bevorstehenden großen Umbruchs und Wandels zu sein.

Im vorliegenden Buch gehen wir davon aus, dass es der große Wandel ist, der uns bevorsteht – ja sogar, dass wir alle bereits mitten in diesem Umbruch, in einer evolutionären Transformation der Menschheit stehen. Dieser Wandel wird von jedem einzelnen Individuum ausgehen, angefangen mit denjenigen, die eigens dafür auf der Erde geboren wurden, um ebendiesen Wandel einzuleiten und zu unterstützen. Christina, deren Geschichte in diesem Buch erzählt wird, gehört zu diesen Pionieren eines neuen Menschseins.

Was mich betrifft, so war ich lange Zeit der Überzeugung, dass sich die Zustände auf unserem Planeten nur sehr beschränkt durch mein eigenes Denken und Handeln beeinflussen lassen. Ich ging davon aus, dass ein globaler Wandel hin zu mehr Gerechtigkeit und Frieden hauptsächlich durch übergeordnete Machtsysteme reguliert werden müsse. Doch die meisten politischen, wirtschaftlichen und sozialen Strukturen scheinen in ihrer Komplexität mittlerweile nicht mehr entwicklungsfähig zu sein und drohen aufgrund ihrer destruktiven Grundlage bald zusammenzubrechen. Allzu vieles scheint in unserer Welt außer Kontrolle geraten zu sein, und allzu viele Menschen scheinen die Möglichkeit verloren zu haben, diese hochkomplexen Vorgänge nur schon zu verstehen, geschweige denn das sich anbahnende globale Chaos verhindern zu können.

Dieser weit verbreiteten Auffassung war auch ich – bis zu jenem Zeitpunkt, als Anfang des Jahres 2015 das bereits zuvor schon außergewöhnliche Leben meiner Tochter Christina eine ungeahnte neue Entwicklung zu nehmen begann. Die damals bald 14-Jährige vermittelt mir seitdem auf wundersame Weise eine neue Klarheit über die verwirrenden Geschehnisse unserer Zeit, indem sie aus einer für mich völlig neuen Betrachtungsweise die Abläufe auf unserem Planeten beschreibt. Christina hat mich gelehrt, dass jedes einzelne menschliche Individuum sehr wohl einen Einfluss auf das Weltgeschehen hat. Jeder Mensch trägt mit seiner Bewusstseinsausrichtung und mit seinem persönlichen Energieniveau dazu bei, wie sich die Dinge in seinem eigenen Inneren, in seinem näheren Umfeld und infolgedessen auch global entwickeln werden. Dies ist ein eindrückliches Beispiel dafür, dass die Kraft des Bewusstseins und der inneren Wachheit und Klarheit dem einseitig-rationalen Verstand bei weitem überlegen ist.

Ich erlebe meine Tochter Christina als einen jungen, authentischen Menschen, für den leben und lieben gleichbedeutend sind. Ich erlebe sie als ein Mädchen mit einem außergewöhnlichen Energiepotenzial, damit verbunden mit Begabungen und Sichtweisen, die mit rationaler Denkweise nicht nachvollziehbar sind. Sie ist ein Mensch, für welchen der Umgang mit höheren, multidimensionalen Realitätsebenen genauso normal ist wie das beständige innere Verbundensein mit allem Erschaffenen. Sie lebt in einem Bewusstsein der Einheitsrealität und pflegt stets einen respektvollen, liebevollen Umgang mit sämtlichen Wesen, mit denen sie in Berührung kommt, ohne je zu werten oder zu urteilen. Das Mädchen schafft es nicht nur, harte Schicksalsschläge auf wundersame Weise von einer gelassenen Perspektive her zu durchleuchten, sondern sie besticht auch mit einer verblüffenden philosophischen Weisheit und Tiefe.

Christina ist ein Beispiel aus einer neuen Generation von jungen evolutionären Denkern, die das Dasein des Menschen als eine Komplexität von Quantenphysik, Neuropsychologie und Spiritualität erkennen, beschreiben und leben. Sie zeigt seit jeher ein reges Interesse am heutigen Weltgeschehen und offenbart dabei immer wieder einen bemerkenswerten Durchblick. Diesbezüglich äußerte sie einmal: *«Solange die Menschen mehr Angst als Liebe in sich tragen, wird Demokratie, egal wie fair und richtig sie erscheinen mag, immer nur dazu benutzt werden, die Massen zu hypnotisieren.»*

Christina beschäftigt sich gerne mit komplexen Fragen der Philosophie, der Kosmologie, der Quantenphysik, der Astronomie und der Astrobiologie, der Anthropologie, der Mythologie, der Technologie und der Wirtschaft, genauso wie auch der Soziologie, der Evolutionsbiologie, der Neurobiologie, der Neuropsychologie und zahlreicher weiterer Wissenschaften.

Problemlos gelingt es ihr, naturwissenschaftliche und metaphysische Aspekte harmonisch miteinander zu verbinden. Mit ihrem multidimensionalen Verständnis des Universums – von dessen selbstorganisierender Intelligenz und göttlichen Geometrie bis hin zu unserer menschlichen DNA – offenbart das Mädchen eine Einsicht und ein Wissen, das es sich unmöglich in seinem kurzen bisherigen Menschenleben angeeignet haben konnte. In vielen Fällen ist sie zwar durchaus mit den anspruchsvollen Inhalten der entsprechenden Wissenschaften vertraut – wenn es sein muss, auch in der Fachsprache –, ihre Erklärungsansätze liegen allerdings oftmals über dem Stand der heutigen Wissenschaft. Nicht selten muss sie dabei feststellen, dass es für vieles, was sie außerhalb der dreidimensionalen Wirklichkeit wahrnimmt, noch gar keine irdischen Wörter gibt.

Mit alledem gehört Christina zu einer neuen Generation junger Erdenbürger, die in sich die Berufung spüren, den Menschen eine Alternative zu den bisherigen dreidimensionalen Denkmodellen und Lebensstrukturen aufzuzeigen. Denn über erweiterte Bewusstseinszustände lässt sich in jedem einzelnen Menschen eine höhere kognitive Leistungsfähigkeit erwecken, wodurch wir befähigt werden, uns selbst und unserem Planeten Erde nachhaltige Heilung zu gewähren. Im Vordergrund einer zukünftigen Gesellschaft sollen nicht mehr Angst und Schrecken, nicht mehr Irreleitung und Destruktivität stehen, sondern vielmehr tiefe innere Weisheit, gegenseitige liebevolle Anerkennung und gemeinsam erschaffener Frieden.

Christinas Botschaft macht deutlich, in welch hochbewegender Zeit wir uns befinden: mitten in einer Evolution des Bewusstseins, die zu tief greifenden Veränderungen in sämtlichen Lebensbereichen führen wird. Über veraltete Denkweisen, Konzepte, Theorien und Bewältigungsstrategien aus dem einseitigrationalen Verstand heraus werden die Menschen nicht zu neuen Wegen finden, sondern nur über ein erweitertes Bewusstsein der seelisch-geistigen Ebene. Doch durch die bloß dreidimensionale, materialistische Ausrichtung der Wissenschaft haben es die meisten heutigen Menschen nahezu verlernt, einen natürlichen inneren Zugang zu sich selbst zu finden und sich eine spirituelle Anbindung an die Transzendenz zu bewahren. Dadurch erkennen sie die größeren Zusammenhänge und die tieferen Bedeutungen der Dinge nicht mehr und geraten allzu leicht in Ängste und Zweifel. Sie leben getrennt vom großen Ganzen und lassen sich nicht von ihrer inneren Stimme leiten, sondern lediglich von einem künstlichen Ego und von äußerlich diktierten Lebensumständen.

Christina betont hier klar, dass Ängste, Zweifel, Schuldgefühle, Neid, Hass, Destruktivität sowie alle anderen negativen Gefühle keine Grundlage im Schöpfungsplan haben. Sie sind allesamt von Menschen gemacht, können also auch von Menschen wieder aufgelöst werden. Vieles von dem, was ein Großteil der Menschen als Schmerz und Leid ansehen, sind ganz einfach innere Lernprozesse, denen wir – egal als wie schwierig sie sich präsentieren mögen – auch mit Wohlwollen und Liebe begegnen können, um sie auf diese Weise zu transformieren. Christina sagt: *«Liebe ist das, was im Universum unbegrenzt vorhanden ist, eine Ursubstanz, die die Basis von allem ist, was ist.»*

Dieses Buch erzählt die wahre Geschichte eines Mädchens unserer Zeit, welches mit einem stark erweiterten Bewusstsein geboren wurde. Sie ist mit einer multidimensionalen Wahrnehmung und mit anderen paranormalen Begabungen gesegnet und zeigt einen völlig natürlichen Umgang damit. Denn diese Fähigkeiten sind nur Nebenerscheinungen ihres wahren Seins. Sie ist ein Mädchen unserer Zeit, das aus tiefstem Inneren gewillt und bereit ist, ihr Dasein in den Dienst eines globalen Wandels hin zum Positiven und Konstruktiven zu stellen.

Damit steht Christina bei weitem nicht alleine da. Seit einigen Jahren werden immer mehr hochschwingende, geistig hochbegabte Kinder geboren, die allein mit ihrer Präsenz und ihren Worten im wahrsten Sinne des Wortes Licht aussenden. Diese neue Generation von Menschen lebt uns auf ganz natürliche Weise vor, was Authentizität, Lebensfreude, Eigenverantwortung, Demut, Liebe, Weisheit und Frieden bedeuten – ohne Angst und ohne Überforderung.

Auf den ersten Blick scheint Christina ein ganz normales, ja sogar ein unauffälliges Mädchen zu sein. Erst bei näherem Hinsehen wird ihr außergewöhnliches Energieniveau sichtbar. Christina ist seit jeher wie selbstverständlich vertraut mit höheren kosmischen Gesetzmäßigkeiten. Sie versteht es, uns auf nachvollziehbare, humorvolle und leichtfüßige Art und Weise einen Einblick in andere Sphären und Daseinsebenen zu gewähren, so dass wir die derzeitigen Vorgänge auf unserem Planeten sowie auch in unserem eigenen Leben besser verstehen können. Selbst die schwierigsten wissenschaftlichen und weltpolitischen Themen sieht sie aus einem multidimensionalen Blickwinkel heraus und überrascht immer wieder mit originellen Analysen und Gleichnissen.

Vielen Menschen ist heute bereits bewusst, dass wir in veralteten dreidimensionalen Systemen leben, die nicht imstande sind, die zunehmend komplexeren Herausforderungen der Gegenwart und der Zukunft zu bewältigen. Wie wohl noch nie zuvor sehnen sich die Menschen nach Entschleunigung und Harmonie, nach neuen Denkmodellen, nach neuen menschlichen Umgangsformen und Lebensstrukturen, doch vielen von ihnen fehlt es derzeit noch an der Überzeugung, dass ein solcher globaler Wandel überhaupt möglich ist. Durch ihr eigenes Beispiel vermag Christina diesen Menschen Hoffnung und Zuversicht zu vermitteln, indem sie die Tatsache verkörpert, dass wir uns bereits mitten in diesem Wandlungsprozess befinden. Das Licht ist bereits da, doch viele Menschen vermögen es derzeit noch nicht zu erkennen. Christina sagt: *«Alle Menschen sind Licht, sie haben es nur vergessen.»*

Ihre Klarheit und ihre Einsicht sind imstande, unseren Horizont zu erweitern und in wohltuender Weise einige unserer großen Fragezeichen aus der Welt zu schaffen – und dies alles, ohne dass sie im herkömmlichen Sinne studiert hätte. Ihr Beispiel lässt uns erahnen, über welch großes Entwicklungspotenzial im Grunde jeder Mensch verfügt.

Glücklicherweise haben sich mein Weltbild, mein Weltverständnis und meine Denkweise in den vergangen zwei Jahren grundlegend gewandelt. Mir wurde klar: Wenn ich etwas verändern will, dann muss ich bei mir selbst beginnen. Ich machte die befreiende Erfahrung, dass tatsächlich alles, was mir in diesem Leben begegnet – auch das vermeintlich «negative» und einschränkende –, immer das Potenzial der positiven Transformation beinhaltet. Dies ist ein Prozess, der zwar nicht immer einfach und auch nicht immer angenehm war, den ich aber dennoch unbedingt fortsetzen und vertiefen möchte. Stück für Stück konnte ich meine veralteten Denkweisen revidieren und meine persönliche Realität erweitern, so dass ich heute ein deutlich klareres Verständnis unseres irdischen Daseins und unseres göttlichen Ursprungs habe als noch vor wenigen Jahren. Ich bin stetig daran zu lernen, mich einschränkende Denk- und Handlungsmuster loszulassen, wertungsfreier zu leben und mein Bewusstsein für eine größere Realität zu öffnen, auch wenn ich diese mit meinem rationalen Verstand oft nicht zu erreichen vermag.

Mittlerweile erkenne ich die sogenannten «Probleme» und Widerstände in meinem Leben als Lernprozesse und die vermeintlichen «Schicksalsschläge» als Erfahrungen mit dem Angebot des inneren Wachstums. Die Ergebnisse dieser Bewusstseinserweiterung und Transformation sind höchst erfreulich: Balance, Zufriedenheit, Erfüllung, innere Freiheit, wahre Lebensfreude und nicht zuletzt auch ganzheitliche Heilung und Gesundheit.

Christinas Wesen und ihre Botschaft lassen erahnen, in welche Richtung sich die Menschheit entwickeln wird und wie wichtig diese geistige Entwicklung für jeden einzelnen Menschen ist. Ihre unvoreingenommene Weltoffenheit, ihre Liebe und ihr wohlwollender Umgang auch mit den schwierigsten Menschen und Ereignissen sind immer wieder beeindruckend zu sehen. Zugleich betont sie, dass wir alle dasselbe höhere Potenzial in uns tragen. Sie sagt: «Mit dem zunehmenden Bewusstsein wird die Kraft des Geistes nach und nach die körperlichen Talente ersetzen. Dies wird schneller geschehen, als die meisten Menschen es sich vorstellen können. Es kommen spannende Zeiten auf uns zu.»

Als naturwissenschaftlich geprägter Mensch bin ich zunächst kläglich gescheitert in meinen Bestrebungen, mir Christinas Aussagen und die von ihr offenbarten Phänomene mit herkömmlichen wissenschaftlichen Modellen und Methoden zu erklären. Bei genauerem Hinsehen jedoch stellte ich fest, dass es deutliche Übereinstimmungen mit aktuellen Forschungen etwa im Bereich der Quantenphysik, der Astronomie, der Neurobiologie, der Neuropsychologie und der Bewusstseinsforschung gibt. Und doch gewinnt man den Eindruck, dass Christinas Erkenntnisse um einiges weiterführender und tiefer sind und demzufolge oft nur schwer auf bekannte Begriffe reduziert werden können, da sie dreidimensional weder sichtbar noch nachweisbar sind.

Christina beruhigt uns in diesem Zusammenhang, indem sie sagt: *«Im Universum ist nichts kompliziert. Es sind die Menschen, die es kompliziert machen. Die Erde ist die Schule, das Universum die Hochschule.»*

Christina gelingt es, uns dieses unkomplizierte und natürliche Wesen des Höherdimensionalen und Göttlichen näher zu bringen. In einfühlsamer Art und Weise berührt und bewegt das Mädchen andere Menschen allein mit ihren Gedanken und Worten. In allen ihren Gesprächen sowie in ihrem Handeln fällt stets eine hochachtungsvolle Haltung gegenüber der gesamten Schöpfung auf. Sie sagt: «Göttliche Intelligenz und fühlendes Bewusstsein existierte weit vor der Entstehung der Erde. Bewusstsein ist der Motor, die Antreibungskraft einer jeden Schöpfung. Es ließ Materie, Antimaterie und unzählige Universen entstehen. Die Planeten in unserem Sonnensystem, die Sterne und sogar der leere Raum dazwischen – alles ist erfüllt von Leben und Bewusstsein. Dreidimensionales Leben ist universell gesehen als Ausnahme zu betrachten, nicht als Regel.»

Höhere Realitäten lassen sich per Definition nicht auf menschliche Konzepte und Begriffe reduzieren, sind also mit bloßen Worten oder Argumenten weder zu beweisen noch zu widerlegen. Sie lassen sich allerdings mit einer erweiterten Wahrnehmung ein Stück weit erfahren. Diese entsteht durch eine innere Bereitschaft und Offenheit, die Grenzen des bisherigen Erfahrungshorizonts zu überschreiten und in Bereiche des Bewusstseins vorzudringen, die mit dem dreidimensionalen menschlichen Verstand nicht erreichbar und somit auch nicht messbar sind.

Menschen, die beispielsweise eine Nahtoderfahrung gemacht haben oder die durch Meditation oder Ähnliches bereits mit höheren Sphären in Berührung gekommen sind, dürften weniger Schwierigkeiten haben, die Aussagen in diesem Buch anzunehmen und einzuordnen. Aber auch Zweifler und Skeptiker sind herzlich eingeladen, das Nachstehende unvoreingenommen und ohne Vorurteile zu studieren und sich mit uns darüber auszutauschen.

Christina beschreibt die bevorstehende evolutionäre Veränderung der Menschheit äußerst vielschichtig und regt dazu an, philosophische, wissenschaftliche und gesellschaftspolitische Themen allesamt aus einem multidimensionalen Blickwinkel zu betrachten. Sie vermittelt auf lichtvolle Art und Weise, welche umwälzenden Ausmaße die positiven Veränderungen haben werden, die all jenen bevorstehen, die dafür offen und dazu bereit sind. Dabei stellt sie klar: «Ich bin nicht auf dieser Welt, um die Fehler anderer aufzudecken oder über sie zu urteilen. Ich will den Menschen einfach das Licht und den Frieden zurückbringen. Dann löst sich das Unlicht von alleine auf.»

Christinas bisherige Lebensgeschichte, die im vorliegenden Buch erzählt wird, beginnt bereits außergewöhnlich mit ihrer Geburt und mit ihren ersten, äußerst schwierigen Lebensjahren, und sie erreicht in den Jahren 2015 und 2016 nochmals eine neue Phase der Entwicklung. Es ist davon auszugehen, dass dies erst der Anfang ist und dass Christinas Bestimmung und ihre Botschaften sich in den kommenden Jahren mehr und mehr offenbaren werden.

Ich schreibe diese Geschichte aus der Perspektive der Mutter von drei Kindern nieder, von denen Christina das mittlere ist. Ihre um zwei Minuten ältere Zwillingsschwester Elena verstarb zwei Monate nach ihrer Geburt und begleitet Christina seitdem auf außergewöhnliche Weise aus einer geistigen Sphäre. Der um zweieinhalb Jahre jüngere Bruder Mario bereichert unser Leben gleichbedeutend auf seine Weise mit seinem sonnigen, energievollen Wesen, wenngleich wir den Fokus dieses Buches in erster Linie auf die beiden Zwillingsmädchen richten.

Damit Sie, liebe Leserin und lieber Leser, die Zusammenhänge im vorliegenden Buch besser verstehen und einordnen können, möchte ich mich Ihnen im folgenden Kapitel zunächst in aller Kürze vorstellen. Denn in meiner eigenen Lebensgeschichte scheine ich – ohne dass es mir bewusst war – etliche Erfahrungen und Prüfungen durchlaufen zu haben, die mir jetzt helfen, Christina angemessen zu begleiten und dabei auch zunehmend meiner eigenen Bestimmung zu folgen.

2

Meine Biografie in Kürze

Als siebtes von acht Kindern wurde ich im Jahre 1972 im schweizerischen Toggenburg geboren und durchlebte eine liebevolle, naturverbundene Kindheit in sehr einfachen, arbeitsreichen bäuerlichen Verhältnissen. Unser Leben als Kinder spielte sich ausschließlich zwischen Schule und Zuhause ab. Wir besaßen damals noch kein Auto, und Ferien kannten wir nicht, denn der elterliche Landwirtschaftsbetrieb forderte die ständige Präsenz und Mitarbeit von allen Familienmitgliedern.

Im Alter von 16 durfte ich – wie zuvor schon drei meiner älteren Geschwister – einen Fremdsprachenaufenthalt absolvieren und verbrachte ein Jahr im Tessin. Das dortige Praktikum in einem privaten Pflegeheim sagte mir sehr zu, vor allem die damit verbundene Freiheit und Selbständigkeit, dazu die italienische Sprache, das fast mediterrane Klima und vor allem die Menschen mit ihrer südländischen Mentalität.

Darauf folgte ein Spitalpraktikum in der Deutschschweiz und anschließend die Ausbildung zur Medizinischen Praxisassistentin (Arzthelferin, MFA). Dies alles gelang mir mit großer Leichtigkeit, so dass ich mich nach der Ausbildung mit meiner Arbeit in einer Landarztpraxis ein wenig unterfordert fühlte. Mein Traum als Zwanzigjährige war es damals, ins Amazonasgebiet nach Südamerika zu reisen und dort in einer Urwaldklinik zu arbeiten. Diesen Plan ließ ich allerdings wieder fallen, als man mir sagte, dass man sich beim Roten Kreuz für zwei ganze Jahre verpflichten müsse.

So suchte ich nach anderen Herausforderungen, begann in meiner Freizeit ambitionierter zu joggen und trat einem Laufsportverein bei, in den ich mich in der Folge auch intensiv einbrachte. Der Laufsport in freier Natur war für mich ein sehr befriedigender körperlicher Ausgleich zu meiner geliebten Tätigkeit in der Arztpraxis.

Kurz darauf bezog ich zusammen mit meinem späteren Ehemann eine eigene Wohnung, und im Jahre 1994, mit etwas mehr als 22 Jahren, heirateten wir. Von 1994 bis 1998 arbeitete ich in einer turbulenten Landarztpraxis, was mich tief erfüllte. Während dieser Zeit bauten wir auch ein Haus (1996), und ein halbes Jahr später (1997) erfüllte sich mein Ehemann seinen Wunsch nach einer eigenen Firma, indem er einen Holzbaubetrieb gründete. Voller Elan übernahm ich dort die anfallenden Büroarbeiten, was mich innerlich allerdings nicht wirklich ausfüllte. Dennoch lernte ich viel Neues in diesem Gewerbe, und die Vorstellung, später mit Kindern diese Arbeit als Nebenbeschäftigung weiterzuführen, gefiel mir.

Noch im selben Jahr suchte ich im Alter von 25 Jahren auch sportlich neue Herausforderungen. Als begeisterte Langstreckenläuferin lief ich entgegen dem Ratschlag meines Trainers im November 1997 meinen ersten Marathon. Im tiefsten Inneren wusste ich genau, dass ich für diese Distanz geradezu prädestiniert war. So freute ich mich riesig darauf, obwohl mir mit einem für eine Langstreckenläuferin vergleichsweise bescheidenen Trainingsumfang von rund 75 km pro Woche eine angemessene Vorbereitung fehlte. Dennoch durfte ich bei strömendem Regen meinen ersten Elite-Schweizermeistertitel über die Marathon-Distanz feiern – nicht gerade in einer Weltklassezeit, aber immerhin in 2:44 h, was für mich als Marathondebütantin zum nationalen Titel reichte. Das Potenzial war deutlich zu erkennen, und meine große Faszination für diese Wettkampfdistanz war geweckt.

Mit diesem ersten sportlichen Erfolg stand ich plötzlich auf einer neuen, ungewohnt großen Bühne, auf der unzählige Reaktionen aus der Sportwelt und der allgemeinen Gesellschaft auf mich niederprallten. Damit verbunden stiegen auch die Erwartungen und der Erfolgsdruck in hohem Ausmaß. Ich fühlte mich noch immer als dieselbe Person – wenngleich neu mit dem Prädikat «Marathon-Schweizermeisterin» –, doch die vielen schönen, zuweilen aber auch surrealen neuen Begebenheiten in meinem Leben gaben mir zu denken. Plötzlich fand ich mich auf Titelseiten und in Artikeln von Illustrierten wieder – mit Bildern, die ich nie bewilligt hatte, und sogar mit Aussagen, die ich gar nicht getätigt hatte. Die Resonanz auf meinen sportlichen Erfolg war zwar irgendwie großartig, doch in unserem ohnehin schon ausgefüllten Leben gab es danach kaum noch Raum für künftige Angebote und Verpflichtungen außerhalb des Rahmens von Beruf, Training und Wettkampf. Der Erwartungs- und Leistungsdruck seitens des Verbandes, der Sponsoren und der Medien wurde immer größer, und die negativen Folgen von alledem wurden bereits ein Jahr später sichtbar.

So reduzierte ich 1998 meine Arbeit in der Arztpraxis um 20 %, um mehr Zeit für den Sport zu haben. Doch zugleich begann unser eigenes Geschäft immer mehr zu florieren, so dass dies keine Erleichterung darstellte. Mein Tag begann meist schon um 05:00 Uhr morgens mit Training oder Büroarbeit, bevor anschließend der Praxisalltag losging.

Dem Druck der öffentlichen Aufmerksamkeit sowie auch dem Umgang mit meiner sportlichen Konkurrenz vermochte ich in jener Zeit nicht immer mit Freude zu begegnen. Es folgten mehrere Tiefschläge bzw. Lernprozesse in aller Öffentlichkeit: Bei der Marathon-Titelverteidigung 1998 musste ich wegen Erbrechens aufgeben, ebenso bei der Schweizer Meisterschaft über 5000 m. Auch die Qualifikation für die Halbmarathon-Weltmeisterschaft entging mir ganz knapp, da ich mich im sportlichen Bereich in vielerlei Hinsicht fremdsteuern ließ.

Dies alles behagte meinem Inneren nicht, und so wurde ich in der Folge immer wieder mit meinen eigenen Schwächen und unvorteilhaften Gedankenmustern konfrontiert. Zu allem Überfluss traten nun auch unzählige Menschen mit allerlei vermeintlichen Patentrezepten an mich heran, wie ich diese im Leistungssport durchaus häufige Problematik in den Griff bekommen könne. Viele erfahrene Athleten und Trainer bemühten sich um mich, und ich bekam etliche gut gemeinte Tipps, Jobangebote und dergleichen.

Glücklicherweise wurde mir bald klar, dass es für mich nun nicht darum ging, bloß äußerlich meinen Berufs- und Trainingsalltag umzustellen und zu optimieren. Vielmehr war es eine deutliche Aufforderung an mich, wieder vermehrt auf meine innere Stimme zu hören, wenn ich in diesem Business weiterhin erfolgreich sein wollte. Denn es konnte doch nicht sein, dass ich als begeisterte Läuferin körperlich zwar in Topform war, aber durch vielfältige äußere Einflüsse – Verbände, Trainer, Termine, Medien usw. – im entscheidenden Moment meine Leistung nicht abzurufen vermochte. Mein Ego hatte mit der übermäßigen Orientierung nach außen meine Intuitionsfähigkeit und damit auch meine Erfolge sabotiert.

Ich erkannte: Laufen musste ich immer noch selber, das konnte mir niemand abnehmen. Auch die Begeisterung fürs Laufen konnte mir niemand von außen vermitteln. Man konnte sie mir höchstens wegnehmen. Um dies zu verhindern, war ich nun aufgefordert zu lernen, mich auf mich selbst zu konzentrieren und auf meine innere Stimme zu achten. Wie massiv unser Körper sofort reagiert, wenn man mit negativen Emotionen an eine Sache herangeht, ist gerade im Ausdauersport sehr intensiv zu erleben.

Durch diese veränderte Einstellung gelang es mir allmählich, sowohl Erfolge als auch Misserfolge ganz einfach als neutrale Erfahrungen und als Lernprozesse wahrzunehmen. Meine Entschlossenheit, mich vor allem in diesen mentalen Aspekten weiter zu verbessern, war groß, und die Ergebnisse waren höchst erfreulich: Meine Konkurrentinnen entwickelten sich zu Freundinnen, aus Trainingscamps wurden Ferien, aus Wettkämpfen willkommene Erlebnisse, die mich auf meinem Lebensweg und in meiner Persönlichkeitsentwicklung weiterbrachten.

Zu Beginn des Jahres 1999 hatte ich mein Leben wieder weitestgehend im Griff und wechselte beruflich auf ein 50 %-Pensum in eine kardiologische Arztpraxis. Die Erwartungen im Sport waren nach wie vor hoch, aber ich vermochte ihnen fortan ganz anders zu begegnen.

Und siehe da, die Erfolge im Wettkampf stellten sich rasch wieder ein: Während der ersten sechs Monate lief ich zwar lediglich drei Rennen – drei Schweizer Meisterschaften, was den Druck zusätzlich erhöhte –, doch diese endeten äußerst erfolgreich: Gold über die Marathon-Distanz, Silber über die Halbmarathon-Distanz und Bronze über die Cross-Langdistanz. Meine persönlichen Bestzeiten konnte ich nochmals um etliche Minuten verbessern. Im Herbst 1999 lief ich im Elite-Feld anlässlich des Amsterdam-Marathons auf Rang 5, und es schien noch viel mehr sportliches Potenzial vorhanden zu sein, welches ich in den kommenden Jahren umzusetzen gewillt war.

Doch das Schicksal hatte andere Pläne mit mir – zum Glück! Im November desselben Jahres wurden wir in einen spektakulären Autounfall verwickelt, der von einem betrunkenen Lenker verursacht wurde und mehrere Fahrzeuge erfasste. Dieser Unfall und dessen Folgeerkrankungen machten für mich während Wochen mehrere Klinikaufenthalte notwendig, und an den Nebenwirkungen litt ich noch Monate danach. An Wettkämpfe war im Olympiajahr 2000 nicht zu denken, und so strich ich die gesamte Wettkampfsaison und nahm bewusst Abstand vom ganzen Sportgeschehen.

Offensichtlich wurde ich geradezu gezwungen, meinem Leben noch andere Farbtupfer zu verleihen. So entstand mein tiefer Wunsch, nun eine Babypause einzulegen, dem auch bald entsprochen wurde: Im Herbst 2000 wurde ich schwanger, und daraufhin nahm mein Leben eine komplette Wende, die ich im vorliegenden Buch beschreiben werde.

Seit diesen Prozessen kann ich, zumindest was meine persönlichen Erfahrungen betrifft, deutlich betonen: Zu einem erfolgreichen Spitzensportler wird man nicht allein nur über professionelles körperliches Training, sondern hauptsächlich durch innere Entwicklungsprozesse – sofern man bereit ist, sich wirklich auf sie einzulassen. Eine der in diesem Zusammenhang für mich wichtigsten Erkenntnisse war, dass man sich allzu oft selbst Grenzen setzen lässt durch die gut gemeinten Tipps und Ratschläge anderer. Doch andere können immer nur aus ihrem eigenen Erfahrungshorizont heraus sprechen, und keiner ist in der Lage, uns unsere persönlichen Lernprozesse abzunehmen.

Wer hingegen in Eigenverantwortung und mit Selbstvertrauen und intuitiver Intelligenz handelt, wer mutig neue Wege zu gehen bereit ist, der wird in jeder Extremsituation bestehen können.

Aus sportlicher Sicht gesehen wird er womöglich über Jahre hinweg imstande sein, mit Topleistungen aufzuwarten, ohne dabei über Leichen zu gehen oder seine Gesundheit und seine tiefe Freude für den Sport preiszugeben. Wenn wir aus unseren Lernprozessen tatsächlich lernen, dann steigen auch unsere Belastungsfähigkeit, unsere allgemeine Freude und Gelassenheit im Leben, unsere Authentizität und Integrität.

Trotz der beiden folgenden Babypausen in den Jahren 2001 und 2003 blieb der Laufsport weiterhin mein geliebtes Hobby. Nach der ersten Phase zwischen 1996 und 2000 durfte ich zwischen 2007 und 2015 ein zweites Mal als Kaderathletin im Schweizer Wettkampfteam mitwirken.

Während dieser Jahre konnte ich nochmals insgesamt 18 Elite-Medaillen in diversen Laufdisziplinen (Marathon, Halbmarathon, 10'000 m, Berglauf und Crosslauf) feiern. Das Marathonlaufen lag mit den schwierigen familiären Umständen und dem Geschäft kaum mehr drin, daher fokussierte ich mich in jenen Jahren insbesondere auf den internationalen Berglauf und lief insgesamt bei elf Europa- und Weltmeisterschaften, davon 8 mal in die Top Ten. Parallel dazu feierten wir schöne Erfolge mit dem Schweizer Berglauf-Nationalteam (im Trio) und errangen insgesamt 7 EM- und WM-Medaillen für das Team Suisse, darunter auch den Europameistertitel im Jahre 2007. Gerade diese Erfolge mit dem Nationalteam stellten für mich großartige und wertvolle Team-Erfahrungen dar.

Doch der Sport war stets nur eines von mehreren Segmenten in meinem Leben. Privat und geschäftlich lief in diesen Jahren mindestens genauso viel. Dadurch, dass sich meine Selbstwahrnehmung veränderte und ich mich innerlich weiterentwickelte, veränderten sich auch meine Prioritäten und Lebensziele, was sich früher oder später auch auf unsere zwanzigjährige Partnerschaft auswirkte. Nach einer einvernehmlichen Trennung und Scheidung trennten sich im Jahre 2012 meine Wege von jenen meines Ehemannes. Ich blieb mit den beiden Kindern im Eigenheim wohnen und übernahm die Kindererziehung. So war die Situation bereits zuvor geregelt gewesen, und so ist sie für uns alle bis heute stimmig.

Die Kinder Christina und Mario waren zum Zeitpunkt der Scheidung elf bzw. neun Jahre alt und besuchten die vierte bzw. zweite Schulklasse. Sie kamen mit der neuen Situation rasch zurecht und pflegten auch nach der Trennung weiterhin einen guten Kontakt zu ihrem Vater, der in der Nähe wohnt.

Unser neuer Familienalltag zu dritt harmonisierte sich in der Folge sehr schön. Wenige Monate nach der Scheidung gab ich auch meine Tätigkeit im eigenen Betrieb nach 15 Jahren auf und ließ uns erst einmal ein halbes Jahr Zeit, um alles zu verarbeiten und die neue Situation möglichst stressfrei auf uns zukommen zu lassen, ohne mich beruflich schon neu zu positionieren. Klar war, dass ich später wieder in meinem angestammten Gebiet im Gesundheitswesen arbeiten wollte. Nebenbei trainierte ich als Kaderathletin noch sechs Trainingseinheiten pro Woche, die sich wie früher gut in den Alltag integrieren ließen. Ich stand also nach wie vor im Wettkampfmodus, allerdings im Bewusstsein, dass ich wohl demnächst vom gesamten Wettkampfsport zurücktreten würde.

Schon bald söhnte ich mich mit meiner Vergangenheit aus und begann im Februar 2013 an einer Fachschule für Alternativmedizin und Komplementärtherapie ein weiterführendes vierjähriges Studium mit einem angestrebten Abschluss als Dipl. Naturheilpraktikerin. Diese neue Ausbildung war für mich gut vereinbar mit dem Schulalltag der Kinder und mit dem Sport.

3

Januar 2015:
Veränderungen stehen an

Januar 2015. Im Moment ist unser Familienleben gerade richtig harmonisch, und jede Störung oder Herausforderung wäre eigentlich unwillkommen. Aber zum Glück stehen die Zukunft und unser Schicksal im wahrsten Sinne des Wortes in den Sternen. Da ich diese jedoch nicht zu deuten weiß, bin ich derzeit noch völlig unwissend darüber, welch bewegende Zeiten auf uns zukommen werden. Schon bald werde ich auf wundersame Weise erfahren, dass es keine Zufälle gibt und dass auf meinem Lebensweg noch so einiges eingeplant ist, das ich heute weder zu erahnen noch zu beeinflussen vermag.

Noch immer leben wir zu dritt im selben kleinen Ort in ländlicher Umgebung im schweizerischen Toggenburg. Unser Eigenheim bietet mit großzügigem Landanteil viel willkommenen Lebensraum für uns alle. Zur Familie gehören auch unsere drei pflegeleichten Alpakas, die beiden Hasen sowie die beiden Schildkröten, die uns allesamt viel Freude bereiten, mitunter aber auch Beschäftigung mit sich bringen.

Unser Leben verläuft derzeit also rundum normal – obwohl der Ausdruck «normal» im Grunde völlig nichtssagend ist, da jeder Mensch und jede Familie einzigartig sind, mit jeweils eigenem Charakter und eigenen Begabungen. Meine derzeitige Lebensaufgabe sehe ich in erster Linie darin, den beiden Kindern in einem möglichst optimalen Umfeld ihre persönliche Entwicklung zu ermöglichen, ohne mich selbst dabei zu übersehen.

Meine Tochter Christina war für mich schon seit ihrer Geburt ein wunderbares Beispiel dafür, wie vieles in unserem Leben nicht geplant werden kann. Ihre bisherige außergewöhnliche

Lebensgeschichte hatte mir bereits seit ihrer Zeugung etliche Male Anlass zum Umdenken und zum Hinterfragen und Relativieren der gängigen Meinungen und der Strukturen in unserer Gesellschaft gegeben. Durch zahlreiche Extremsituationen sowohl in Familie und Beruf als auch im Leistungssport habe ich bereits gelernt, intuitiv zu handeln und Konzepte, Dinge und Menschen ohne Verlustängste loszulassen. Mir war stets bewusst, dass ich nicht hier auf diesem Planeten Erde bin, um mich willenlos irgendwelchen fremden und fragwürdigen Strukturen und Denkweisen unterzuordnen, die für mich im tiefsten Inneren nicht vereinbar sind und die mich innerlich nicht erfüllen.

Ein Grund für diese Wachheit und Flexibilität in meinem Leben sind ganz bestimmt die beiden, bzw. die drei Kinder, insbesondere die bald 14-jährige Christina. Ihr Leben hatte seit ihrem ersten Atemzug bereits höchst ungewöhnlich und wundersam begonnen. Doch was jetzt auf uns zukommen würde, sollte noch wesentlich außergewöhnlicher sein – außergewöhnlicher, als ich es mir je hätte vorstellen können.

4

Wie alles begann:
Das erste Lebensjahr

Damit Sie, liebe Leserin und lieber Leser, Christinas Geschichte verstehen können, ist es erforderlich, dass ich an dieser Stelle eine Kurzfassung ihrer Geburt und ihrer frühen Kindheit einschiebe, da bereits diese berührend eindrücklich und insgesamt ziemlich rätselhaft verliefen.

Schon als das Mädchen erst sieben Jahre alt war, trug ich mich erstmals mit dem Gedanken, ein Buch über sie zu verfassen, verwarf diesen dann aber wieder. Es ist nicht gerade üblich, dass man über ein siebenjähriges Kind ein Buch schreibt, und doch hatte Christina bereits in ihren ersten Lebensjahren ein derart intensives Dasein geführt, dass es mühelos ein spannendes Buch ergeben hätte – mit vielen weisen Äußerungen, wie man sie für gewöhnlich von Kindern nicht kennt. Doch nun ist eindeutig der richtige Zeitpunkt dafür gekommen, und Christina und ich realisieren dieses Buchprojekt jetzt sogar gemeinsam. Ihre wundersame Kindheit wird im vorliegenden Band allerdings nur einen kleinen Teil einnehmen, denn es gibt mittlerweile viel Spannenderes und Außergewöhnlicheres zu berichten.

Bis zum Januar 2015 war ich ziemlich ahnungslos gewesen, was Christinas besonderes Energieniveau, ihre dementsprechenden Wahrnehmungsfähigkeiten und ihr Wissen anbelangt. Ihre ungewöhnliche Klarheit sowie ihr friedliches Wesen sind zwar bereits früh, schon als Kleinkind, aufgefallen. Doch war mir beispielsweise nicht bewusst, dass Christina rund um die Uhr mit etlichen höherdimensionalen Sphären und Wesen verbunden ist, unter anderem auch mit ihrer verstorbenen Zwillingsschwester Elena. Für sie selbst aber war und ist die Präsenz paralleler geistiger Welten und göttlicher Ebenen sowie die Kommunikation mit ihnen völlig normal und natürlich.

Dies werden Sie im vorliegenden Buch auf eindrückliche Art und Weise erfahren. Seit die beiden Zwillinge Elena und Christina sich im Jahre 2001 in unsere Familie inkarnierten, begann für mich ein stetiger Lernprozess auf vielen unterschiedlichen Ebenen, der in den Jahren 2015 und 2016 zu einem vorläufigen Höhepunkt ansetzte. Aber gestatten Sie mir, dass ich die Geschichte von Anfang an erzähle:

Das Leben der Christina von Dreien hätte dramatischer kaum beginnen können. Schon früh stellte sich meine Zwillingsschwangerschaft im Herbst 2000 als eine Risikoschwangerschaft heraus, und es ging mir dabei nicht sonderlich gut, da eine heftige Schwangerschaftsübelkeit ein unwillkommener Begleiter war und bis in den fünften Monat anhielt. Trotzdem freute ich mich bei dieser ersten Schwangerschaft ungemein auf die Zwillinge und damit auch auf eine völlig neue Rolle als Mutter. Erst Jahre später würde ich erfahren, dass sich solch hochschwingende Kinder oft schwierige Startbedingungen aussuchen, um in ihrem irdischen Leben Fuß zu fassen. Da bildeten meine Zwillinge anscheinend keine Ausnahme.

Damals war ich knapp 29 Jahre alt und seit einigen Jahren nebst dem Beruf als Medizinische Praxisassistentin auch Kaderathletin in der Leichtathletik, zudem erledigte ich die Büroarbeiten in unserem 1997 gegründeten eigenen KMU-Betrieb. Während dieser Schwangerschaft zwangen mich die äußeren Umstände nunmehr zu viel Ruhe, welche ich meist liegend verbrachte, da ich mich so am wohlsten fühlte. Daher trieb ich ab der zweiten Schwangerschaftswoche keinerlei Sport mehr – eine riesige körperliche und mentale Umstellung vom täglichen Lauftraining auf ein Null-Sport-Niveau. Doch es war, wie fast alles im Leben, bloß eine Frage der Einstellung zur aktuellen Situation. Außerdem arbeitete ich nur noch zu 50 % in der Arztpraxis und reduzierte auch mein Pensum im eigenen Betrieb.

Es war eine äußerst seltsame Schwangerschaft, alles andere als rosarot. Nebst der massiven Übelkeit schien es ein stetiger

Kampf zu sein, die Kinder nicht zu verlieren. Bereits in den ersten Schwangerschaftsmonaten waren daher einige Klinikaufenthalte nötig. Von Anfang an wurde deutlich, dass ich sehr stark auf mein eigenes ausgeprägtes Körpergefühl würde hören müssen, um diesen Kindern überhaupt die Chance auf ein Leben zu ermöglichen.

Der Entscheid, zu Gunsten einer Babypause mit dem Leistungssport vorerst aufzuhören, hatte sich für mich damals richtig angefühlt, wenngleich er in meinem sportlichen Umfeld größtenteils nicht verstanden worden war. Das kümmerte mich jedoch wenig, denn ich bekam immer mehr das Gefühl, es könnten noch andere, weitaus wichtigere und schwierigere Aufgaben auf mich warten. Ich war der Auffassung, dass eine Schwangerschaft bedeutender sei als meine damaligen Erfolge im Sport. Ich war gerade zum zweiten Mal Schweizer Meisterin über die Marathondistanz geworden, und so standen mir in sportlicher Hinsicht im Grunde alle Türen offen. Doch der Unfall im November 1999 hatte alles verändert. In meinem Inneren schien dieser hauptsächlich auf den Beruf und den Leistungssport ausgerichtete Lebensfahrplan ohnehin nicht ganz stimmig zu sein. Auch ein späterer Wiedereinstieg in den Sport war zu diesem Zeitpunkt kein Thema. Ich wollte die Zukunft vorerst einfach auf mich zukommen lassen.

Am Ende der 25. Schwangerschaftswoche erwachte ich eines Morgens mit starken Wehen. In der regionalen Klinik wurde mir die Höchstdosis an Wehenhemmern verabreicht, und man verlegte mich umgehend notfallmäßig auf die Intensivstation des größeren Kantonsspitals. Dort machten mir die Ärzte klar, dass die Zwillinge als extreme Frühchen zur Welt kommen würden, wenn es nicht gelänge, meinen Zustand sofort zu stabilisieren. Die Lage war äußerst kritisch, und nach 36 Stunden machte mein Körper die Strapazen mit Höchstdosen von Cortison, Wehenhemmern und Antibiotika schlichtweg nicht mehr mit. Dann ging alles rasend schnell: Die beiden Zwillingsmädchen wurden per Not-Kaiserschnitt mitten in der Nacht zur Welt gebracht – am Anfang der 26. Schwangerschaftswoche, *fast dreieinhalb Monate zu früh!*

Damit begann meine bis dahin schicksalshafteste Zeit, die mich jäh aus meinem gewohnten Leben riss und mich mit Tatsachen konfrontierte, die mir nahezu keinen eigenen Handlungsspielraum mehr ließen. In meinen bisherigen Rollen als Ehefrau, als Praxisassistentin, als Geschäftsfrau und als Leistungssportlerin war ich es gewohnt, eigenständig zu entscheiden, zu handeln und zu gestalten. Doch nun lag das Schicksal sowohl über mich selbst als auch über die Zwillinge nicht mehr in meinen Händen. Es schien, als hätte da jemand ganz andere Pläne.

Später erfuhr ich, dass kurz nachdem man mich in den Operationssaal gebracht hatte, ein älterer Arzt nachdenklich zu meinem Mann gemeint hatte: «Manchmal gibt es ja Wunder.» Damit war hinsichtlich der Überlebenschance der Zwillinge alles gesagt.

Es war die *Osternacht vom 15. April 2001.* Dass die Zwillinge sich ausgerechnet die Auferstehungsnacht für ihre Geburt ausgesucht hatten, mochte wohl kein Zufall sein. Allerdings sollte es noch rund dreizehn Jahre dauern, bis ich die tiefere Bedeutung dieses Aspektes erfahren würde.

Auch über die Bedeutung der beiden Namen für meine Töchter hatte ich mir im Vorfeld keine expliziten Gedanken gemacht. Die Namen Elena und Christina waren einfach unsere klaren Favoriten und standen bereits vor den sich nun überschlagenden Ereignissen fest. Irgendwie schienen sie uns stimmig zu sein. Auch hier sollte sich erst Jahre später herausstellen, dass die Namen kaum treffender hätten gewählt werden können. Elena bedeutet «die Lichtvolle», und Christina bedeutet «Anhängerin/Nachfolgerin Christi».

Als erstes erblickte Elena in jener Osternacht um 00:25 Uhr das Licht der grellen OP-Beleuchtung. Christina folgte ihrer Schwester um 00:27 Uhr nach. Die winzigen Kinder bekam ich allerdings nicht sofort zu Gesicht. Ich sah nur verschwommen ein Heer von Ärzten und wunderte mich, warum mitten in der Nacht eine solch große Anzahl von Medizinern versuchten, mich und die neugeborenen Zwillinge zu versorgen. Inmitten dieser ganzen Dramatik aber breitete sich in mir auf wundersame Weise ein zutiefst beruhigendes Gefühl aus, dass sich die Zwillinge in guter Obhut befanden, und so versank ich vertrauensvoll wieder ins Dunkle.

Für die damaligen Verhältnisse standen die Mädchen knapp an der medizinischen Hürde, um überhaupt eine Chance zu bekommen, auf der Intensivstation aufgenommen zu werden. Dabei war nicht das erschreckend tiefe Körpergewicht entscheidend, sondern das weibliche Geschlecht und die vollendete 25. Schwangerschaftswoche. Doch zeigten beide Frühchen ausreichend Lebenszeichen, um an die überlebenswichtigen Geräte angeschlossen zu werden. Christina wies mit einem Apgar-Score von 1'5/5'5/10'6 geringfügig schlechtere Werte auf als Elena. Beide wurden umgehend vom Kantonsspital St. Gallen auf die Intensivstation der nahe gelegenen Kinderklinik verlegt, wo man auf Frühgeborene mit einem Geburtsgewicht unter 1000 g spezialisiert war. In der Stadt St. Gallen fiel in jener Nacht heftig Schnee – ungewöhnlich für Mitte April.

Es wurde Ostersonntagnachmittag, bis ich im Rollstuhl die Zwillinge erstmals besuchen konnte. Der erste Eindruck auf der Kinder-Intensivstation war sogar für mich ausgesprochen intensiv, obwohl ich zuvor selber in Krankenhäusern gearbeitet hatte. Rund ein Dutzend Isoletten waren zu sehen, allesamt an mehrere Überwachungsmonitore angeschlossen, welche intermittierend Alarm schlugen, und dazwischen rotierende Schwestern und Ärzte. Der Lärmpegel schien mir ungewöhnlich hoch, doch man gewöhnte sich schnell daran.

Die Isoletten von Elena und Christina standen direkt nebeneinander. In ihrem 40°C warmen Inkubator waren die beiden Winzlinge noch vollständig von einer schützenden Plastikfolie zugedeckt, um nicht auszukühlen. Somit waren sie für mich auf den ersten Blick gar nicht zu erkennen, sondern erst nach dem Entfernen der Folie. Meine beiden Kinder zum allerersten Mal zu sehen, war für mich zugleich schockierend und wunderbar berührend. Jede Mutter weiß, wie klein und leicht Neugeborene sind. Doch diese beiden waren noch rund fünf bis sechs mal leichter als Durchschnittsgeborene! Ihre Augen waren noch nicht geöffnet, aber jede Hautfalte war bereits vorhanden. Ein Füßchen war nicht länger als 1 cm, ebenso ein Händchen.

Doch für Emotionen war in diesem Moment keine Zeit, denn ich wurde sogleich mit Zahlen bombardiert: Elena wog 600 g, war in gestrecktem Zustand 31 cm lang und hatte einen Kopfumfang von 23 cm. Christina wog gerade mal 570 g, war 28 cm lang mit einem Kopfumfang von 22 cm. Beide waren sie bloß eine Handvoll Kind, wenn sie ihre Beinchen und Ärmchen angezogen hatten, vergleichbar etwa mit der Größe einer Barbiepuppe.

Bei derart kleinen Babys konnten weder am Kopf noch an Armen oder Beinen Infusionen gelegt werden, da schlichtweg keine peripheren Blutgefäße sichtbar waren. In den ersten Tagen bestand zudem die große Gefahr einer spontanen Blutung, insbesondere einer Hirnblutung, was sich fatal auf die Kinder ausgewirkt und weitere lebensverlängernde Maßnahmen in Frage gestellt hätte. Trinken war ebenfalls nicht möglich, und so diente in der Regel eine Magensonde als einziger Zugang zum noch massiv unterentwickelten Körpersystem der Winzlinge. Christina bekundete starke Verdauungsprobleme, so dass ihr weder Nahrung noch Medikamente über den Magen-Darm-Trakt verabreicht werden konnten. Daher wurde ihr bereits am Tag nach ihrer Geburt ein kaum sichtbarer Herzkatheter gesetzt, welcher Infusionslösungen direkt zu den großen Blutgefäßen am Herzen führte – eine bewundernswerte Leistung der heutigen Spitzenmedizin. Für diese äußerst risikoreiche Intervention wurde eigens ein externer Spezialist beigezogen.

Das extrem niedrige Geburtsgewicht von 570 g bzw. 600 g war ein klares Indiz dafür, dass den beiden Frühchen ein monatelanger Aufenthalt auf der spezialisierten Kinder-Intensivstation bevorstand. Ob sie ihren Weg in ein selbständiges Menschenleben überhaupt überstehen würden und falls ja, mit welchen Folgeschäden, dies alles war noch nicht absehbar. Sicher war, dass sie erst einmal einige außergewöhnlich schwierige Monate vor sich hatten, in denen sie beide dem Tod näher stehen würden als dem Leben.

Auch mich holte in der Woche nach der Geburt eine akute Blutvergiftung mit hohem Fieber ein, was eine erneute Hospitalisation erforderte. Doch allen Widrigkeiten zum Trotz gewöhnte ich mich irgendwie an die tagtäglichen Turbulenzen auf der

Intensivstation, mit zwei Babys, die unzählige Untersuchungen überstehen mussten, und mit ständigen Besprechungen und Entscheidungen mit den Ärzten. Der Zustand der Zwillinge wechselte oft von Stunde zu Stunde, von einigermaßen stabil bis zu höchst kritisch. Es war mir klar, das es einzig und allein an meiner eigenen mentalen Einstellung zu dieser Situation liegen würde, ob ich an dieser herausfordernden Aufgabe bereits nach wenigen Tagen scheitern würde oder ob ich lernen konnte, mit ihr zu leben und die Umstände jeden Tag einfach so zu akzeptieren, wie sie sich gerade präsentierten. Denn ändern konnte ich persönlich beim besten Willen nichts daran. Das Rezept bestand für mich darin, die stabilen Momente zu genießen und die dramatischen ruhig durchzustehen.

Sowohl als Marathonläuferin als auch als Medizinische Praxisassistentin hatte ich bereits gelernt, mit Extremsituationen umzugehen, was für mich in dieser völlig neuen Lebenssituation nun höchst hilfreich war. Ich wurde mit Ängsten und Ungewissheiten konfrontiert und musste lernen, diese über eine lange Zeit hinweg auszuhalten. Damit relativierte sich so einiges aus meinem bisherigen Leben. Aus dem bloßen Verstand heraus gibt es in solchen Situationen keine tragfähige Bewältigungsstrategie. So lernte ich, zu vertrauen und dem Schicksal seinen Lauf zu lassen, was in mir erfreulicherweise ein positives Gefühl auslöste. Wie diese Situation letzten Endes ausgehen würde, lag nicht in meiner Hand.

Wir entschieden, dass ich bis auf weiteres eine kleine Wohnung beziehen würde, die uns vom Kinderspital vermittelt wurde und nur 150 Meter Luftlinie von der Intensivstation entfernt lag. So konnte ich mich zu jeder Tages- und Nachtzeit bei den Mädchen aufhalten. Da die Kinder vorerst über eine Magensonde ernährt wurden, wurde meine Muttermilch täglich zuerst auf Keime untersucht und dann eingefroren für später. Die Mengen, die die Zwillinge aufzunehmen vermochten, beliefen sich anfangs auf lediglich wenige Milliliter pro Tag.

Das medizinische Personal machte mich gleich zu Beginn darauf aufmerksam, dass solch extreme Frühchen imstande sind, die feinsten Energien wahrzunehmen, dass also jede negative

Energie von mir – wie Angst, Stress, Überforderung, Erschöpfung, Resignation usw. – sich umgehend auf die Kinder übertragen würde. Daher rieten sie mir, ohne schlechtes Gewissen die Klinik zu meiden, falls es mir an einem Tag mal schlecht gehen sollte. Umgekehrt nahmen die Kinder aber auch alle positiven Emotionen und Energien durchaus wahr und erkannten die Stimme und die Schritte der Mama deutlich. Solche positiven Stimuli seien, so erklärten mir die Schwestern, für die neuronale Entwicklung der Frühchen höchst bedeutend.

Dies war eine klare Botschaft, die ich mir noch heute immer wieder zu Herzen nehme. Es lag und liegt mir fern, irgendwelche negativen Energien auf meine Kinder oder generell auf Menschen und andere Lebewesen zu projizieren. Auf mein inneres Gleichgewicht und auf eine positive, vertrauensvolle Grundhaltung zu achten, war somit einer der wenigen aktiven Beiträge, die ich damals für meine Kinder leisten konnte. Alles andere stand außerhalb meiner Macht.

Mein Leben hatte sich schlagartig verändert. Ich war weg von zu Hause, weg von meinem gesamten vertrauten Umfeld, weg von der Arztpraxis, weg vom eigenen Geschäft, weg von meinem Englischkurs und von allem anderen, das ich zuvor für wichtig gehalten hatte. Alle diese Dinge relativierten sich infolge der neuen Umstände komplett und hatten zu jener Zeit überhaupt keinen Stellenwert und keine Priorität für mich. Mein Leben spielte sich während Monaten nur auf der Intensivstation ab, und es zeigte sich sehr deutlich, wie rasch man sich veränderten Umständen anzupassen fähig ist und wie vieles im Leben völlig neu organisiert werden kann, auch wenn man es zuvor kaum für möglich gehalten hätte.

Mein unbändiger Glaube daran, dass die Zwillinge ihren Kampf ums Überleben letztlich gewinnen würden, hielt mich aufrecht, wenngleich ich das eine oder andere Mal mit ansehen musste, wie anderen Kindern nebenan die Lebenskraft ausging. Auch Elena und Christina kämpften, abgesehen von ihrer generellen Unterentwicklung, immer wieder mit diversen Komplikationen, deren Behandlung ihrerseits weitere Risiken nach sich zog. So vergingen die ersten Wochen äußerst turbulent.

Diverse Infekte sowie Kreislauf- und Verdauungsprobleme plagten vor allem Christina, die dadurch nicht an Gewicht gewann und den anfänglich erlaubten Gewichtsverlust von 10% längst dramatisch überboten hatte. In den ersten Wochen sank ihr Körpergewicht von 570 g auf 475 g. Ich traute mich gar nicht mehr, diese Zahl überhaupt jemandem zu nennen.

Unter anderem waren auch einige Bluttransfusionen erforderlich. Der hohe Geräuschpegel auf der Intensivstation, dazu die anfänglich viertelstündlichen Blutentnahmen ab der Ferse, das Absaugen der Lungen usw. – dies alles ließ den Winzlingen sehr wenig Ruhe und verschlang zusätzlich wertvolle Lebensenergie. Christinas Hauptprobleme waren ihre unreifen Lungen und ihr unreifer Magen-Darm-Trakt. Sie war länger als Elena intubiert und benötigte auch danach noch monatelang Atemunterstützung. Um überhaupt eine normale Sauerstoffsättigung im Blut zu erreichen, konsumierte sie oft hoch konzentrierten Sauerstoff im toxischen Bereich von 70%, was zu Netzhautschädigungen in den Augen führte. Doch eine Sauerstoffunterversorgung hätte sich noch fataler auf ihren Körper ausgewirkt. Somit schienen spätere Sehstörungen bereits vorprogrammiert.

Zum Tagesablauf gehörte außerdem das sogenannte «Känguruhen»: Sofern es der momentane Gesundheitszustand zuließ, wurde jeweils eines der Mädchen für eine oder zwei Stunden an meine nackte Brust gelegt, um den Geruch der Mama wahrzunehmen und direkten Hautkontakt zu spüren. Dies war meist eine ziemlich aufwendige Prozedur. Da lag also die Mama, gelegentlich auch der Papa, im Liegestuhl auf der Intensivstation, und Elena oder Christina lagen in Bauchlage auf der Brust, warm zugedeckt und mit sämtlichen Überwachungsgeräten einschließlich dem damit verbunden Kabelsalat. Meistens wurden sie während des Känguruhens ganz friedlich, und ihre Herzfrequenz beruhigte sich. Auch für mich war dies natürlich jedes Mal ein sehr wohltuender und intensiver Moment. Abgesehen davon fanden direkte körperliche Berührungen meist nur über meine Hand statt, die ich durch die kleine Öffnung der Isolette strecken konnte. Allein mit einer Hand vermochte ich eines der Kinder ganz zu bedecken, was ich oftmals während Stunden tat.

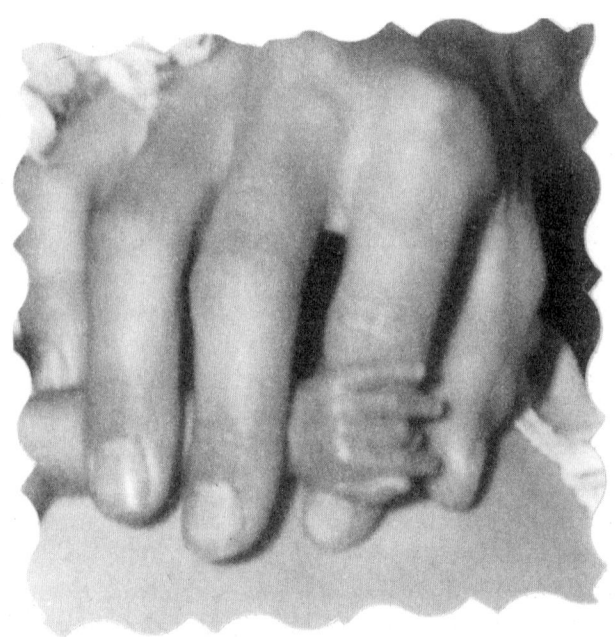

Mai 2001: Elenas Ärmchen mit drei Wochen.

Nach sieben Wochen waren beide Mädchen einigermaßen stabil. Nun stand ein beständiges Ringen um jedes Gramm Körpergewicht im Vordergrund, denn dies war entscheidend für die weitere körperliche Entwicklung und für das Überleben. Elena profitierte von einer deutlich besseren Ausgangslage. Sie wies eine gut funktionierende Lungentätigkeit auf und wog nach sieben Wochen bereits rund 1500 g. Christina hingegen hatte mit merklich mehr Komplikationen zu kämpfen und wog zum gleichen Zeitpunkt erst 1000 g, was einen massiven Unterschied zwischen den beiden darstellte.

Elena hatte also die eindeutig besseren Überlebenschancen, wobei auch sie nach wie vor auf der Intensivstation lag und sich somit näher beim Tod befand als beim Leben.

Wie schmal der Grat zwischen Leben und Tod ist, wurde deutlich, als Elena einen Erreger einfing, der eine Hirnhautentzündung und in der Folge davon eine Hirnentzündung (Meningo-enzephalitis) auslöste. Diese schwerwiegende Komplikation nach so vielen Wochen war auch für die behandelnden Ärzte überraschend. Weitere Mediziner wurden beigezogen, um die Lage von Elena zu beurteilen. In diesen Tagen träumte ich von der Todesanzeige meiner Tochter Elena und wusste im tiefsten Inneren bereits, dass wir sie verlieren würden.

Meine bis dahin ungebrochene Hoffnung, dass sich Elena auch von dieser neuerlichen Komplikation erholen würde, wich nun einer unglaublich traurigen Realität. Die Vorstellung, das eigene Kind in den Tod begleiten zu müssen – oder zu dürfen –, ist wohl die größte Schreckensvorstellung einer jeden Mutter, auch für mich. Doch zugleich war mir bewusst, dass dieser Schritt für Elena eine Erlösung sein würde. Irgendwie war es ihr Schicksal oder gar ihre Bestimmung, nur kurz in ihrem kleinen Menschen-körper zu weilen. Das spürte ich schon damals deutlich, wenn-gleich ich erst viele Jahre später erfahren würde, warum. Die ganze Situation fühlte sich trotz der Traurigkeit irgendwie richtig an, und ich akzeptierte in meinem Herzen, dass Elena nun ihren eigenen Weg gehen würde.

Zugleich machten uns die Ärzte vorsichtig darauf aufmerk-sam, dass Zwillinge sich für gewöhnlich sehr nahe stehen und dass der Tod von Elena mit hoher Wahrscheinlichkeit bei Chris-tina zu weiteren problematischen Rückschlägen führen werde. Dies wiederum war für mich eine kaum mehr zu ertragende Schreckensvorstellung. Doch sollten wir alle noch staunen, denn es kam wundersamerweise ganz anders.

Die letzten acht Stunden vor Elenas Tod waren unvorstellbar friedlich. Inmitten meiner Traurigkeit verspürte ich eine tiefe innere Ruhe und ein seltsames Einverstandensein, so dass ich mich selbst wunderte, woher diese Kraft kam. Konnte es sein, dass das Sterben gar etwas Schönes an sich hatte? Es herrschte ein unerklärlicher, für mich noch nie empfundener Friede, eine Schwingung, die ich mit Worten nicht beschreiben kann – so, als wäre der ganze Raum von einer sehr lichtvollen Energie er-füllt, die keinerlei negative Emotionen zuließ. In diesen letzten Stunden legte sich auf Elenas Gesicht ein äußerst friedlicher Ausdruck. Ja, sie schien regelrecht zu lächeln, während sie in unseren Armen lag. Das war keine Einbildung, denn auch das medizinische Personal bestätigte uns, dass sie denselben Eindruck hatten. Unter diesem Lächeln wurde Elenas Herzschlag zunehmend langsamer, bis schließlich am frühen Morgen des 13. Juni 2001 nur noch die Nulllinie auf dem Monitor zu sehen war.

Mit Elenas Ableben erfolgte entgegen den Prognosen der Ärzte erstaunlicherweise keine Verschlechterung des Zustandes von Christina, sondern im Gegenteil eine deutliche Verbesserung, und sie gewann merklich an Kraft. Es schien, als ob Christina durch Elenas Tod gewissermaßen nochmals neu geboren wurde. Genauso empfand es auch das Pflegepersonal. Für mich hatte, trotz der Trauer, somit alles einen verborgenen Sinn, dessen Bedeutung und Auswirkung wir erst viel später erfahren sollten. Denn derselben unbeschreiblichen, tiefen Friedensschwingung würde ich auf beeindruckende Art und Weise wieder begegnen, 15 Jahre später.

Auf uns kamen nebst den inneren Herausforderungen nun auch die üblichen Formalitäten bei einem Todesfall zu, darunter seltsam anmutende Sonderregelungen bei einem so kleinen Kind mit sterblichen Überresten von gerade einmal 1500 g. Zunächst wurden wir seitens der Ärzte darauf aufmerksam gemacht, dass wir eine Wahl hatten, was mit den sterblichen Überresten von Elenas Körper geschehen soll. Dass es in einer solchen Situation überhaupt eine Wahlmöglichkeit gibt, war uns nicht bewusst, doch gab es tatsächlich vier Varianten: Die erste Möglichkeit war, den Körper von Elena zu Forschungszwecken zur Verfügung zu stellen; die zweite, ihn einfach zu «entsorgen»; die dritte, ihn zu kremieren und in einer Urne beizusetzen, und die vierte, Elena in einem üblichen Grab beizusetzen. Wir waren uns sofort im Klaren: Etwas anderes als ein Begräbnis kam für uns damals nicht in Frage.

Wir suchten uns einen kleinen weißen Sarg aus. Da es für Elenas «Größe» noch keine Konfektionen gab, suchte ich in der Spielwarenabteilung eines Kaufhauses nach einem weißen Kleid und fand schließlich ein schlichtes weißes Barbie-Puppenkleid. Eine wirklich surreale Situation!

Die Todesanzeige in der Zeitung verfasste ich exakt so, wie ich sie einige Tage zuvor geträumt hatte, unter Verwendung derselben Worte: «Wir geben ein kleines, großes Wunder in Gottes Hände. Wir sind dankbar für die Freude, die sie uns bereitet hat. Elena wird uns als Christinas Schutzengel stets in Erinnerung bleiben.»

Diese Worte hätten, wie ich erst 13 Jahre später erfahren würde, kaum treffender gewählt werden können, denn sie sollten sich auf höchst eindrucksvolle Art und Weise bewahrheiten. Auch Elenas Grabstein besteht aus weißem Marmor mit einem eingravierten Engel.

Die Tage danach waren zerreißend. Die anfängliche Freude darüber, dass Christina noch da und bei wachsenden Kräften war, wich nun allmählich einer tiefen Trauer über den Verlust von Elena. Das Leben ging einfach weiter. Wie zuvor kam ich täglich auf die Intensivstation, und fast demonstrativ stand die leere Isolette von Elena noch tagelang neben dem Inkubator von Christina. Es war eine knallharte Tour der Verarbeitung. Aber für mich zahlte sie sich aus, und ich fand Schritt um Schritt wieder den Weg zum Licht. Bald überwog für mich wieder die Freude und die Dankbarkeit darüber, dass Christina noch bei uns war.

Ich hatte mir zuvor schon, angesichts der sterbenden Kinder auf der Intensivstation, Gedanken über das Abschiednehmen gemacht. Ich hatte mir vorgestellt, wie es sich wohl anfühlen würde, ein Kind auf diese Weise zu verlieren – nach einer unglaublich bewegenden, langen Krankengeschichte, die das gesamte innere und äußere Leben der betroffenen Familie verändert. In Anbetracht der Umstände war ich nun unendlich dankbar dafür, dass Christina noch lebte. Doch ihr Kampf ums Überleben war noch lange nicht ausgestanden.

Später erzählte mir mein Ehemann, er habe in der Zeit nach Elenas Tod auf der Intensivstation eine sonderbare kurze Begegnung mit einem ihm nicht bekannten, älteren Arzt gehabt. Dieser Arzt habe bezüglich Christina nur diese gleichsam prophetischen Worte zu ihm gesagt: *«Bei diesem Kind wird man sich einiges nicht erklären können.»* Damals machten wir uns keine großen Gedanken über diese rätselhafte Aussage und suchten nicht nach einer tieferen Bedeutung. Wir wussten nicht, dass sie längst nicht die einzige wunderliche Bemerkung von Fremden in Bezug auf Christina bleiben würde.

Christina verbrachte anschließend weitere strapaziöse Wochen auf der Intensivstation, bis wir sie nach gut vier Monaten mit erst knapp 2500 g Körpergewicht endlich nach Hause nehmen durften und ich die kleine Wohnung in St. Gallen wieder aufgeben konnte. Dies war zweifelsohne der glücklichste Moment in meinem bisherigen Leben.

Christina war ein äußerst friedliches und herziges Baby, aber noch immer sehr, sehr klein. Nach wie vor wurde sie über eine Magensonde ernährt und befand sich weiterhin in engmaschigen Kontrollen hinsichtlich ihrer sensorischen und motorischen Entwicklung. Was mich betrifft, so war ich schon früh der Überzeugung, dass dieses Mädchen keine Augen- oder Gehörschäden davontragen würde, da sie ein äußerst waches Wesen zu sein schien. Wie sich ihre Fein- und Grobmotorik entwickeln würden, war allerdings schwer abzusehen, ebenso auch ihre kognitive Entwicklung. Dieses Kind wollte schon von Geburt an nie in irgendein Raster passen, denn allzu viel war bei Christina einfach besonders. Medizinische Vergleiche mit anderen Kindern zu ziehen, war also zwecklos, denn auch für die Ärzte stellte sie oft ein großes Rätsel dar.

Wie sehr außerhalb jeglicher medizinischer Norm das Mädchen lag, zeigten mir vor allem gleichaltrige Kinder, insbesondere die beiden etwa zur gleichen Zeit geborenen Babys zweier meiner Brüder. Der Unterschied war extrem und ab und an auch ein wenig frustrierend. Doch Christina hatte offensichtlich ihren eigenen Lebensfahrplan, den ich einfach zu akzeptieren hatte.

Trinken konnte das Mädchen zu diesem Zeitpunkt noch nicht, doch man war zuversichtlich, dass sich spätestens nach ein paar Monaten das Trinkverhalten normalisieren würde. Über eine Nasensonde wurde sie tröpfchenweise mit Muttermilch versorgt, Tag und Nacht und mit unglaublich kleinen Portionen von nur wenigen Millilitern. Diese Versorgung blieb zu Hause meine Hauptaufgabe, die mich in höchstem Maße forderte und zugleich auch mit höchstem Glück erfüllte, wenn ich sah, dass ich dadurch aktiv zu Christinas Überleben beitragen konnte. Warum das Mädchen allerdings auch nach weiteren Monaten noch nicht von der Sonde loskam, war unerklärlich. Die Ärzte und wir Eltern hofften, dass es eines Tages einfach «klick» machen und dass Christina so den Schluckreflex endlich aktivieren würde. Doch es sollten noch etliche Jahre vergehen, bis Christina tatsächlich in unserer Realität ankommen würde. Glücklicherweise war ich damals im Unwissen über die Anstrengungen der bevorstehenden Jahre.

Nach sechs Monaten stellte sich die Frage, welche hoch entwickelte Frühchenmilch Christina nach der Muttermilch bekommen sollte. Doch auf sämtliche Spezialnahrung reagierte sie mit massiver Neurodermitis. Es gab Tage, da bekam das Mädchen einfach nur Tee sondiert. In der Klinik riet man mir damals noch von Spender-Muttermilch ab, genauer gesagt übernahm die Klinik keine Verantwortung dafür. Denn das Verabreichen von Muttermilch war zu vergleichen mit einer Bluttransfusion, barg also gewisse Risiken. Doch ich hatte keine Wahl. Eine vertraute Bekannte von mir, die mit einem Frühgeborenen ebenfalls einige Wochen auf der Intensivstation verbracht hatte, hatte noch einiges an eingefrorener Muttermilch übrig, und damit überbrückten wir einige weitere Wochen. Dies war damals überlebenswichtig für Christina.

Am Neujahrstag 2002 war Christina etwas mehr als acht Monate alt und wog knapp 4000 g. Aber statt Fortschritt folgten auch im neuen Jahr neue Probleme.

Im Alter von einem Jahr war Christina ein strahlendes, lebendiges Mädchen von 4800 g, das sich allerdings gerne die Sonde aus der Nase zog, weil der Schlauch in der Nase zunehmend störend war. Zwar war ich imstande, diese selber wieder über die Nase in den Magen einzuführen, doch es wurde zunehmend mühsamer, drei- bis viermal am Tag die lebenswichtige Sonde neu zu setzen. Dieser Zustand war auf die Dauer nicht tragbar. Daher schlugen uns die Ärzte in der Kinderklinik eine sogenannte «PEG-Sonde» vor, das heißt einen künstlichen Katheter-Zugang über die Bauchdecke direkt in den Magen, der nicht mehr durch die Nase und die Speiseröhre verlaufen würde. Über dieses

Schlauchsystem konnte zwar leichter Flüssignahrung zugeführt werden, doch machten uns die Ärzte auch auf die Risiken aufmerksam. Es bestand die Gefahr, dass Christina möglicherweise niemals würde normal essen und trinken können und lebenslang auf dieses künstliche System angewiesen sein würde.

Die Entscheidung für einen solchen Schritt fiel uns nicht leicht. Ich verspürte das starke Bedürfnis, zuvor noch einen weiteren Rat einzuholen, denn ich war mir nicht sicher, ob dieser Eingriff tatsächlich richtig sei. «Zufälligerweise» kam in diesen Tagen gerade eine liebe Freundin zu Besuch und gab uns die Adresse einer Astrologin, die uns möglicherweise weiterhelfen könnte. Bei solchen Empfehlungen war ich stets skeptisch gewesen. Schon seit der Geburt der Zwillinge hatte ich von allen möglichen Seiten eine Unmenge an lieb gemeinten Ratschlägen und an Adressen irgendwelcher Lebensberater und Therapeuten bekommen. Mittlerweile war ich ausreichend sensibilisiert, was die Therapeutenwahl anbelangte. Doch dieses Mal fasste ich den Entschluss, die empfohlene Astrologin aufzusuchen.

Für mich würde es der allererste Besuch bei einer Astrologin sein. Ich hatte vor, mich mit lediglich zwei Fragen an sie zu wenden: erstens, ob diese PEG-Sonde für Christina wirklich die richtige Lösung war, und zweitens, welche Art der Nahrung ich Christina sondieren sollte, wenn keine Spendermilch mehr zur Verfügung stünde. Denn jegliche Sondennahrung wurde bis zu diesem Zeitpunkt von Christinas Organismus nicht angenommen.

Im Vorfeld teilte ich der Dame Christinas Geburtsdaten mit, so dass sie bereits die astrologischen Berechnungen anstellen und Christinas Kosmogramm erstellen konnte. Einige Tage später fuhr ich dann in einer Mischung aus Skepsis und Zuversicht zu jener Astrologin am Zürichsee. Schon nach dem ersten Blickkontakt war ich positiv beeindruckt, und mein Vertrauen war geweckt. Die Astrologin schaute sich das einjährige, mit 4,8 kg noch immer massiv untergewichtige Kind an und meinte dann nach kurzem Innehalten mit einem erfreuten Lächeln und mit einer sonderbar ruhigen Stimme: *«Dieses Kind wird die Welt verändern.»*

Aus welchem Grund diese fremde Frau eine solche Aussage machte und was genau sie damit meinte, verstand ich damals nicht. Ich maß diesen Worten auch kein besonderes Gewicht bei, und doch waren sie eindrücklich genug, dass sie mir im Hinterkopf blieben. Ich hielt die Aussage für eher symbolisch. Vielleicht würde sich Christina irgendwann einmal sozial einsetzen, etwa in der Entwicklungshilfe oder ähnlichem. Die ferne Zukunft meiner Tochter interessierte mich in jenem Moment ohnehin denkbar wenig, denn wir hatten genug aktuelle Probleme.

Insgesamt war der Besuch bei jener Astrologin im Jahre 2002 für uns alle entscheidend. Sie bestätigte einen ausgesprochenen Lebenswillen des Kindes und erwähnte, in welch gewaltiger Planetenkonstellation es geboren worden war. Sie befürwortete die fragliche Operation, und bezüglich Ernährung verwies sie mich auf die Natur. Vieles von dem, was die Astrologin außerdem noch sagte, verstand ich damals nicht. Aber meine beiden zentralen Fragen waren beantwortet: Erstens sollte Christina nun also die PEG-Sonde in ihre Bauchdecke operiert bekommen. Das Entfernen der bisherigen Nasensonde stellte für uns alle eine große Erleichterung dar. Außerdem konnten dadurch auch die ständige Reizung in der Speiseröhre sowie die Irritationen des Ringmuskels beim Mageneingang vermieden werden. Und zweitens entschied ich mich, was die Sondennahrung betraf, wie von der Astrologin empfohlen, für Naturprodukte, was die Ernährungsberater allerdings als sehr ungewöhnlich erachteten. Christina vertrug weder Schafs- noch Ziegenmilch, daher sondierten wir Tees, Fruchtsäfte, pürierte dünne Kartoffel/Gemüse-Cocktails, angereichert mit Eiern und hochwertigen Ölen. Später kamen Apfelmus und pürierte Haferschleimsuppe dazu, manchmal auch eine süße Creme, damit die Kalorienzahl ein wenig aufgewertet werden konnte. Allein die Nahrungszubereitung und das Sondieren waren tagtäglich mit einem enormen Zeitaufwand verbunden. Doch es lohnte sich, und dem Mädchen ging es in kleinen Schritten zusehends besser.

Und doch gab es auch mit dieser sorgsamen Auswahl an Nahrungsmitteln in den folgenden Jahren immer wieder Schwierigkeiten. Christina litt wohl nicht mehr an Neurodermitis, doch da normalerweise die Verdauung des Menschen im Mund beginnt – mit dem ganzen Speichelfluss und dessen Enzymen –, fehlte dieser Teil bei Christinas Nahrungsaufnahme über die Magensonde. Dies wiederum hatte eine sehr schlechte Verdauung zur Folge, was oft mit Krämpfen, Verstopfung und Erbrechen einherging. Aber im Großen und Ganzen konnte sie mit der natürlichen Ernährung gut gedeihen – ganz zum Erstaunen der begleitenden Ernährungsberater, für die eine solche Ernährungsweise neu und unkonventionell war.

Bei all diesen mannigfachen körperlichen Problemen sah man das Kind allerdings niemals weinerlich, quengelnd oder gar trotzend. Und allein dies grenzte ebenfalls an ein Wunder.

5

Christinas Kindheit

Christinas zweites Lebensjahr war geprägt von vielen kleinen gesundheitlichen Rückschlägen und zum Teil heftigen Darmproblemen. Auffallend war, dass es ihr im Winter deutlich schlechter ging als im Sommer – ebenfalls ein Phänomen, das sich erst nach Jahren aufklären sollte. In der kalten Jahreszeit häuften sich jeweils auch später noch die Infekte und andere Herausforderungen massiv.

Zu den jahrelangen Dauertherapien in Christinas Kindheit gesellten sich außerdem regelmäßige medizinische Entwicklungskontrollen. Motorisch lag das Mädchen gegenüber dem üblichen Entwicklungsstand zunächst weit zurück, doch mit 18 Monaten konnte sie endlich vollständig gehen und plauderte wie ein normales Kind. Essen und Trinken aber konnte sie trotz täglicher Bemühungen noch immer nicht selbständig. Sie wurde weiterhin rund um die Uhr mit enorm kleinen Mengen per Sonde versorgt.

Die Situation war für uns insgesamt sehr belastend und ungewiss, also nicht wirklich so, dass man gleich eine zweite Schwangerschaft herbeisehnen würde. Dennoch wollte ich mir nicht vorstellen, dass Christina als Einzelkind aufwachsen würde. Ich verfügte zwar nicht über die Erfahrung einer «normalen» Schwangerschaft, aber ich erhoffte mir eine solche. So wurde ich in dieser Zeit wieder schwanger und erlebte zu meiner großen Freude eine sehr schöne, weitestgehend unkomplizierte zweite Schwangerschaft. Im Hitzesommer 2003 legte ich satte 19 kg zu, dennoch fühlte ich mich rundum wohl und joggte sogar noch bis in den sechsten Monat. Es war ein völliger Kontrast zur vorherigen Schwangerschaft, und ich war dankbar für beide Erfahrungen.

Am 28. November 2003 kam unser Sohn Mario zur Welt, rund zweieinhalb Jahre nach den Zwillingen. Damit war unsere kleine Familie komplett.

Allerdings folgte nun wieder eine sehr anstrengende erste Zeit. Ich hatte nachts nicht nur alle zwei Stunden Christina zu sondieren, sondern zusätzlich auch noch Mario zu stillen. So waren wir Eltern jede Nacht am Rotieren. Mario war glücklicherweise ein ungemein zufriedenes Baby und schlief schon bald durch. Christina war meist lange wach, weinte jedoch selten, war stets zufrieden und schien im Rahmen der Umstände insgesamt topfit zu sein. Es war mir ein Rätsel, woher dieses Kind seine Lebensenergie nahm, denn es stand jeden Morgen strahlend am Gitter seines Bettchens, als ob nichts gewesen wäre.

Jede Mutter weiß, wie unleidlich Kleinkinder sein können, wenn sie hungrig sind, nicht genügend geschlafen haben oder gar krank sind. Man kann sich vorstellen, wie schwierig es erst ist, wenn ein Kind unter konstantem Hungergefühl leidet und fast im Dauerzustand mit gesundheitlichen Rückschlägen zu kämpfen hat. Oft konnte Christina vor lauter Hunger nicht länger als zwei Stunden am Stück schlafen, oder sie litt an plötzlichen Bauchkrämpfen. Ihre herzzerreißenden Schmerzensschreie, die von diesen Bauchkrämpfen ausgelöst wurden und die jahrelang jede Nacht zu vernehmen waren, gingen durch Mark und Bein. Erstaunlich und aus medizinischer Sicht nicht zu erklären war allerdings die Tatsache, dass sie während des Tages niemals klagte oder unleidlich war.

Tagsüber war das Mädchen immer sehr zufrieden und brauchte auch keinen zusätzlichen Schlaf. Sie zeigte weder Ungeduld noch Klagen, weder Jammern noch Quengeln oder irgendeine andere negative Energie. Sie war trotz ihrer höchst herausfordernden Situation meist ruhig und friedvoll, wenngleich ihr die körperlichen Strapazen ins Gesicht geschrieben standen – zeitweise mehr, zeitweise weniger. Ich ahnte damals nicht, dass sie konstant mit sehr lichtvollen höheren Sphären in Verbindung stand. Ihre tiefe innere Zufriedenheit und ihr strahlendes Lachen spendeten mir tagtäglich eine unsagbare Energie. Ja, sie verzauberte die Menschen geradezu. So gelang es auch mir, nicht zu klagen oder gar zu verzweifeln. Mir war durchaus bewusst, das alles noch viel schlimmer hätte sein können. In Zahlen ausgedrückt, hatte Christina lediglich eine Chance von etwa 12 %, die Strapazen ihrer extremen Frühgeburt ohne spätere Folgeschäden zu überstehen. Außerdem bekam ich während der Jahre im Kinderspital derart viele wirklich kranke Kinder zu Gesicht, dass ich Christinas Leben ganz einfach als ein großes Geschenk ansah, wenngleich es wohl eher einem Wunder gleichkam.

Wie erstaunlich sich ein Leben durch seinen eigenen Willen und durch die schöpferische Energie durchsetzen kann, beschrieb Christina Jahre später mit den folgenden Worten: «Biologische Berechnungen können so perfekt sein, dass sie sich gegen die mathematischen Berechnungen stellen. Wenn dein Wille auf den Willen des Lebens ausgerichtet ist, dann erwacht eine Kraft in dir, die so unaufhaltsam und so unanfechtbar ist, dass sich die Kräfte des Universums in Ehrerbietung verneigen. Selbst die widrigsten unter ihnen haben nichts entgegenzusetzen angesichts der klaren Absichten, die das Leben hat. Denn ein Leben kann jedes Multiversum bis auf seinen Kern erschüttern. Jeder Mensch, jedes Wesen hat einen Instinkt für sein Überleben. Schau dir eine Blume an: Ihr Leben ist reine Spontaneität. Wenn ein Leben nur dann entscheiden würde, dass es leben möchte, wenn die Umstände um das Leben herum gut sind, dann wäre das lächerlich. Das wäre etwa so, als würde man nur dann etwas tun, wenn es einem jemand befiehlt, oder als würde man jemanden nur dann lieben, wenn diese Person es von einem verlangt. Ob ein Leben gedeiht, hängt nicht vom äußeren Umstand ab. Leben entsteht genauso auch dort, wo keine guten Lebensumstände sind. Die Natur unterliegt keiner militärischen Befehlskette.»

Während Christinas Weg weiterhin schwierig war, entwickelte Mario sich erfreulicherweise sehr schnell. Er begann mit elf Monaten, auf seinen eigenen zwei Beinchen die Welt zu erkunden, und war insgesamt ein wahrer Wonneproppen. Christina aber hatte nach wie vor mit vielen Herausforderungen zu kämpfen: Magengeschwüre, Darmverschluss, Abszesse in der Speiseröhre aufgrund der Refluxkrankheit, welche mitsamt den Mandeln herausoperiert wurden. Solche Erkrankungen warfen sie in ihrer ohnehin verzögerten Entwicklung immer wieder um Monate zurück.

Anlässlich eines der vielen Aufenthalte in der Kinderklinik begab sich ein unerklärliches Ereignis. Ich verbrachte eine ganze Woche mit Christina in der Klinik und versorgte sie Tag und Nacht. Da sich das Sondieren derart schwierig gestaltete, konnte und wollte ich dies dem Personal nicht zumuten. Eines Abends war ich todmüde und wusste, dass ich nun einfach irgendwo ein paar Stunden Schlaf am Stück benötigte. So instruierte ich die junge Nachtschwester darüber, um welche Uhrzeit, was und wie viel sie zu sondieren hätte. Mehrfach erklärte ich ihr deutlich, dass sie keinen Sondentropf anhängen dürfe, da Christina die übliche Sondennahrung nicht vertrage und große Mengen schon gar nicht. Danach legte ich mich gegen Mitternacht erschöpft in einem ruhigen Nebenraum schlafen.

Dann geschah das Ungewöhnliche: Es war gegen 04:00 Uhr morgens, und es fühlte sich deutlich so an, als ob mich jemand berührt hätte, doch ich sah niemanden im Zimmer. Naheliegend wäre jetzt gewesen, mich einfach umzudrehen und weiterzuschlafen, aber in mir machte sich das klare Gefühl breit, dass Christina in Gefahr war – ein Empfinden, das ich in dieser Art zuvor noch nie erlebt hatte. Fast panikartig verließ ich den Raum und eilte umgehend in Christinas Zimmer. Was ich nun erlebte, bestätigte mir einmal mehr, dass ich mich auf meinen Instinkt, auf meine innere Führung verlassen kann.

Die Nachtschwester hatte, entgegen meinen expliziten Anweisungen, einen ganzen Liter Flüssignahrung angehängt! Dies entsprach in etwa der Menge, die Christina üblicherweise über mehrere Tage aufzunehmen vermochte – dann allerdings bloß milliliterweise und in regelmäßigen Abständen über den Tag verteilt. Das Kind lag flach auf dem Rücken in seinem Bettchen, fixiert in einem Anzug, der mit der Matratze verbunden war, so dass sie nicht aufstehen konnte. Christina war hellwach und schaute mich Hilfe suchend mit großen Augen an, weinte aber nicht. Sie rang nach Luft und hustete, und ich vernahm ein glucksendes Geräusch: Die Sondenmilch lief über den Schlauch durch die Bauchdecke direkt in den kleinen Magen. Da ihr Darm keine großen Mengen verarbeiten konnte, lief die gesamte künstliche Nahrung in die umgekehrte Richtung über die Speiseröhre wieder aus ihrem Mund und aus ihrer Nase heraus. Hätte ich sie nicht entdeckt, wäre sie womöglich in dieser Nacht erstickt, ohne dass es jemand bemerkt hätte.

Dieser Vorfall auf der Neonatologie-Station war ein schockierendes Erlebnis für mich. Dennoch lag es mir fern, ein Drama zu veranstalten. Denn ich war dem Pflegepersonal der Intensivstation nebenan noch immer zutiefst dankbar dafür, dass sie sich monatelang derart engagiert für das Überleben der Zwillinge eingesetzt hatten. Mir war klar, dass bei diesem Ereignis eine höhere Macht die Hand im Spiel hatte. Zum Glück hatte ich auf meine innere Stimme gehört.

Im Laufe der kommenden Jahre sollte es immer wieder zu ähnlichen wundersamen Begebenheiten kommen. Viele von ihnen wären womöglich in der Vergessenheit verblieben, wenn ich mich im Zuge des Schreibens dieses Buches nicht darum bemüht hätte, mich an sie zu erinnern.

Als Christina etwa dreieinhalb Jahre alt war, gaben die Ärzte die Hoffnung auf, dass das Mädchen jemals würde normal essen und trinken können. Der einjährige Mario aber wirkte wie ein Zugpferd für seine Schwester. Wenn Christina ihn genüsslich essen sah, versuchte sie, es ihm gleichzutun, doch alle ihre verzweifelten Bemühungen, auch nur ein winziges Teilchen des Essens herunterzuschlucken, scheiterten. Es war offensichtlich: Sie wollte zwar schlucken und essen, aber ihr Körper schien dazu nicht in der Lage zu sein.

Daher waren wir nicht bereit, aufzugeben. Ich war weiterhin der festen Überzeugung, dass dieses Kind, das einen so wachen Geist in sich trug, auch irgendwann würde selbständig essen und trinken können. Mit dieser Hoffnung stand ich allerdings nahezu alleine da. Immer wieder forderte ich die Ärzte auf, Christinas Fall nochmals gründlich abzuklären. Schließlich wurde entschieden, eine umfangreiche interdisziplinäre Abklärung in die Wege zu leiten, mit einem Magen/Darm-Spezialisten, einem Physiotherapeuten, einigen Internisten sowie einer Logopädin und einem Kinderpsychologen. Sie alle erstellten mittels diverser Untersuchungen und zahlreicher Tests ein umfassendes Bild von Christinas Zustand. Zu diesem Zweck wurde sie sowohl zu Hause als auch in der Klinik während Stunden gefilmt, so dass ihr Verhalten von den Spezialisten analysiert und ausgewertet werden konnte.

Aus psychologischer Sicht war auch eine Essblockade infolge eines unverarbeiteten Traumas nicht auszuschließen, denn immerhin hatte Christina in ihrer jüngsten Kindheit massivste mechanische Eingriffe im Mund-Rachen-Raum hinnehmen müssen. Oder vermisste sie etwa ihre Zwillingsschwester? (Ich für meinen Teil hatte niemals den Eindruck, dass sie Elena vermisste. Irgendwie spürte ich das.) Oder lag das Problem gar bei mir? – Nach einigen Sitzungen kam der Psychologe zum Schluss, dass sich weder bei mir noch bei Christina eine entsprechende psychische Problematik finden lasse.

Den entscheidenden Lösungsansatz fand die Logopädin, der aufgefallen war, dass Christina kaum je etwas mit den Händen anfasste und schon gar nicht sich etwas in den Mund steckte, wie das Kleinkinder üblicherweise zu tun pflegen. Daher hatten sich auch die Mundmotorik und der Schluckreflex bisher nicht entwickeln können. Da Christina mein erstes Kind war, war mir dies nicht aufgefallen. Zum einen war ich es ohnehin gewohnt, keine Vergleiche mit anderen Kindern zu ziehen, und zum anderen ließ ihr waches Wahrnehmen ihrer Umgebung nie auf irgendwelche Defizite schließen. Ich hatte nie den Eindruck, dass es ihr an Wissen fehlte, wie sie mit einem Gegenstand oder mit einem anderen Lebewesen umzugehen hatte. Im Gegenteil schien sie jede Situation äußerst gut und intelligent einschätzen zu können und wirkte niemals unsicher, unbeholfen oder tollpatschig. Sie wusste mit jedem Wesen sorgsam umzugehen, einschließlich ihrer selbst, und so war es nie zu irgendwelchen gefährlichen Stürzen, Verbrennungen oder dergleichen gekommen. Generell war ein «Erziehen» bei Christina nicht erforderlich, denn sie lebte ganz aus sich selbst heraus auf wundersame Art und Weise ein völlig stimmiges Leben. Dies alles war außergewöhnlich, aber es fiel mir erst jetzt, nach dieser Analyse, auf.

Auf Anraten der Logopädin begann nun eine jahrelange Arbeit in der Logopädie der Kinderklinik. Christina musste mit dreieinhalb Jahren zunächst lernen, mit den Händen Dinge anzufassen und zu spüren. Dann lernte sie in mühseliger Kleinarbeit, welche Gegenstände sich kalt oder warm, trocken oder feucht, hart oder weich, grob oder fein, schwer oder leicht anfühlten.

Knapp zehn Jahre später fragte mich Christina bezüglich dieser Therapie: «Mama, warum musste ich damals während Jahren zur Logopädie? Ich kann mich noch gut an alles erinnern. Ich wusste immer bereits aus einigen Metern Entfernung, ob die Gegenstände sich kalt oder trocken oder weich anfühlten. Dafür brauchte ich sie nicht mit meinen Händen zu berühren. Ich habe es jeweils am Energiefeld erkannt.» Mit einem Lächeln meinte sie daraufhin, die ganze Therapie sei für sie damals ziemlich unlogisch gewesen.

Dennoch schien sie nicht ungerne zur Logopädie zu gehen und absolvierte während Jahren folgsam ihre wöchentlichen Therapiestunden im Kinderspital. Heute kann ich ihre Aussage verstehen, doch zu jener Zeit wäre niemand auf die Idee gekommen, dass die kleine Christina über eine erweiterte Wahrnehmung verfügte und Gegenstände und Lebewesen schon aufgrund ihres Energiefeldes erkannte, ohne sie anzufassen.

Im Alter von rund vier Jahren sollte Christina auf Anraten der Augenklinik eine Brille angepasst werden, da eine Erkrankung der Netzhaut (Retinopathie Stad. I) mit beidseitiger Sehschwäche vorlag, die bereits früher diagnostiziert worden war. Doch die ansonsten so folgsame Christina verweigerte jede Brillenanpassung, und das Unterfangen wurde um ein weiteres Jahr aufgeschoben. Als sie fünf Jahre alt war, verzichtete ich jedoch auf weitere Untersuchungen, denn ihre Sehkraft schien sowohl in der Nähe als auch in der Ferne stark genug zu sein.

Einige Jahre später sprach das Mädchen oft von farbigen Strichen und Linien in der Luft und fragte mich, was das sei. Ich konnte diese Fragen nicht einordnen und vermutete eine neuerliche Sehstörung. Doch die Abklärung ergab, dass die Retinopathie und die Sehschwäche überhaupt nicht mehr vorhanden waren. Auch der Augenarzt konnte sich die beschriebenen Symptome nicht erklären, denn augenmedizinisch war alles in bester Ordnung, was für ein solches extremes Frühgebürtchen an ein Wunder grenzt.

So machte ich mir keine weiteren Gedanken mehr darüber. Wie hätte ich ahnen können, dass Christina mit ihrer erweiterten Wahrnehmung sogenannte «Energiesignaturen» sehen konnte, die für meine dreidimensionale Sichtweise schlichtweg nicht vorhanden waren?

Ende 2005, mit viereinhalb Jahren, erlitt Christina nochmals einen lebensbedrohlichen Darmverschluss, den ich zunächst unterschätzte, da das Mädchen zwar während Tagen jede Mahlzeit erbrach, jedoch weder weinte noch schrie. Dieses fehlende Schreien war allerdings nichts Ungewöhnliches. Ihre körperliche Schmerzgrenze war seit jeher unglaublich hoch gewesen, wovon ich mich durch ihre ganze Krankengeschichte hindurch immer wieder täuschen ließ. Im Laufe der Zeit hatte ich gelernt, dass nicht ihr Schmerzverhalten für einen Arzt- oder Spitalbesuch entscheidend war, sondern vielmehr ihr Gesichtsausdruck oder ihr Körper. Auch jetzt wieder sah man zwar ihrem bleichen Gesicht an, dass es ihr miserabel ging, aber sie weinte und klagte nicht. Als jedoch über längere Zeit kein Milliliter ihrer Flüssignahrung mehr durch den Magen weiterkam, fuhr ich mit ihr einmal mehr in die Kinderklinik, wo sich die Diagnose Darmverschluss bestätigte und Abhilfe geschaffen werden konnte.

Dies war glücklicherweise die letzte große gesundheitliche Hürde, die Christina während ihrer Kindheit zu nehmen hatte. In den folgenden Jahren gab es keine nennenswerten Rückschläge mehr.

Nur essen und trinken konnte sie noch nicht. Mittels jahrelanger Logopädie lernte sie allmählich, etwas im Mund zu kontrollieren und milliliterweise zu trinken. Dies war der entscheidende Durchbruch, und tagtäglich übten wir, möglichst fließend in den Alltag integriert, während Stunden. Erfreulicherweise war Mario wirklich ein sehr einfaches Kind mit seinem lebendigen, sonnigen und spontanen Wesen. Er war mit vier Jahren in seiner körperlichen Entwicklung etwa gleich weit wie seine Schwester mit ihren sechseinhalb Jahren. Durch seine Gegenwart und sein

Beispiel unterstützte er sie in ihrem Bemühen, endlich essen und trinken zu lernen. Christina lebte zwar noch immer mit der PEG-Sonde am Bauch, aber es war für uns nur noch eine Frage der Zeit und der Geduld, bis sie davon wegkommen würde.

Doch so einfach war es nicht. Laut Aussagen der Ärzte war es höchst unwahrscheinlich, ein PEG-Sondenkind nach so vielen Jahren wieder von der Sonde zu entwöhnen, vor allem, wenn es als Kleinkind nie zu essen und zu trinken gelernt hatte. Deshalb riet man uns auch davon ab, einen stationären Sondenentzug in einer spezialisierten Klinik in Graz zu versuchen. Mit ihren sechs Jahren war Christina bereits zu alt dafür, und es drohte die Gefahr, dass sie traumatisiert zurückkäme. Die einzige Möglichkeit bestand darin, den Sondenentzug zu Hause selbst durchzuführen, und wir entschlossen uns, es zu versuchen.

Die ersten zwei Sondenentwöhnungsversuche mussten wir allerdings bereits nach wenigen Tagen abbrechen, da Christinas Körper es nicht geschafft hatte, ohne künstliche Ernährung allein durch ihren Hunger einen normalen Essreflex auszulösen. Ja, sie vermochte nicht einmal ausreichend Flüssigkeit zu sich zu nehmen. Noch immer schien es irgendwie unnatürlich für das Kind zu sein, durch den Mund zu essen oder zu trinken.

Monate später sah ich per «Zufall» einen Filmausschnitt über ein elfjähriges Mädchen in Amerika, welches es entgegen sämtlichen medizinischen Studien geschafft hatte, von ihrer PEG-Sonde wegzukommen. Meine Motivation für einen dritten Entwöhnungsversuch war geweckt.

Dieser dritte Sondenentwöhnungsversuch im Juni 2007, als Christina bereits das erste Kindergartenjahr besuchte, war dann endlich erfolgreich. Wie die beiden Male zuvor, ließ ich Christina tagelang ohne künstliche Ernährung. Dies war für mich genauso hart wie für Christina selbst, denn welche Mutter kann schon mit ansehen, wie ihr Kind hungert, wirklich hungert? Die Ärzte hatten mich angewiesen, den Versuch sofort abzubrechen, falls das Mädchen mehr als 10 % ihres Körpergewichtes verlieren würde. Sie lag nachts stundenlang wach, und für ein Händchen voll Essen benötigte sie rund 40 Minuten, da sie unglaublich lange kauen musste und anfänglich nur mit etwas Wasser Nahrung

September 2007: Mit 6½ Jahren wird Christina von ihrer PEG-Sonde befreit. Mario ist zu diesem Zeitpunkt knapp 4 Jahre alt, und beide sind gleich groß und in ihrer körperlichen Entwicklung etwa gleich weit.

überhaupt schlucken konnte. Sie war somit fast den ganzen Tag über in enorm kleinen Portionen am Essen und am Trinken. Dennoch besuchte sie jeden Tag den Kindergarten.

Nach zehn Tagen drohte auch dieser dritte Versuch zu scheitern. Nun war meine eigene Schmerzgrenze überschritten. Christina war vor lauter Hunger die ganze Nacht lang wach gelegen und war am Morgen, als sie in den Kindergarten gehen sollte, völlig dehydriert. Ich wusste: Wenn ich sie jetzt hinschicke, wird mich mit Sicherheit umgehend die Kindergärtnerin anrufen und mir besorgt mitteilen, dass Christina bleich und entkräftet in irgendeiner Ecke sitze. Mittlerweile kannte ich ihre Zustände. So warf ich alle guten Vorsätze wieder über Bord und entschloss mich, ihr vor dem Kindergarten doch wieder zwei oder drei Spritzen mit Flüssignahrung zu sondieren.

Das wäre wohl nicht nur das Ende dieses dritten Sondenentwöhnungsversuchs gewesen, sondern zugleich auch das Ende aller unserer Hoffnungen, dass Christina jemals würde normal essen und trinken können. Sollten die Ärzte also doch Recht behalten? War alles nur mein Wunschdenken gewesen?

In diesem Moment war mir bewusst, dass ich keinen weiteren Versuch unternehmen würde. Denn sowohl für Christina als auch für mich stellte diese Prozedur jedes Mal einen enormen Kraftakt dar. Christina würde wohl oder übel für den Rest ihres Lebens mit dieser Bauchsonde leben und irgendwann lernen müssen, sich mit Spritze und Schlauch die Nahrung selbst zu sondieren.

Doch dann kam es zu einem neuerlichen wundersamen Moment. Es war der Morgen des 13. Juni 2007, bemerkenswerterweise exakt der Morgen des sechsten Todestages von Elena, woran ich in dem Moment jedoch nicht gedacht hatte. Gerade als ich enttäuscht und ein wenig widerwillig die Spritze an den Sondenschlauch ansetzte, um damit den Entwöhnungsversuch definitiv abzubrechen, ergriff die Sechsjährige das Wort. Als ob Christina meine traurigen Gedanken gelesen hätte, wandte sie sich mit klarer, bestimmter Stimme an mich: «Du musst mir nichts sondieren, Mama!»

Mein «Aber …» kam ziemlich schnell.

Doch Christina sprach ruhig und mit Nachdruck weiter: «Nein, Mama, du musst mir nichts sondieren. Du wirst mir überhaupt nie mehr etwas sondieren müssen.»

Die Aussage war klar und deutlich, und ein sonderbarer Ernst lag in ihrer Stimme. Die ganze Situation war höchst seltsam. Wie konnte eine Sechsjährige derart weitreichende und entscheidende Worte in den Raum stellen, noch dazu in einem ausgehungerten, schwachen Zustand, in welchem wohl jedes andere Kind nur noch trotzen, schreien und toben würde? Eine solche klare Aussage nach jahrelanger mühsamer Ernährung über einen Schlauch – wie konnte das möglich sein?

Da mich Christina weder je angelogen noch jemals eine Situation falsch eingeschätzt hatte, glaubte ich ihr auch in diesem Moment und ließ sie wie gewünscht ohne Nahrung die rund 150 Meter bis zu jenem Platz laufen, wo der Schulbus sie abholte und in den Kindergarten brachte. Manch Außenstehender hätte wohl angemahnt, dass dieses Verhalten völlig verantwortungslos sei, doch irgendwie vertraute ich meiner kleinen Tochter.

Christina sollte Recht behalten. Im Nachhinein kann man wohl sagen, dass dieser 13. Juni 2007 nicht nur Elenas sechster Todestag war, sondern auch der Tag, an dem Christinas Seele endlich vollständig in ihrem Körper ankam. So jedenfalls erklärte Christina es mir Jahre später selber.

Die PEG-Sonde blieb anschließend noch für weitere drei Monate in Christinas Bauchdecke, bis sichergestellt war, dass es zu keinem Rückfall mehr kommen würde. Dann endlich konnte sie entfernt werden. Es dauerte danach zwar noch einige Jahre, bis das Mädchen jegliche Nahrungskonsistenz problemlos essen konnte, doch im Alter von etwa zehn Jahren hatte sich alles normalisiert, und seitdem legt sie ein sehr genüssliches, natürliches Essverhalten an den Tag. Heute deutet nur noch eine Narbe in Magenhöhe – wie ein zweiter Bauchnabel – auf diese schwierigen Umstände in Christinas ersten Lebensjahren hin.

6

Christinas Schulzeit

Bei den Einschulungstests im Kinderspital hatte Christina ziemlich schlecht abgeschnitten, so dass man uns mitteilte, dass das Mädchen kaum die normale Grundschule werde besuchen können. Aber ich ließ mich nicht verunsichern, denn ich kannte meine Tochter. Fremden gegenüber zeigte sie stets eine gewisse Zurückhaltung, was sich wohl auch auf die Testergebnisse ausgewirkt hatte. Während sich ihr Verständnis der Zahlenreihen deutlich unterdurchschnittlich zeigte, schnitt sie beispielsweise bezüglich Menschenkenntnis massiv überdurchschnittlich ab. Doch die Menschenkenntnis gehört bei uns nicht zu den relevanten schulischen Anforderungen.

Einige der Ergebnisse ihrer Einschulungstests erschienen rätselhaft und unlogisch, denn niemand verstand damals, dass Christina über außergewöhnliche Wahrnehmungen und Begabungen verfügte, auch ich nicht.

Wir schickten das Mädchen also in die erste reguläre Klasse mit der Option, dafür gegebenenfalls auch zwei Jahre beanspruchen zu können. Dazu kam es nicht, und in der Folge absolvierte sie problemlos alle Stufen der normalen Primar- und Sekundarschule.

Christina zeigte sich gemäß Aussagen ihrer Lehrer stets als ungewöhnlich ruhige, fast schüchterne Schülerin, allerdings mit einer hohen Lernbereitschaft, mit großer Ausdauer und mit einem ausgezeichneten Konzentrationsvermögen. Ihre Mitschüler schätzten ihre liebevolle und hilfsbereite Grundhaltung. Sie war zwar körperlich gesehen immer weit unterentwickelt, doch sie fühlte sich dadurch nie benachteiligt oder ausgegrenzt. Ihre auffallendste Eigenschaft aber war wohl, dass sie immer authentisch, immer sie selbst war, und dass sie niemals irgendwelche

Intrigen, Ungerechtigkeiten oder Lügen unterstützte. Zu Hause erzählte sie häufig von der Schule, und ihre Wahrnehmungen der Eigenheiten und Tätigkeiten der anderen Schüler wie auch der Lehrer war stets sehr beeindruckend, aber nie urteilend. So konnte sie zum Beispiel fragen: «Mama, warum merkt der Lehrer nicht, wie er von einigen Schülern angelogen wird?»

Oft beschrieb sie auch detailliert bestimmte Emotionen von Personen, was mich immer wieder verwunderte. Wie konnte ein derart kleines Mädchen bei anderen Menschen so vieles spüren und wahrnehmen?

Christina spielte zwar gerne mit anderen Kindern, oft aber auch stundenlang alleine. Sie liebte es, an unserem Brunnen mit Wasser zu experimentieren, ebenso auch mit Steinen und vor allem mit Tieren und Pflanzen. Auch dies war für mich lange Zeit rätselhaft, doch da es völlig natürlich wirkte, machte ich mir keine Sorgen deswegen. Christina zeigte sich als sehr naturverbundenes, fröhliches Mädchen, das viel lachte und stets eine tiefe Zufriedenheit ausstrahlte, auf Außenstehende jedoch meist einen sonderbar ruhigen Eindruck machte. Vor Fremden sprach sie oft gar nicht.

«Schon zehn Jahre hier»

An ihrem 10. Geburtstag verkündete Christina zum Erstaunen der versammelten Familie – einschließlich Großeltern, Paten, Freunden sowie einiger Nachbarskinder – mitten beim Kuchenessen: «Mama, jetzt bin ich schon zehn Jahre auf dieser Welt, und es ist noch sooo nichts gelaufen!» Es schien, als sei ihr plötzlich bewusst geworden, dass sie ja hierher auf Erden gekommen war, um eine wichtige Aufgabe zu erfüllen, und dass sie damit noch immer nicht begonnen habe.

Nach dieser Aussage war ich kurz sprachlos. Wieder eine ihrer zahlreichen rätselhaften Bemerkungen, die ich nicht zu deuten wusste. Denn aus meiner Sicht war in den zurückliegenden zehn Jahren sehr wohl sehr viel gelaufen, und vieles davon war alles andere als einfach gewesen. Doch anscheinend maß Christina ihrer umfangreichen Krankengeschichte nicht allzu viel Gewicht bei. Sie schien sich vielmehr in ihrem Leben zu langweilen und suchte endlich eine angemessene Herausforderung. Damals verstanden wir die Bedeutung dieser wunderlichen Aussage noch nicht; sie sollte sich uns erst einige Jahre später offenbaren.

Mario und Christina waren von Anfang an ein innig miteinander verbundenes Geschwisterpaar, und dies ist auch heute noch so. Schon früh zeigte sich, dass Mario eher ein begabter Techniker und seine Schwester eher eine Denkerin ist. Mit den Händen zu arbeiten, war nie Christinas Ding, und so beanspruchte sie sehr häufig seine Hilfe, ohne sich jedoch benachteiligt zu fühlen. Ich staunte oft, dass sie darüber nicht frustriert war, doch sie fand Marios praktische Talente einfach nur toll. Auf diese Weise ergänzten sich die beiden in vielerlei Hinsicht, oft auch auf amüsante Art und Weise. Geschwisterneid oder Streitereien, gegenseitiges Herumkommandieren oder gar Schadenzufügen war diesen Kindern völlig unbekannt. Im Gegenteil, sie waren ausgesprochen fürsorglich zueinander. Dies fiel mir erst dann wirklich auf, wenn ich andere Kinder beobachtete, die teilweise ganz anders miteinander umgingen. So war ich auf eine stille und demütige Art und Weise einfach dankbar für die schöne Fügung, solche Kinder haben zu dürfen.

Sonderbar war eines Tages eine Frage von Mario, als er ungefähr sechs Jahre alt war. Ich war mit ihm im Auto unterwegs, und er saß auf dem Rücksitz. Ganz nebenbei stellte er mit seiner kindlichen Stimme die Frage: «Mama, was ist eine Heilige?». Obwohl er katholisch erzogen wurde, wusste der Erstklässler von Religion noch nicht allzu viel, daher kam diese Frage ziemlich überraschend. Weshalb wollte er aus heiterem Himmel wissen, was eine Heilige ist?

Ich antwortete: «Kurz gesagt, waren Heilige meist aufopfernde Menschen, die sich für Frieden und Gerechtigkeit in der Welt einsetzten. Manche von ihnen konnten auch heilen und Wunder vollbringen.» Ich nannte ihm ein paar Beispiele, wie etwa die heilige Bernadette Soubirous aus Lourdes, deren Körper nach ihrem Tode nicht verweste und noch heute erstaunlich lebendig aussieht.

Marios Antwort auf diese knappe Erklärung ließ mich verstummen: «Aha, dann ist Christina also eine Heilige.» Seine klare Feststellung, an der er keinerlei Zweifel zu hegen schien, ließ ich einfach mal so stehen, ohne zu fragen, warum er denn meine, dass seine Schwester eine Heilige sei.

Es ist durchaus nicht üblich, dass Kinder ihre eigenen Geschwister für Heilige halten, schon gar nicht, wenn sie selbst überhaupt nicht exakt wissen, was Heilige eigentlich sind. Irgendetwas hatte Mario an seiner Schwester bemerkt. Aber was? Allein ihr friedfertiges Wesen konnte kaum der Grund für eine solche Aussage gewesen sein. Auch dieser wunderliche Moment sollte erst einige Jahre später aufgeklärt werden.

Weitere Auffälligkeiten während Christinas Schulzeit zeigten sich etwa im Mathematikunterricht, der für sie stets eine spezielle Herausforderung darstellte. Ihre Leistungen in Mathematik standen in keinem Verhältnis zu jenen in den Sprachen oder den Naturwissenschaften. Schon als Kleinkind bei den Entwicklungskontrollen in der Klinik war ihr Verständnis der Zahlenreihen weit unter der Norm gewesen, und auch später in der Schule blieb das Rechnen immer ihre große Hürde. Die Mathe-Hausaufgaben erledigte sie stets mit mir zusammen und besuchte zusätzlich auch Nachhilfe.

In der 5. Klasse erhielt sie die Aufgabe, einen Würfel zu beschreiben. Die einfache Fragestellung lautete: Wie viele Seiten hat ein Würfel? Christina antwortete mir umgehend mit einem sicheren Lächeln im Gesicht: «Sechzig!»

Nach dieser Antwort riss bei mir allmählich der Geduldsfaden. «Ein Würfel kann doch nicht sechzig Seiten haben!», erwiderte ich etwas ungehalten, holte einen kleinen Würfel aus der Spielschublade und legte ihn vor sie hin.

Daraufhin kam die korrekte Antwort: «Er hat sechs Seiten.»

Was ich damals nicht wissen konnte, ist, dass Christina bereits zu diesem Zeitpunkt multidimensional zu sehen vermochte und manchmal schlichtweg vergaß, Fragen gemäß unserer dreidimensionalen Sicht zu beantworten. Auch diese Begebenheit klärte sich erst Jahre später auf, als Christina mir darlegte, dass sie damals imstande war, zehndimensional zu sehen. Auf meine

Frage, wie denn ein solch zehndimensionaler Würfel mit sechzig Seiten aussehe, meinte sie nur lachend: «Nun ja, das Ding hat definitiv keine Ähnlichkeit mit einem Würfel unserer Dimension.»

Christinas Vorlieben

Christinas Hauptbeschäftigung während ihrer Schulzeit war und ist noch immer das Lesen. Mit dem ganzen üblichen Mädchenkram – einschließlich Schminke, Schmuck, Uhren, Handys, Social Media, Fernsehen usw. – konnte sie seit jeher nicht viel anfangen. Lieber spielte sie in freier Natur mit den Tieren oder den Nachbarskindern.

Zu Weihnachten oder zum Geburtstag meldete sie nie Wünsche an. Wenn man sie nach ihren Geschenkwünschen fragte, kam meist eine Antwort wie: «Ich brauche nichts. Ich habe alles, was ich brauche.» Dies war für die Anverwandten nicht wirklich hilfreich und sorgte nicht selten für Bemerkungen wie etwa: Diese Bescheidenheit ist doch nicht normal!

Oft bekam sie dann Bücher geschenkt, denn nichts konnte Christina so sehr begeistern wie Bücher. Anfangs interessierten sie hauptsächlich Bücher mit schönen Illustrationen über die Natur. Vor allem Weltnaturerbe-Stätten sprachen sie an, aber auch die Sterne und das Weltall. Als Unterstufenschülerin sammelte sie zudem niedliche kleine Engelchen, die noch heute ihre Wände und Regale zieren. Auch Steine faszinieren sie seit jeher sehr.

Das zwanghafte Schenken an Weihnachten aber blieb stets verwunderlich für das Mädchen. Einige Jahre später bemerkte sie zum «Fest der Liebe» einmal: «Ich verstehe nicht, warum sich die Menschen nur gerade an diesen Tagen Geschenke machen oder sich Zeit füreinander nehmen. Für mich ist immer Weihnachten, dazu braucht es keinen Christbaum und keine Geschenke.»

Eine große Vorliebe von Christina waren und sind die Tiere. Als Kind rettete sie mit großer Freude und Ernsthaftigkeit allerlei Schnecken, Käfern und anderen Kleintieren das Leben. Wenn es regnete, kontrollierte sie oft die Straßen, um sicherzustellen, dass keine Schnecken überfahren wurden. Das macht sie übri-

Bereits als Kleinkind liebte
Christina Engel und wusste
um deren Bedeutung. Mehr als
dreißig Engelfiguren stehen noch
heute in ihrem Zimmer.
(Bild aus dem November 2004)

gens noch heute. Auch Fliegen, Wespen oder Bienen, die versehentlich ins Trinkglas fallen, fischt sie stets von Hand aus dem
Glas und lässt sie wieder fliegen. Ihre Erklärung, weshalb sie dabei nicht gestochen werde: «Vielleicht fühlen sich die Bienen von
mir nicht bedroht.»

Gegenüber keiner Art von Tieren hatte Christina je Berührungsängste – weder gegenüber Spinnen oder Schlangen, noch
gegenüber großen Raubtieren. Deshalb mochte sie liebend gerne
Zoos besuchen und einfach die dortigen Tiere betrachten. Überhaupt zeigte sie in keinem Lebensbereich je Angst. Nur bellende
Hunde oder generell Lärm mochte sie nicht – nicht etwa, weil
sie Angst vor Hunden hatte, sondern weil das Gebell akustisch
für sie schwierig war.

Im Alter von sieben Jahren bekam sie einen Hasen geschenkt,
und mit neun eine weiße Alpaka-Stute, die mittlerweile bereits

Oktober 2012: Die 11½-jährige Christina mit ihrer Alpaka-Stute Daisy.

drei Jungtiere geworfen hat. Mario besitzt ebenfalls einen Hasen sowie einen Alpaka-Hengst. Christina war stets äußerst liebevoll mit den Tieren und schien sich mit allen unterhalten zu können. Erklären konnte ich mir diese wunderliche Kommunikation zwar nie, doch es fühlte sich stets völlig selbstverständlich und natürlich an.

Christina konnte mit der Natur förmlich verschmelzen. Ein eindrückliches Beispiel dafür trug sich an einem milden Oktobertag zu, als sie neun Jahre alt war. Es waren Herbstferien, und die Kinder verbrachten den Tag mehrheitlich im Freien. Wir ließen die Hasen nochmals in ihr großes Gehege ins Freie. Als ich meinen Blick aus dem Haus nach draußen schweifen ließ, erblickte ich Christina, die alleine mit einem Buch inmitten des großen Geheges saß und den beiden Hasen eine Geschichte vorlas – ohne Worte versteht sich. Die beiden Alpakas, deren Revier an das Hasengehege grenzt, setzten sich ebenfalls an den Zaun und lauschten der stillen Erzählung. Die Situation erweckte den Eindruck, als ob alle Tiere aufmerksam der lautlosen Geschichte folgten. Und das taten sie wohl auch, denn schon damals verfügte Christina über die Fähigkeit, mit Tieren, Pflanzen und Steinen zu kommunizieren.

Von der dritten bis zur sechsten Klasse spielte Christina einige Zeit lang Keyboard. Sie zeigte sich darin zwar nicht etwa besonders talentiert, aber sie genoss das Musizieren und besuchte die Stunden gerne. Auch ich begrüßte es aus therapeutischer Sicht, da das Mädchen sonst sehr wenig mit den Händen arbeitete und motorisch eher unbeholfen war.

Fürs Fernsehen hingegen hegte sie kaum je Interesse. Wenn abends die gemeinsame Fernsehstunde für die Kinder anstand, nahm sie meist ein Buch zur Hand oder schrieb irgendetwas, ohne dass sie sich gestört fühlte durch uns oder durch den Fernseher.

Christinas Lieblingsbeschäftigung blieb immer das Lesen. Sie war derart schnell darin, dass ich es oft kaum glauben konnte. Im Alter von zehn Jahren las sie pro Woche mindestens fünf dicke Bücher. 300 Seiten waren da im Nu gelesen, und sie wusste anschließend über den gesamten Inhalt sehr gut Bescheid, was mit dem Lese-Kontrollsystem «Antolin» auch nachgewiesen wurde. Zu jener Zeit ahnten wir noch nicht, dass dieses Mädchen über synästhetische Fähigkeiten verfügt, also völlig anders angelegte neuronale Hirnstrukturen aufweist und deswegen unter anderem auch sehr schnell zu lesen und Texte zu verstehen imstande ist.

Ihr Lesedrang konzentrierte sich anfänglich vor allem auf Abenteuer- und Fantasiegeschichten, später dann zunehmend auch auf Fachbücher in den Bereichen Naturwissenschaften und Mystik. Mit etwa zehn Jahren entdeckte sie ihre große Begeisterung für Kosmologie und Astrologie, die sich allerdings bereits Jahre zuvor angekündigt hatte.

Denn schon als kleines Mädchen von zwei, drei Jahren hatte sie sich öfters am Abend, wenn es dunkel geworden war, einen Stuhl an ein geschlossenes Fenster geholt und stumm in die

2003: Die rund zweijährige
Christina am Fenster, um
fasziniert ins Dunkel zu schauen.

dunkle Nacht hinausgeschaut. Manchmal saß sie auch vor der
Balkontüre, meistens aber wechselte sie an verschiedene Orte,
als ob es überall etwas anderes zu sehen gab. Ich hatte mich oft
gewundert, was für sie daran so faszinierend war, denn die Sicht
auf die Sterne war ja häufig von Wolken verdeckt. Es musste also
einen anderen Grund geben, welchen ich wiederum erst Jahre
später erfuhr. Jedenfalls waren sämtliche Fensterscheiben und
die Balkontüre stets gezeichnet – oder treffender ausgedrückt:
verschmiert – von ihren Händchen und ihrem kleinen Mund,
insbesondere in ihrem Kinderzimmer. Doch ich ließ sie stets gewähren, denn aus irgendwelchen Gründen fand sie den Anblick
der nächtlichen Dunkelheit offensichtlich deutlich spannender
als das Fernsehen.

Beginnende «Vortragstätigkeit»

Etwa ab dem Alter von zehn Jahren begann Christina, der Familie lange Ausführungen über naturwissenschaftliche Themen vorzutragen. Voller Inbrunst erzählte sie beispielsweise liebend gerne über den Kosmos, referierte über unbekannte Planeten im Universum, über deren Entstehung und Struktur und erläuterte zuweilen auch das dortige Klima und die jeweiligen Naturgesetze. Woher bloß hatte das Mädchen derart detailliertes Wissen über ferne Planeten und Galaxien, über Sternentore, Wurmlöcher und Multiversen? Sie konnte dies alles unmöglich nur aus Büchern oder aus dem Internet erfahren haben, und gewiss erfand sie es auch nicht fortlaufend.

Problemlos vermochte sie eine ganze Stunde lang oder auch länger ohne Unterlass über solche Themen zu referieren und sie mit anderen Gebieten wie Physik oder Evolutionsgeschichte zu verknüpfen. Auch stellte sie Vergleiche mit der Entwicklung der Erde und der Menschheit an, über die sie ebenfalls umfangreich Bescheid zu wissen schien. Gewiss hatte sie all dies nicht einfach bloß irgendwo gelesen und dann auswendig gelernt, denn sie legte bereits damals Sachverhalte dar, die eindeutig außerhalb der aktuellen Kenntnisse der Wissenschaft lagen.

Ihren begeisterten Schilderungen zuzuhören war jedes Mal ein Erlebnis, und man war gut beraten, sie dabei nicht zu unterbrechen. Sie erzählte derart lebendig, sicher und glaubwürdig, dass es keinen Raum für Zweifel gab. Ich hatte, wenn sie zum Beispiel über andere Welten sprach, nicht selten den Eindruck, als ob sie gerade eben dort gewesen war und mir nun ihre aktuellen Erlebnisse im Schnelldurchlauf schilderte. Während dieser Ausführungen, die für Christina anscheinend völlig normal waren, fielen häufig Anmerkungen wie etwa: «... aber das kannst du nicht sehen» oder «... das ist für die Menschen hier undenkbar» oder «... das kann man mit dem dreidimensionalen Verstand nicht nachvollziehen».

Insgeheim wünschte ich, sie würde gelegentlich auch in der Schule auf diese Weise referieren. Ihr Lehrer würde sie wohl kaum wiedererkennen. Doch in der Schule zeigte sie sich stets äußerst zurückhaltend – so zurückhaltend, dass man sie oftmals kaum bemerkte. Nie meldete sie sich freiwillig, um Fragen zu beantworten, folgte jedoch sehr aufmerksam und konzentriert den Lektionen und begab sich in die Rolle der stillen Zuhörerin.

Die naturwissenschaftlichen «Vorträge» und unsere heimischen Gespräche darüber häuften sich und weiteten sich im Laufe der Jahre immer mehr aus. Zu den Fachgebieten Astronomie, Erdgeschichte und Evolutionsgeschichte kamen neu beispielsweise auch Quantenphysik, Zoologie, Archäologie, Klimaforschung, Neuropsychologie und Religionswissenschaft hinzu. Auch zu wissenschaftlichen Erfindungen und zentralen historischen Ereignissen auf unserem Planeten ließ sie gelegentlich subtil kritische Bemerkungen fallen. Und immer wieder verblüffend waren ihre Analysen zum aktuellen Weltgeschehen.

Bei all diesen Themen durfte ich jederzeit auch kritische Fragen stellen. Darauf freute sie sich besonders, und sie wusste immer eine kluge Antwort zu geben. Oft forderte sie mich direkt dazu auf, etwas zu fragen, damit sie noch weiter ausholen und einen Sachverhalt noch vertiefter erklären konnte. Vielfach waren die Themen allerdings derart hochstehend, dass ich bald keine weiteren fachlichen Fragen mehr hatte, sondern mich einfach nur noch über meine Tochter wunderte. Nie erschien mir etwas von alledem, über das sie referierte, als spekulativ oder unglaubwürdig. Auffällig war, dass Christina bei Themen wie etwa Gravitationsfelder oder Umdrehungen der Erdachse oder auch hinsichtlich irgendwelcher Begebenheiten, die Jahrtausende zurückliegen, in erstaunlicher Weise mit Zahlen umzugehen vermochte, obwohl sie im Mathematikunterricht in der Schule nach wie vor deutliche Defizite aufwies. Auch dies vermochte ich mir nicht zu erklären.

Bemerkenswert waren auch ihre persönlichen Fragen wie zum Beispiel: «Mama, glaubst du, dass sich jemand von Licht ernähren kann?» oder «Glaubst du, dass jemand mit einem Röntgenblick geboren werden kann?» oder gar «Kennst du jemanden, der sich unsichtbar machen kann?»

Meine Standardantwort war dann meistens: «Ich denke schon, dass es solche Phänomene geben kann, doch dürften dies wohl eher seltene Begabungen sein.» Damit war ihre Frage dann jeweils beantwortet – jedenfalls bis zur nächsten Frage, die oft nicht lange auf sich warten ließ.

In jenen Kinderjahren war Christina in ihrem Verhalten und in ihren Äußerungen immer noch ein großes Rätsel für mich, das ich nicht zu ergründen wusste. Mein Bild von ihr schien irgendwie noch lückenhaft und unvollständig zu sein – so, als würde ich meine Tochter noch gar nicht richtig kennen.

Christinas Stärken lagen jedoch nicht nur im Naturwissenschaftlichen und Verstandesmäßigen. Von ihrem inneren Wesen her war sie in jeder Situation immer auch außergewöhnlich aufmerksam und verständnis- und liebevoll im Umgang mit allen Lebewesen. Gab es in ihrem Umfeld Anzeichen etwa von Unfrieden oder von Enttäuschung, dann versuchte sie sofort zu beschwichtigen und zu trösten – manchmal sogar mich, wie das folgende Beispiel zeigt.

Als Christina etwa acht Jahre alt war, war ich eines Abends aufgrund eines bestimmten Ereignisses ziemlich niedergeschlagen. So zeigte ich mich ungewöhnlich kurz angebunden an den Betten der Kinder. Nachdem ich zuvor Mario zu Bett gebracht hatte, zeichnete ich gemäß unserem abendlichen Ritual auch Christina mit Weihwasser die drei Kreuze und wünschte ihr eine gute Nacht. Sie aber spürte, auch ohne Fragen zu stellen, deutlich, was mit mir los war. Wortlos stieg sie aus ihrem Bett, tappte barfuß über den Laminatboden, so leise, dass man kaum etwas hören konnte, und lief zum Weihwassergeschirr, das an der Wand befestigt war. Sie stand auf ihre äußersten Zehenspitzen, reckte sich, streckte mit Mühe ihr Fingerchen in das geweihte Wasser und kam zurück zu mir an ihr Bett, wo sie mir ebenfalls die drei Kreuze zeichnete. Dann strahlte sie mir wortlos entgegen. Als könnte sie Gedanken und Gefühle lesen, hatte sie meine Situation klar verstanden und fürsorglich darauf reagiert.

So erlebte ich in unserem Alltag unzählig viele kleine, liebevolle Gesten, die für mich völlig normal waren, Außenstehenden aber immer wieder positiv auffielen. Vor allem ihr ausgesprochen friedfertiges Wesen war für viele verblüffend. Für mich aber war Christinas Wesen und Verhalten schlichtweg Alltag –

und zwar ein sehr schöner Alltag, vielleicht sogar ein Leitfaden in meinem Leben, der mir wie ein feiner Lichtstrahl den richtigen Weg zeigte. Oft überraschten mich ihre kurzen, aber sehr treffenden und weisen Antworten. Sie äußerte sich zu Themen, von denen andere Kinder ihres Alters entweder keine Ahnung hatten oder aber über deutlich weniger Kenntnisse und Unterscheidungskraft verfügten. So gab Christina auch nach meiner wohl schwierigsten Entscheidung jener Zeit unaufgefordert einen knappen Kommentar ab und ließ verlauten: «Mama, das war die beste Entscheidung, die du treffen konntest.»

Freunde und Bekannte begründeten diese Tiefgründigkeit und Einsichtsfähigkeit des Mädchens meist damit, dass Christina während ihrer frühen Kindheit aufgrund ihrer jahrelangen Dauertherapien sehr viel Zeit mit Erwachsenen zugebracht hatte. Auf diese Weise habe sie sich bereits als Kind eine ungewöhnlich weit entwickelte Sprache und besondere Menschenkenntnisse angeeignet. Wie wir jedoch bald erfahren würden, gab es dafür noch ganz andere Gründe.

Soviel über die ersten dreizehn Lebensjahre von Christina. Kommen wir nun wieder zurück in die Gegenwart, die noch viel aufregender und erkenntnisreicher ist. Nicht nur, dass beständig neue Themen auftauchen; es werden nun zudem auch Stück für Stück die vielen rätselhaften Fragezeichen aus der Kindheit geklärt und ergeben insgesamt für mich endlich einen schlüssigen Sinn.

Es scheint, als hätte man mich als Mutter all die Jahre bis jetzt bewusst mit einem Schleier des Vergessens bedeckt, um diesem Kind – genauer gesagt, allen meinen drei Kindern – vorbehaltlos und bedingungslos ihre eigene Entwicklung zu ermöglichen. Es scheint, als hätte ich dabei, ohne mir darüber bewusst zu sein, immer wieder verschiedenste Prüfungen durchlaufen. Und es kommen auch heute noch laufend neue hinzu.

Seit Neujahr 2015 ist nichts mehr in meinem Leben, wie es vorher war. Denn das, was ich seitdem erlebe, ist faszinierender und unglaublicher als alles, was ich je zuvor erlebt und gehört habe. Am Anfang waren es Christinas außergewöhnliche Wahrnehmungen und Begabungen, die mich beschäftigten, doch sind diese nur Nebenerscheinungen ihres wahren Seins und Wirkens. Das wirklich Beeindruckende ist ihr Bewusstseinszustand, ist ihre geistige Hochbegabung und ihr Verständnis über unser Universum und unser Dasein auf dem Erdplaneten.

Wie bereits erwähnt, verbindet Christina mit spielerischer Leichtigkeit und Eleganz die unterschiedlichsten Themengebiete zu einem schlüssigen Ganzen: Philosophie, Mystik und Spiritualität; Astronomie, Quantenphysik und Neuropsychologie; Schöpfungsgeschichte, Evolution und das aktuelle Weltgeschehen – zu allen diesen Fachgebieten weiß sie Bemerkenswertes und Horizonterweiterndes beizutragen. Dies alles zusammengenommen ist Christinas Realität, in der sie tagtäglich lebt und an der sie uns zusehends teilhaben lässt. Dabei betont sie immer wieder, dass wir alle das Potenzial in uns tragen, unser Bewusstsein in ähnlicher Weise zu entwickeln und zu erweitern und das Universum und unsere Rolle darin ebenso klar wahrzunehmen.

Für mich am beeindruckendsten ist aber Christinas persönliches Wesen. Ihre Lebensfreude und Lebenskraft, ihre Demut und Weisheit, ihr tiefer innerer Frieden und ihre umfassende Liebe zur ganzen Schöpfung sind Ausdruck einer völlig neuen Dimension des Menschseins. An ihrem Beispiel führt sie uns vor Augen, dass es möglich ist, diese hohen ethischen Werte tatsächlich konsequent im Hier und Jetzt zu leben.

7

22. Februar 2015:
Einblicke ins Jenseits

Sonntag, den 22. Februar 2015. Christina ist mittlerweile bald vierzehn Jahre alt, noch immer sehr grazil und mit einer Körpergröße von 142 cm deutlich kleiner als ihre Altersgenossen. Sie besucht die erste Klasse der Sekundarschule, also das insgesamt siebte Schuljahr. Wie immer strahlt sie eine wohltuende Ruhe und Zufriedenheit aus.

An diesem Tag sprechen wir unter anderem über einige Vorkommnisse in der Schule, darunter auch über die Streitereien und Ungerechtigkeiten zwischen den anderen Mädchen. Ich frage sie, wie sie selbst denn in solchen Situationen reagiere, und sie antwortet mir wie immer mit ruhiger, klarer Stimme: «Ich stelle mich einfach neben die Streitenden und stelle dabei fest, dass sich ihre Aura durch meine Anwesenheit positiv verändert. Danach sind die Mädchen meist wieder friedlich.»

Mit dieser Aussage macht sie mich kurz sprachlos. Ich habe mit Christina noch nie über Dinge wie die «Aura» eines Menschen diskutiert, nur schon deswegen, weil ich mich bislang nie ernsthaft damit befasst habe, geschweige denn über eigene Erfahrungen in diesen feinstofflichen Bereichen verfüge. Christina hingegen scheint hier bestens Bescheid zu wissen.

Sie nutzt die Gelegenheit, um mir an diesem Sonntag während Stunden erstmals ausführlich von ihren persönlichen Wahrnehmungen zu erzählen: wie sie bei ihren Mitschülern, bei ihren Lehrern und bei anderen Menschen Emotionsschwingungen erkennt, wie sie die Aura eines Menschen in Form von unterschiedlichen Farben sieht, wie sie die Gedanken anderer Menschen hört und allerlei mehr. Dies sei, wie sie sagt, bei ihr schon zeitlebens so gewesen, bloß nicht ganz so bewusst wie jetzt. Doch vor etwa drei Jahren habe sie zu bemerken begonnen, dass sie offenbar wesentlich mehr wahrnehme als andere Menschen.

Da ich gerade inmitten meiner Ausbildung in Alternativ- und Komplementärmedizin stehe, lasse ich mir spontan ein paar mögliche Krankheitsbilder durch den Kopf gehen und stelle meiner Tochter ein paar gezielte Fragen. Rasch gelange ich aber zur beruhigenden Schlussfolgerung, dass es sich hierbei wohl kaum um etwas Krankhaftes handelt. In diesem Moment stellt Christina gleich selber lachend klar: «Keine Angst, Mama, ich bin nicht verrückt.»

Mir sind solche Schilderungen entfernt bekannt, und ich erinnere mich, schon von ähnlichen Phänomenen gelesen zu haben. Das, was Christina gerade beschreibt, stellt zwar ein nicht häufiges, aber durchaus kein unbekanntes Phänomen dar. Angeblich gibt es bereits eine ganze Anzahl von Menschen, insbesondere Kinder und Jugendliche, die völlig selbstverständlich über ein erweitertes Bewusstsein und über erweiterte Wahrnehmungen verfügen, ohne dadurch im Geringsten überfordert zu sein. Genauso scheint es auch bei meinem Mädchen zu sein. Doch warum?

So sollte an diesem Sonntag für uns alle eine höchst spannende Zeit beginnen, die mich immer wieder mit völlig neuen Themengebieten konfrontieren und mich auffordern würde, mich mit Bewusstseinszuständen und mit Realitätsebenen zu beschäftigen, von denen ich bislang kaum eine Ahnung hatte. Nun gut, ich will da gerne flexibel und offen für Neues sein, sage ich mir. Ich erkenne ja bei Christina auch nichts Beunruhigendes oder gar Destruktives.

Im Verlauf unseres Gesprächs berichtet mir Christina unter anderem, dass sie auch Verstorbene sehe und seit jeher mit dem sogenannten «Jenseits» verbunden sei, also mit anderen Sphären und Verdichtungsebenen. Sie erzählt dies völlig unbefangen und ohne einen Schimmer von Unbehagen oder gar von Angst. Aus ihrer Sicht ist dies alles ganz natürlich und unspektakulär.

Okay, meine Tochter sieht also Geister, und das seit jeher, denke ich spontan und nun doch ein wenig besorgt. (Später erklärt mir Christina, dass sie den Begriff «Geister» in diesem Zusammenhang nicht gerne verwende. Sie ziehe Begriffe wie «feinstoffliche Menschen» oder «Verstorbene» vor.)

Dann bricht die Mutter in mir durch: Wie um alles in der Welt soll sich ein kleines Mädchen in der riesigen Welt der Verstorbenen zurechtfinden, ohne je zuvor etwas darüber gelernt zu haben? Zwangsläufig dürfte Christina mit ihrer erweiterten Wahrnehmung dort in all den Jahren nicht nur gute Erfahrungen gemacht haben. Hatte sie denn wirklich nie Angst? Doch sie beruhigt mich, ich solle mir wirklich keine Sorgen machen, denn es bereite ihr weder Mühe noch Angst, mit feinstofflichen Wesen wie beispielsweise mit Verstorbenen Umgang zu pflegen.

Ich lasse meine Gedanken in die Vergangenheit reisen. Hatte ich in ihrer frühen Kindheit irgendwelche Auffälligkeiten übersehen? War sie je aus unerklärlichen Gründen verängstigt oder verwirrt gewesen? – Nein. Vieles in ihrer Entwicklung war zwar außergewöhnlich, zuweilen sogar sonderbar und rätselhaft gewesen, doch außer bei lautem Hundegebell hatte sie niemals Unbehagen gezeigt.

Christina erklärt: «Weißt du, Mama, für mich waren diese Ebenen immer sichtbar, sie gehören ganz einfach zu meiner Realität dazu. Genauso, wie du mit deiner Wahrnehmung deine dreidimensionale Realität siehst, so sehe ich meine Realität, bloß dass diese, vereinfacht ausgedrückt, noch zusätzliche Sphären umfasst. Warum findest du das denn so ungewöhnlich?»

Im ersten Moment würde ich gerne erwidern: Vielleicht weil es ganz einfach außergewöhnlich und unnormal *ist* für eine Dreizehnjährige! Dann aber wird mir bewusst, dass dieses sogenannte «Normalsein» ohnehin eine recht schwierige Sache ist. Wer überhaupt definiert denn, was normal und was unnormal ist? Wir alle kennen und glauben doch in der Regel bloß das, was wir irgendwo gehört oder gelesen oder im besten Falle selbst erlebt haben. Damit ist unser Blick auf die Realität zwangsläufig immer höchst begrenzt und unvollständig. Unser menschliches Gehirn ist grundsätzlich so programmiert, dass es Unbekanntes erst einmal ablehnt und sich schwer damit tut, etwas Neues anzunehmen, insbesondere dann, wenn es sich dabei um etwas handelt, das wir nicht mit unseren herkömmlichen fünf Sinnen wahrzunehmen oder nicht mit unserem herkömmlichen Weltbild zu erklären imstande sind.

Nun denn, Christina sieht also verstorbene Menschen, die in einer anderen Sphäre weiterleben. Alles klar. In meiner Realität ist die Welt der Verstorbenen ganz einfach nicht vorhanden, wie sicherlich bei einem Großteil meiner Mitmenschen auch nicht. Aber in der Realität von Christina scheint noch einiges mehr vorhanden zu sein als nur die Verstorbenen.

Vorerst fährt sie voller Enthusiasmus fort: «Der Mensch lässt beim Sterben seine äußere Hülle, den Körper, zurück, aber seine Seele und sein Geist gehen in eine andere Ebene über – oftmals in eine Ebene, die zwar noch sehr nahe bei der Erde liegt, die aber dennoch über eigene Gesetzmäßigkeiten verfügt. Lebewesen, die sich dort aufhalten, in einer physikalisch weniger dichten Form der Materie, sind für mich feinstofflich sichtbar. Weißt du, diese Welt der Verstorbenen liegt nicht wirklich in einer höheren Dimension, sondern in einer etwas weniger dichten erdnahen Sphäre, die allerdings für die meisten Menschen nicht erkennbar ist. Viele Kleinkinder sehen diese Sphäre noch, doch verlernen sie später meist das feinstoffliche Wahrnehmen, da die feinstoffliche Welt von den allermeisten Erwachsenen in der heutigen Gesellschaft nicht thematisiert wird. So verschließen sich auch die Kinder wieder unbewusst vor dieser Wahrnehmung und verlieren dadurch ihre Kommunikationsfähigkeit mit dieser Ebene. Es sind sozusagen Begabungen, die dann für den Rest ihres Lebens einfach brach liegen. Doch wenn man wirklich daran arbeiten würde, dann wären heutzutage viele Menschen imstande, diese feinstofflichen Sphären zu sehen – auch du, Mama.»

Christina fährt fort: «Die Menschheit und die Erde befinden sich in der dritten Dimension. Dies erklärt, warum die Menschen mit allen ihren fünf Sinnen lediglich dreidimensional wahrnehmen können. Bei mir ist das ein wenig anders. Ich kann auch andere Dichten und Frequenzen wahrnehmen, genau wie zahlreiche andere Kinder meiner Generation auch.»

Auf die «anderen Dichten» gehe ich vorerst besser nicht ein, denn ich habe gerade noch zu viele Fragen zur Welt der Verstorbenen. «Verspürst du wirklich nie Angst, wenn du irgendwelche feinstofflichen Menschen triffst?», will ich nochmals wissen.

Die Antwort ist klar: «Nein, Mama, das ist für mich ganz normal, das war schon immer so. Seit ich ein Kind war, sah ich verschiedene Arten von Menschen und Wesen, feststoffliche und feinstoffliche sowie auch noch andere Wesen. Aber das erzähle ich dir später. Ich merkte sehr bald, dass diese feinstofflichen Menschen eben Verstorbene sind und dass die lebenden Menschen viel dichter in der Materie sind. Unterhalten kann ich mich mit allen, auch wenn es nicht immer in Form von Sprechen ist. Es ist auch nicht so, dass ich ständig und überall massenhaft Verstorbene sehe. Sie gehören ganz einfach zu meiner Sichtweise dazu, etwa so, wie für dich irgendwelche Fußgänger auf der Straße sichtbar sind. Das stört dich ja auch nicht.»

Unbeirrt fährt Christina fort: «Wenn ich Verstorbene sehe, dann ist es deshalb, weil sie sich mir zeigen wollen. Und falls ich in diesen Sphären jemand Bestimmten suche, dann zeigt er sich mir nur, wenn ich auf ihn genügend vertrauenswürdig wirke. Weißt du, Mama, diese feinstofflichen Menschen haben – genauso wie die lebenden Menschen in unserer Welt – manchmal ihre verwunderlichen, aber auch ihre amüsanten Seiten. Ich höre mir hin und wieder gerne ihre Lebensgeschichten an.»

Das glaube ich ihr sofort. Christina ist eine außergewöhnlich geduldige Zuhörerin, und sie versteht es, mit den Problemen anderer einfühlsam und feinfühlig umzugehen. Manchmal scheint es, als würde sie die anderen auch ohne Worte verstehen. Häufig wirkt sie auf Kinder, aber auch auf Erwachsene, wie ein Magnet, so dass diese sich mit ihren Sorgen und ihrem Kummer an sie wenden und sie spontan in ein Gespräch verwickeln. Bisher konnte ich mir nicht erklären, warum das so ist. Jetzt allmählich fange ich an, es zu verstehen.

Meine Tochter kommuniziert also mit feinstofflichen Menschen aus dem Jenseits. Als Katholikin habe ich zwar gelernt zu glauben, dass es für den Menschen ein Weiterleben nach dem Tode irgendwo im Jenseits gibt. Wie genau der Aufenthalt in diesem Jenseits aussehen soll, war mir allerdings immer schleierhaft geblieben. Und doch war mir stets klar, dass wir für unser

Denken und Handeln in diesem Leben später irgendwann werden geradestehen müssen – in welcher Art und Weise auch immer. Dies war meine bisherige Auffassung vom Leben nach dem Tod. Jetzt beginne ich, weitere Einzelheiten zu erfahren.

Christina scheint über den ganzen Zyklus des Lebens und Sterbens umfassend Bescheid zu wissen, ohne dass sie je etwas über das Thema der Seelenwanderung gelesen hat. Ich erkundige mich bei ihr, ob sie ein gewisses Ritual brauche, um sich in die feinstofflichen Welten einzuloggen. Nein, antwortet sie, sie sei konstant mit ihnen verbunden und parallel dazu auch noch mit einigen anderen Dimensionen. Den Ausdruck «einige andere Dimensionen» überhöre ich erneut, denn ich will mich zunächst einmal an die Existenz der Ebene der Verstorbenen gewöhnen.

Christina ist aufmerksam genug, meine Bedenken zu bemerken, und fährt fort: «Die Welt der Verstorbenen hat ihre eigenen Gesetzmäßigkeiten und Gegebenheiten, die sich von unserer dreidimensionalen Welt unterscheiden. Du zum Beispiel kannst mühelos Schwingungsfrequenzen der ersten, der zweiten und der dritten Dimension wahrnehmen. So siehst du auch Tiere, die in der zweiten Dimension stehen und die ein anderes Bewusstsein als wir haben und in ihrer Realität anderen Gesetzmäßigkeiten unterworfen sind als wir Menschen. Dasselbe Prinzip gilt auch für die höherdimensionalen Sphären.»

Stundenlang berichtet mir Christina an diesem Februarsonntag frisch-fröhlich über die feinstofflichen Welten und über ihre Kommunikation mit den Bewohnern des Jenseits. Ich kann sie fragen, was immer ich will, und sie weiß jedes Mal eine passende Antwort zu geben. Auf diese Weise tauchen in unserem Gespräch fortwährend neue Fragen auf.

Doch muss ich mich erst einmal an den Gedanken der Existenz feinstofflicher Welten gewöhnen. Zugegebenermaßen verbringe ich in der Folge ein paar schlaflose Nächte – und dies ausgerechnet jetzt, da meine Semesterprüfungen anstehen. Insgeheim aber spüre ich genau, dass Christina noch viel, viel mehr zu berichten hat und dass dies erst der Anfang von noch deutlich außergewöhnlicheren Offenbarungen und Phänomenen ist. *Diese* Erkenntnis ist der wirkliche Grund für meine Unruhe.

8

Elena

In den folgenden Tagen referiert Christina weiter voller Begeisterung über die feinstoffliche Welt der Verstorbenen und erklärt mir differenziert jene unsichtbaren parallelen Sphären, die wahrzunehmen ich nicht imstande bin.

Christina sieht auch Elena, ihre verstorbene Zwillingsschwester, und kommuniziert regelmäßig mit ihr. Sie erklärt: «Elena ist das einzige feinstoffliche Wesen, das mich auf Schritt und Tritt begleitet, und dies bereits seit ihrem Tod. Natürlich stehen mir, wie jedem Menschen, auch Geistführer, Lichtheiler und Schutzengel bei. In meinem Falle sind es übrigens drei verschiedene Geistführer, die mich beraten und unterstützen. Elena aber scheint eine besondere Aufgabe zugeteilt zu sein. Ich weiß nur noch nicht, welche.»

Dies alles erzählt Christina in völliger Selbstverständlichkeit und derart überzeugend, dass auch ich nichts Unglaubwürdiges daran erkennen kann. Im Gegenteil, mir gefällt die Vorstellung, dass Christina konstant von ihrer Zwillingsschwester begleitet wird und somit nach wie vor innig mit ihr verbunden ist. Solche Beispiele gibt es, wie ich erfahre, durchaus viele.

In diesem Zusammenhang erinnere ich mich an kleine Begebenheiten aus Christinas frühester Kindheit. Beim Autofahren zum Beispiel hat sie, nachdem ich sie auf den Rücksitz geschnallt hatte, oft wortlos den Platz in der Mitte neben sich von Spielsachen und Büchern freigeräumt – für Elena. In seltenen Fällen hat sie dies auch explizit gesagt, was ich damals als zugleich seltsam und doch irgendwie natürlich empfand. Christina hat wohl rasch verstanden, dass wir im Gegensatz zu ihr Elena nicht sehen konnten. Denn wir sind, wie sie jetzt berichtet, oftmals einfach durch Elena hindurchgelaufen, ohne sie zu beachten.

In Christinas Kindheit ist, wie ich bereits ausgeführt habe, etliches sonderbar und wunderlich gewesen, doch als Mutter gewöhnt man sich ja an vieles. Ich mochte auch nicht immer jede seltsame Handlung und Äußerung meines Kindes hinterfragen, vor allem, weil ja nie etwas Destruktives damit verbunden war. Aufgrund ihrer Vorgeschichte als extremes Frühgebürtchen bin ich zwar stets darauf bedacht gewesen, auf eventuelle neuronale Entwicklungsverzögerungen acht zu geben, und doch scheine ich einiges nicht bemerkt zu haben. Allerdings handelt es sich dabei weniger um ein Wahrnehmungsdefizit bei Christina als vielmehr um das exakte Gegenteil. Schon als ganz kleines Mädchen erstaunte sie uns immer wieder mit ihrer Fähigkeit, mit anderen Menschen in individueller, ganzheitlicher Weise umzugehen. Bevor sie zu gehen fähig war, konnte man beispielsweise auf lustige Art und Weise mit ihr Verstecken spielen.

Christinas Schilderungen über Elena berühren mich sehr. Immerhin war Elena in meinem Herzen ebenfalls mein Kind, wenngleich ich sie nur zwei hochintensive Monate lang als Mutter begleiten durfte. Mit großer Verwunderung stelle ich fest, dass sich jetzt alles bewahrheitet, was ich damals in der Todesanzeige niedergeschrieben habe. Treffender könnten die Worte tatsächlich nicht gewählt sein: «Elena wird uns als Christinas Schutzengel stets in Erinnerung bleiben.»

Während all der Jahre war Elena also feinstofflich stets an der Seite ihrer Zwillingsschwester, und diese Nähe und Verbundenheit macht Christina sichtlich glücklich. Kein Wunder zeigte das Mädchen nie Trauer oder Verlustängste!

Christina erzählt weiter: «Elena ist ein sehr fröhliches Mädchen. Sie ist etwa gleich groß wie ich, denn ihr feinstofflicher Körper wächst parallel zu meinem mit. Mit ihr kann ich viel lachen. Schon als kleines Kind haben wir oft Fangen gespielt. Elena besteht jedoch aus einem ganz hellen, goldenen Licht, anders als die übrigen Verstorbenen oder die Geistführer und Schutzengel. Warum das so ist, kann ich zur Zeit noch nicht begründen. Auch Elenas allgegenwärtiges Lachen besteht aus purem goldenem Licht. Ich kann wohl ihre Kleiderkonturen erkennen – sie entsprechen denjenigen des sirianischen Rates –, und sie trägt lange, etwas dunklere Haare als ich. Elena besteht aus einer wirklich hohen Lichtfrequenz, was mir bis jetzt noch unerklärlich ist. Doch meine Zwillingsschwester war mir schon oft eine große Hilfe, denn sie ist sehr, sehr weise und immer gegenwärtig.»

Was genau Christina mit dem sirianischen Rat meint, lasse ich erneut fürs erste offen, da ich ihre Erzählung nicht unterbrechen will. In diesem Zusammenhang erwähnt Christina auch eine Schulkameradin, die rund zwei Jahre zuvor bereits zu ihr gesagt hatte: «Christina, warum glaubst du eigentlich, deine Schwester Elena sei tot? Sie steht ja immer neben dir.»

Jetzt horche ich besonders auf. Bedeutet das etwa, dass auch andere Kinder Elena zu sehen imstande sind? Und wenn ja, warum? Dieses Phänomen wird mich später noch sehr beschäftigen, und ich werde die hoffnungsvolle Feststellung machen, dass sehr viele der heutigen Kinder bereits mit erweiterten Wahrnehmungen unterwegs sind. Doch vorerst höre ich weiter Christinas Erzählung zu.

«Mama», fährt sie fort, «jetzt verstehst du vielleicht auch, warum ich es nicht nachvollziehen kann, dass für Elena auf dem Friedhof ein Grab steht. Ihren Körper habt ihr dort wohl begraben, aber für mich ist sie immer präsent, auch wenn du sie nicht sehen kannst.»

Nun verstehe ich, warum Christina mich in all den Jahren nie nach Elena gefragt hat oder danach, warum sie gestorben sei. Alles war für Christina die ganze Zeit über sehr stimmig und durchschaubar gewesen.

Seit dieser Offenbarung sind auch für mich wieder beide Zwillingsmädchen gegenwärtig, wenngleich ich Elena nicht sehen kann. Seitdem aber frage ich Christina immer mal wieder, wo Elena gerade sitze oder stehe, beispielsweise auch im Flugzeug, als wir gemeinsam in die Ferien flogen. Bis Elena wirklich mit mir spricht, wird es allerdings wohl noch einige Zeit dauern, denn ich habe bis dahin noch viel zu lernen.

Elena ist also als ständige Begleiterin immer an Christinas Seite. Doch warum besteht sie aus purem goldenem Licht? Dies scheint auch für Christina im Moment noch rätselhaft und durchaus nicht üblich in dieser Sphäre zu sein. Doch wie passend es plötzlich ist, dass wir dieses Kind damals Elena genannt haben, denn «Elena» bedeutet «die Lichtvolle». Stand da etwa von Anfang an ein höherer Plan dahinter, von dem wir Eltern nichts wussten?

Von dieser Einsicht bin ich so überrascht, dass ich nicht auf den Gedanken komme, dass möglicherweise auch hinter dem Namen Christina eine höhere Bedeutung steht. Dies wird mir erst Monate später bewusst werden. Im Moment bin ich vollends davon in Anspruch genommen, die vielen neuen, berührenden Informationen zu verarbeiten.

9

Seelen und Seelenpläne

Christinas Ausführungen über die feinstoffliche Welt sind beeindruckend und werfen zugleich Fragen über Fragen in mir auf: Gibt es Himmel und Hölle? Gibt es Engel? Was ist die Seele wirklich? Wie können wir uns Gott vorstellen? Gibt es so etwas wie eine höhere göttliche Ordnung?

Als streng erzogene Katholikin habe ich diesbezüglich natürlich einiges an Informationen vermittelt bekommen, wenn auch nur in der Theorie. Meine Eltern haben aber auch im praktischen Leben großen Wert darauf gelegt, sich stets nach dem Guten zu orientieren, was sie mir immer vorlebten. Mir wurde bereits als Kind klar, dass man nicht bloß deswegen ein guter Mensch ist, weil man jeden Sonntag in der Kirche steht, sondern dass man auch gute Taten vollbringen sollte. Etwas später wurde mir bewusst, dass man als wirklich göttlicher Mensch eigentlich keine äußere Religionsform braucht, da man intuitiv ausreichend gut spürt, was richtig und was falsch ist.

Jetzt aber eröffnet sich mir die Möglichkeit, von Christina sozusagen aus erster Hand Antworten auf diese Fragen zu erhalten – nicht nur in der Theorie, sondern aus der persönlichen Wahrnehmung und Erfahrung. Ich erinnere mich nun auch daran, dass sie schon früher vereinzelte Bemerkungen zu religiösen Themen gemacht hat, insbesondere über den Unterschied zwischen der ursprünglichen Lehre Jesu Christi und der Kirche als Institution.

Seit vergangenem Sonntag prägen Gespräche über die feinstoffliche Welt unseren Alltag in jeder freien Minute. Heute ist Dienstag, und meine heutige Frage lautet: «Wie kann ich mir eine Seele vorstellen?»

Christina schmunzelt: «Menschen brauchen immer irgendwelche Schemen, um sich etwas vorstellen oder erklären zu kön-

83

nen. Wenn sie doch nur erkennen könnten, dass sie selbst ein göttliches Wesen sind, wenn sie sich doch nur selber als solches wahrnehmen würden, dann wäre vieles einfacher.»

Sie antwortet mir dennoch: «Die Seele lässt sich nicht mit einer einfachen Definition erklären. Die Seele kann man auch nicht als ‹Organ› oder dergleichen bezeichnen. Vielmehr ist die Seelenenergie im ganzen Körper vorhanden und durchdringt ihn vollständig. Am stärksten nehme ich diese Seelenenergie zwischen Herz und Kehle wahr, und sie widerspiegelt sich als Ganzes in der Aura. Die Seele beinhaltet eine Art ‹Ursprungsenergie› und unter vielem nicht in Worten Erklärlichem auch die Summe aller je gelebten Erfahrungen aus früheren Leben. Es gibt da sozusagen einen ‹Datenchip› mit gespeicherten Erfahrungen, der in jede Reinkarnation mitgenommen und dort mit neuen Daten gefüttert wird. Da wir alle individuelle göttliche Wesen sind, haben wir das Bestreben, alle möglichen Erfahrungen zu sammeln, um auf unsere eigene Art und Weise zu lernen und zu reifen. So gesehen ist es verständlich, dass nicht alle Menschen dieselben Aufgaben zu erledigen haben. Seelen sind ganz einfach unterschiedlich erfahren und haben, wenn sie sich als Menschen verkörpern, somit auch unterschiedlich schwierige Aufgaben zu meistern.»

Nach einer kurzen Pause fährt sie fort: «Bevor du dich neu in dieses Leben inkarniert hast, hast du dich für einen Seelenplan, einen Lebensplan entschieden, der in der geistigen Welt aufgrund deiner bisherigen Erfahrungen zusammengestellt wurde. Er dient dazu, dich im jetzigen Leben weiter voran zu bringen, denn dies ist das Bestreben einer jeden Seele. Das ist der Sinn deines Erdenlebens: Erfahrungen zu sammeln und in dieser dritten Dimension gewisse Aufgaben zu erledigen, die dir im Rahmen der natürlichen Gesetzmäßigkeiten, das heißt auf der Frequenz innerhalb dieser Dichte, gestellt sind. Auch wenn wir uns in diesem Leben mit allerlei Problemen und Lastern herumschlagen – wir haben ausreichend viele Tugenden mitbekommen, um die Negativität in unserem Dasein aufzulösen.

Vor deiner Reinkarnation hast du dir deinen Seelenplan selbst auferlegt, mit gewissen Kernaufgaben, die du nun in diesem

Leben erfüllen willst. Damit das Umsetzen gelingt, stehen dir Geistführer zur Seite. Jeder Mensch hat auch einen Schutzengel, der jedoch nicht beratend zur Seite steht, sondern eher eine Schutzfunktion inne hat. Mit diesem Seelenplan lebst du nun also hier als Mensch und hast dafür sowohl einen physischen Körper als auch einen feinstofflichen Körper zur Verfügung gestellt bekommen. Der Seelenplan beinhaltet deine wichtigsten Lebensaufgaben, damit dein Leben hier einen Sinn bekommt. Wichtig ist zu wissen, dass der Seelenplan niemals Aspekte enthält, die für den Betreffenden nicht umsetzbar sind. Fähigkeiten, Talente und Tugenden helfen dir, deine Kernaufgaben zu erfüllen. Deshalb ist es wichtig, die eigenen Fähigkeiten und Talente zu erkennen und zu nutzen.

Da du vor deiner Reinkarnation den Schleier des Vergessens bekommen hast, kannst du dich an deine vorherigen Leben nicht mehr erinnern. Dieser Schleier des Vergessens soll den Menschen dabei helfen, dass ihre vergangenen Erfahrungen sie in diesem Leben nicht belasten oder behindern. Es gibt gegenwärtig allerdings immer mehr Menschen, die ein erweitertes Bewusstsein haben und sich somit auch an frühere Leben erinnern können, genau wie ich.»

Die Dreizehnjährige erzählt in munterem Ton weiter: «In jeder Dimension gelten andere Naturgesetze, und in jeder Dimension gibt es andere Lebensaufgaben, die wir zu lösen haben. Denn nur so steigen wir weiter empor auf unserem Weg zum Licht. Wenn wir dabei Fehler machen, dann haben wir entweder in diesem oder in einem nächsten Leben die Gelegenheit, sie wieder gut zu machen. So inkarnieren und sterben wir immer wieder. Zumindest gilt das Naturgesetz des Sterbens in dieser irdischen Sphäre. In den höheren Dimensionen gibt es diese Form des Sterbens nicht mehr.»

Nun gut, denke ich, das klingt zwar alles ein wenig gewöhnungsbedürftig, aber im Grunde ist es auch durchaus einleuchtend.

Christina bietet mir ein leicht nachvollziehbares Bild an: «Mama, dein Leben gleicht einer Art Zugfahrt. In dir trägst du deinen Seelenplan, der genau enthält, welche großen Aufgaben dir während dieses gegenwärtigen Lebens begegnen werden. So gesehen ist ein Teil deines Schicksals in gewissem Sinne vorgegeben. Wenn dein Zug an einer bestimmten Station anhält, dann hast du dort einen Auftrag, eine wichtige Lebensaufgabe zu erfüllen. Diese Herausforderung sollst du möglichst konstruktiv lösen, damit der Zug weiterfahren kann und du weiter vorankommst. Abwege und Umwege führen zwar letztlich auch zum Ziel, sie sind aber mühsam, und es dauert oft länger, bis die Aufgabe gelöst ist.

Eine solche Lebensaufgabe wäre zum Beispiel, den Tod eines Angehörigen zu bewältigen oder auch den Mann deines Lebens zu treffen. Wie du siehst, beinhaltet der Seelenplan also sowohl positive als auch negative Erfahrungen. All dies sind jedoch Aufgaben, die du während des Lebens nicht selbst einplanen oder verhindern kannst, denn sie werden dir mit Sicherheit begegnen. Daher kann man sie auch ‹Schicksal› nennen. Wie du dann aber deine Lebensaufgaben löst und wie lange du daran arbeitest, dies ist ganz allein dir überlassen, denn jeder Mensch verfügt über einen freien Willen. Wichtig ist zu verstehen, dass du dir dein Schicksal vor deiner Inkarnation selber ausgesucht hast. Dies gilt auch für den Zeitpunkt der Geburt und für dein Lebensende. Was du zwischen den einzelnen ‹Schicksals-Stationen› unternimmst, dies unterliegt jedoch deinem freien Willen.»

Wird denn jede Seele ohne Ende immer und immer wieder als Erdenmensch geboren, will ich wissen. Die Antwort kommt Christina erneut sehr rasch und kompetent über die Lippen: «Nein. Wenn eine Seele auf der Erde alle Erfahrungen gemacht hat, dann wird sie sich hier nicht mehr inkarnieren. Sie kann dann zum Beispiel als Geistführer für die Menschen auf der Erde dienen. Denn wenn jemand Geistführer wird, der in dieser irdischen Dimension selber viele Erfahrungen gesammelt hat, dann ist dies für die Menschen eine große Hilfe.»

Jetzt lacht Christina: «Weißt du, manchmal sind die Geistführer wirklich am Anschlag und ratlos, weil viele Menschen ständig in die falsche Richtung laufen.»

Immer noch schildert das Mädchen dies alles mit einer völligen Selbstverständlichkeit und Gelassenheit, so dass ich keinen

Zweifel an ihren Ausführungen hege. Schmunzelnd erwähnt sie, dass sie oft selbst kaum verstehen kann, wie wir Menschen funktionieren:

«Mama, stell dir vor: Es gibt Seelen, die brauchen unzählige Inkarnationen mit immer denselben Erfahrungen, bis sie endlich weiterkommen. Manche bleiben buchstäblich an denselben Aufgaben kleben und drehen sich immer nur im Kreis. Allerdings gab es auch immer schon einzelne Menschen, die innerhalb einer einzigen Inkarnation in der dritten Dimension sämtliche Lernprozesse durchlebten, zum Beispiel Jesus Christus.»

Das alles gibt mir zu denken. Das Rezept liegt wohl darin zu erkennen, welchen Weg wir wählen, wofür wir uns entscheiden sollen. Aus Fehlern können wir lernen, um beim nächsten Mal eine konstruktivere Richtung einzuschlagen. Bequemlichkeit, Passivität und Ignoranz sind gleichbedeutend mit Stillstand und bringen einen Menschen in seinem Leben nicht weiter. Diese Erkenntnis ist ein Ansporn für mich, mein aktuelles Leben im Hier und Jetzt so positiv wie möglich zu gestalten und möglichst viel aus meinen Erfahrungen zu lernen. Denn in Zukunft immer und immer wieder mit den gleichen Lebensaufgaben konfrontiert zu werden, das würde ich mir eigentlich gerne ersparen.

Ich nehme mir vor, fortan die Begebenheiten in meinem Leben nicht mehr als positiv und negativ zu werten, sondern sie ganz einfach als Erfahrungen und als Lernchancen anzunehmen, was gewiss leichter gesagt als getan ist.

«Was genau passiert, wenn wir sterben?», lautet meine nächste Frage.

Christina antwortet: «Nach dem Tod gelangt die Seele in eine geistige Sphäre und wird dort liebevoll betreut – egal wie gut oder wie schlecht sie sich als Mensch verhalten hat. Durch den Tod bekommen alle die Möglichkeit, ein höheres Bewusstsein zu erlangen und ihre Fehler selber einzusehen. In den ersten Tagen nach ihrem Tod schauen die Frischverstorbenen sich ausführlich ihren Lebensfilm an. Für vierzig gelebte Jahre dauert dieser ausführliche Lebensfilm ungefähr drei Tage. Es ist also nicht Gott, der uns im Jenseits richtet, sondern wir selbst können unsere Fehltritte erkennen und uns vornehmen, sie zu korrigieren. Die meisten Seelen haben dann ein tiefes Bedürfnis und Bestreben, im nächsten Leben alles besser zu machen. Manche erkennen in diesem Zwischenleben auch, dass wir alle göttliche Wesen sind, und nehmen sich vor, im nächsten Menschenleben vor allem diesen Aspekt zu entfalten. Irgendwann entscheiden wir schließlich auch selbst über den Zeitpunkt unserer nächsten Inkarnation.»

Zum Thema Schicksalsschläge habe ich doch noch einige kritische Fragen an Christina: «Wenn jemand durch einen Unfall oder eine Krankheit plötzlich stirbt, dann kann ich irgendwie noch nachvollziehen, dass diese Seele ein solches Schicksal für sich selbst gewählt hat. Aber wenn die verstorbene Person nun beispielsweise kleine Kinder hinterlässt, ist das kaum mehr verständlich. Denn ihr Tod betrifft dann nicht nur sie selbst, sondern auch das gesamte Umfeld. Wie lässt sich ein solches Schicksal erklären?»

Christina ist erneut um eine Antwort nicht verlegen, und ich spüre sehr gut, dass der Tod für sie nichts Schlimmes oder Endgültiges darstellt: «In einem solchen Fall haben alle betroffenen Seelen diesen Weg vor ihrer Inkarnation bewusst gewählt, auch die Kinder. Ein solches Ereignis steht also auf dem Seelenplan aller Beteiligten, und sie haben es bewusst so gewählt, da sie diese Erfahrung brauchen, um auf ihrem Weg zum Licht weiterzukommen. Natürlich unterscheiden sich die Perspektiven des Sterbenden und seines Umfeldes voneinander. Doch das gesamte Umfeld, einschließlich der Kinder, hat sich bewusst diese Familie ausgesucht, um gemeinsam eine entsprechende Erfahrung zu absolvieren. Das Umfeld wird lernen loszulassen, dazu bekommen sie auch die nötige Kraft und Unterstützung. So hart es vielleicht klingen mag: Auch ein schwerer Schicksalsschlag geht letztlich in eine reiche Erfahrung über, und zwar für alle Beteiligten – sofern es ihnen gelingt, dieses Schicksal zu akzeptieren.»

Auch das scheint mir einleuchtend zu sein. Gespannt lerne ich weiter von meiner Tochter.

Sie fährt fort: «Der Mensch unterliegt dem Reinkarnationszyklus. Bisher konnten die Seelen jedoch nur weiterkommen, indem sie geboren wurden, Erfahrungen gesammelt haben und dann wieder gestorben sind. Nach dem körperlichen Tod kehrten sie wieder in die jenseitige geistige Sphäre zurück, und von dort aus ging der Zyklus von neuem los.»

Hier deutet Christina beiläufig an, dass wir heute in einer besonderen Zeit leben und dass die bisherigen Regeln des Reinkarnationszyklus möglicherweise bald nicht mehr gelten werden. Noch vermag ich nicht zu erahnen, was sie damit meint.

Weiter: «Das innerste Bestreben einer jeden Seele ist letzten Endes auf das Gute, auf das Licht hin ausgerichtet. Aber in dieser dritten Dimension haben die Seelen auch die Möglichkeit, auf destruktive Abwege zu gehen. Alle Menschen verfügen über einen freien Willen und sind beständig aufgefordert, Entscheidungen zu treffen und zwischen konstruktiven und destruktiven Wegen zu wählen. So entstehen auch Fehlentscheidungen und dadurch Täter- und Opferrollen. Fast alle Menschen waren wohl – in früheren und auch im jetzigen Leben – schon in beiden Rollen tätig, sowohl als Täter als auch als Opfer.

Jeder Mensch ist ein göttliches Wesen. Das sollte den heutigen Menschen wieder vermehrt bewusst werden. Und jeder steht mit seinem individuellen Seelenplan an einer anderen Stelle der Entwicklung. Doch alle Menschen, die sich in dieser irdischen Dimension befinden, haben mehr oder weniger dieselben Aufgaben zu bewältigen und erleben, in unterschiedlichen Formen, mehr oder weniger dasselbe Schicksal. Wenn Menschen zur Bewältigung ihrer Aufgaben negative Wege wählen, dann sind sie nicht mehr gemäß ihrem Seelenplan unterwegs, sondern befinden sich auf Abwegen. Und wenn sie auf Abwegen sind, dann fühlen sie sich garantiert nicht glücklich dabei, denn sie arbeiten ja gegen den Willen der Seele. Es ist mit Sicherheit nicht die Bestimmung eines Menschen, destruktive Wege zu gehen, sondern es ist immer eine bewusste oder unbewusste Wahl des Negativen, vielfach ohne dass sie überhaupt bemerken, dass sie falsch liegen.

Daher sollten die Menschen die Fehltritte anderer nicht verurteilen, sondern sie akzeptieren als Fehler. Zugleich sollten wir jedoch mit solchen Fehlern nicht in Resonanz treten, indem wir die Untaten anderer noch nähren mit negativen Energien wie etwa durch Angst, durch Verurteilung, durch Hass oder gar durch Gegenschläge. Im Gegenteil: Verzeihen wäre angesagt! Das bringt beide Seiten weiter. Die Menschen sind dazu geboren, glücklich zu sein. Doch sind sie alle selbst für ihr Glück verantwortlich.»

Einmal mehr bin ich beeindruckt, wie die Dreizehnjährige Stellung nimmt zu den aktuellen Herausforderungen der Menschheit. Ich frage mich: Wie können wir selber erspüren, ob wir konstruktiv unseren Seelenplan leben oder ob wir auf destruktiven Abwegen umherirren, die uns sowohl individuell als auch kollektiv nicht wirklich weiter bringen? Ich habe das starke Gefühl, dass unsere eigene innere Zufriedenheit ein guter Maßstab dafür ist: Wenn wir im Inneren wirklich zufrieden mit uns selbst sind, wenn unser Denken, Fühlen und Handeln im Einklang sind, wenn wir in Harmonie sowohl mit uns selbst als auch mit unserer Umgebung leben – dann verwirklichen wir wohl unseren Seelenplan.

Ich frage mich weiter: Befinde ich mich als Christinas Mutter denn auf gutem Wege? – Vermutlich schon, denn Christina hätte mich wohl schon längst auf subtile Art und Weise wissen lassen, wenn ich ein allzu großes Fehlverhalten an den Tag legen würde. Doch was war beispielsweise mit meinem Leistungssport? War das echte Faszination und Herausforderung oder bloß ein Egotrip meinerseits? War diese Tätigkeit in meinem Seelenplan so vorgesehen?

Christina nimmt auch zu dieser Frage klar Stellung: «Du hast ein Talent bekommen, und du hast dieses Talent dafür eingesetzt, um im Sport deine unzähligen positiven wie auch negativen Erfahrungen zu sammeln. Außerdem hast du mit Bewegung auch Stress abgebaut, also verhindert, dass neues belastendes Karma aufgebaut wird.»

Okay, auch das klingt überzeugend. Obwohl der Begriff «Karma» bei uns bislang noch nie ein Thema war, weiß ich einigermaßen darüber Bescheid. Noch immer bin ich verblüfft darüber, über welch tiefe Einsichten meine Tochter verfügt. Allmählich wird mir einiges aus ihrer Kindheit klarer.

Mario, der den letzten Teil des Gesprächs mitverfolgt hat, wendet sich nun mit einer Frage an seine Schwester: «Wenn mein Hase Hoppel stirbt, kommt er dann auch in diese Welt der Verstorbenen?»

Hoppel ist Marios außergewöhnlicher Hase, der so zutraulich ist wie eine Katze, mittlerweile aber in die Jahre gekommen ist. Mit seinen sechs Hasenjahren wird er wohl bald den Hasenhimmel zu sehen bekommen. Oder eben nicht, wie seine Schwester ihm einfühlsam erklärt:

«Ja, dein Hase wird ebenfalls in die geistige Welt geführt werden. Er hat auch eine Seele, und ich werde ihn da nach seinem Tode gewiss auch sehen und erkennen. Grundsätzlich nehme ich die Seelen dort so wahr, wie sie sich in der letzten Inkarnation gezeigt haben, denn auf diese Weise sind sie erkennbar. Wenn jemand zum Beispiel in seinem Leben im Rollstuhl saß, dann sehe ich ihn nach seinem Tod ebenfalls noch mit dem Rollstuhl, um ihn zu erkennen. In Wahrheit aber sitzt er natürlich längst nicht mehr im Rollstuhl.»

Diese Antwort gefällt und beruhigt Mario, so dass er sich wieder seinen eigenen Interessen zuwendet, die meist zwei oder vier Räder besitzen. Seelen im Jenseits sind für Mario derzeit nicht wirklich spannend – verständlich für einen elfjährigen Jungen.

Nachdem Mario sich wieder seinen eigenen Interessen zugewandt hat, kommt Christina auf die Frage nach Gott zurück. Sie sagt: «Gott aus der menschlichen Perspektive heraus zu personifizieren und ihn auf Worte in unserer Sprache zu reduzieren, wäre anmaßend. Die meisten Menschen versuchen, eine Vorstellung von Gott mithilfe von Worten und Bildern auf ihre dreidimensionale Ebene herunter zu holen. Besser wäre es, wenn sie versuchen würden, sich durch eine Erweiterung des eigenen Bewusstseins in seine Richtung zu bewegen. Dann können wir Gott ein klein wenig erkennen, allerdings auf eine nicht-materielle Art und Weise. Wir können Gott in unaussprechlicher Form erleben und erfahren. In einem erweiterten Bewusstsein finden wir auch zu einer erweiterten Wahrnehmung der Realität.»

Dieses ganze Gespräch zum Thema Seelen und Seelenpläne fand am 24. Februar 2015 statt. Auch in den folgenden Tagen führen wir immer wieder spannende Gespräche, wobei mir vor allem Christinas Hochachtung gegenüber der gesamten Schöpfung und aller in ihr umherreisenden Seelen auffällt. Was mir bei alledem noch nicht wirklich klar geworden ist, ist warum Christina überhaupt über solche Begabungen verfügt, woher ihr erweitertes Bewusstsein stammt und was genau sie damit auf ihrem Lebensweg anfangen sollte.

Anfang März erklärt Christina mir dazu folgendes: «Weißt du, Mama, ich verfüge seit meiner Geburt über eine für die gegenwärtigen menschlichen Verhältnisse sehr hohe eigene Schwingung. Es ist dieses hohe Energieniveau, welches zu einem erweiterten Bewusstsein und zu einem erweiterten Wahrnehmungsfeld führt. Dadurch öffnen sich bei mir feinstoffliche Kanäle, die bereits von Geburt an vorhanden waren, und so bin ich konstant mit anderen Sphären verbunden. Denn das, was du als deine Realität wahrnimmst, ist in Wirklichkeit nur ein Bruchteil der wahren Realität.»

Ihr erweiterter Bewusstseinszustand zeigt sich bei Christina angeblich in Form eines feinen Lichtstrahls, der sich über ihrem Kopf himmelwärts erstreckt. Da dieser nur für Hellsichtige erkennbar ist, ist er für meine dreidimensionale Wahrnehmung nicht sichtbar. Aber sowohl die Astrologin im Jahre 2002 als offensichtlich auch Mario hatten diese feine Lichtsäule bemerkt, und darum sah Mario seine Schwester als Heilige. Und er ist bei weitem nicht der Einzige. Immer wieder kam und kommt es vor, dass andere Menschen bei Christina diesen Energiestrahl sehen oder spüren und uns darauf ansprechen.

So erinnere ich mich an eine sehr frühe Begebenheit aus der Zeit, als Christina etwa zweijährig war. Im Vorbeigehen sagte damals eine fremde Frau in einem anderen Dorf zu mir: «Dieses Kind wird einmal eine Heilige.» Solche Aussagen konnte ich mir bislang nicht erklären, und ehrlich gesagt habe ich auch nicht ernsthaft darüber gerätselt. Aus meiner Sicht war Christina einfach ein Kind wie jedes andere. Doch offensichtlich vermochten einige Menschen ihren Lichtstrahl schon früh wahrzunehmen und haben dies auf ihre eigene Weise interpretiert.

Ich frage mich und dann auch Christina, warum sie mir nicht schon vor zwei oder vor vier Jahren von ihren erweiterten Wahrnehmungen erzählt hat. Sie lacht und meint: «Ich weiß es ehrlich gesagt selbst nicht. Ich finde es auch seltsam, dass ich dich erst jetzt darüber informiere. Wie es aussieht, ist jetzt ganz einfach der richtige Zeitpunkt dafür.»

Ich akzeptiere, dass es wohl schon seine Gründe haben wird, warum die bald Vierzehnjährige ausgerechnet jetzt, zu Beginn des Jahres 2015, damit beginnt, über ihre Begabungen zu sprechen und mir ihr Wesen zu offenbaren. Wie es aussieht, wird es wohl allmählich Zeit, dass sie ihre Lebensaufgaben anpackt und ihrer Bestimmung folgt.

10

Kritische Analyse unserer Zeit

Mitte März 2015. Angeregt durch die wundersame Entwicklung von Christina mache ich mir vermehrt Gedanken über unsere gegenwärtige Zeit, über die vorherrschenden globalen Probleme und über mögliche Lösungsansätze.

Es fällt auf, dass hauptsächlich markt- und finanzwirtschaftliche Erwägungen nicht nur die gesamte Politik und Wissenschaft unserer Zeit beherrschen, sondern dass auch viele unserer persönlichen Lebensbereiche vom materialistischen und kapitalistischen Denken geprägt und überlagert sind. Dies schränkt uns als individuelle Menschen in unserer persönlichen Freiheit und Entfaltung massiv ein.

In unserer modernen Gesellschaft werden wir nicht ermutigt, unser eigenes Leben zu leben und unseren Seelenplan zu erfüllen, sondern im Grunde lediglich darauf getrimmt, Geld zu verdienen und Geld auszugeben, um einem destruktiven Wirtschaftssystem zu dienen. Auch unser Schulsystem, das größtenteils noch aus dem 19. Jahrhundert stammt, erzieht uns eher zu funktionierenden Marionetten als zu selbstverantwortlichen und selbstbestimmten Individuen. Daher weiß ein Großteil der Menschheit heutzutage nicht wirklich Bescheid darüber, dass wir nicht bloß ein biologischer Körper sind, sondern vielmehr eine Seele, ein geistiges Lichtwesen, das einen physischen und einen psychischen Körper bewohnt. Auch ich bin darüber bisher nicht informiert worden.

Früher habe ich mich oft gefragt, warum viele Kinder noch so voller unbelasteter Lebensfreude, voller Spontaneität, voller Neugier und Begeisterung sind, während davon spätestens in der Oberstufenschule nicht mehr allzu viel übrig bleibt. Babys und Kleinkinder leben – vorausgesetzt, sie erfahren eine entsprechend liebevolle Umsorgung – in einer glücklichen eigenen Welt in Harmonie von Körper, Geist und Seele. Wie ich von Christina erfahren habe, sind viele von ihnen imstande, zahlreiche weitere Realitätsebenen wahrzunehmen, und für sie scheint im Leben noch alles möglich. Kleinkinder zeigen beispielsweise eine beeindruckende Ausdauer beim Erlernen von komplexen Bewegungsabläufen, sie sind kreativ und spontan und stehen insgesamt im wissbegierigen Modus von «Learning by Doing». Kein gesundes Kind unter drei Jahren sitzt einfach untätig oder trübselig in einer Ecke. Sobald es selbständig zu laufen gelernt hat, ist es ohne Unterlass in Bewegung, um die Welt zu erkunden, mit einem gesunden Gespür auch für Müdigkeit und Schlafbedürfnis. Es besitzt einen unbewussten, natürlichen Zugang zu seiner inneren Intelligenz, die es in seiner Entwicklung liebevoll anleitet. Es fühlt sich auch zu natürlichen Genüssen wie etwa Muttermilch hingezogen; ein Baby schreit noch nicht nach Alkohol oder Kaffee. Spontane Emotionen haben ebenfalls noch alle ihren Platz, bevor später um das Herz ein Schutzpanzer aus Konventionen, Ängsten und Schuldgefühlen gelegt wird.

Durch die heutige Form von Schule und Erziehung, durch die aggressive Konsumkultur, die Massenmedien und nicht zuletzt die restriktiven religiösen Systeme werden die Kinder gezielt manipuliert und konditioniert. So zwingt man ihnen in Form von bestimmten Konzepten, Ideologien und Glaubensmustern das vorherrschende Welt- und Menschenbild auf. Diese feinstoffliche «Software» wird in der «Hardware» ihres Gehirns fest abgespeichert und nimmt dann massiv Einfluss auf das spätere Wahrnehmen und Verhalten des Erwachsenen. Bedauerlicherweise aber ist diese Software höchst mangelhaft, destruktiv und schädlich. Die Konditionierung und Normierung der nächsten Generation beginnt somit spätestens mit dem Schuleintritt. Statt ihrer inneren Intelligenz (sozusagen der natürlichen «Highware») zu folgen, lernen die Kinder und Jugendlichen unbewusst, sich einem künstlichen Ego und einem fremdbestimmten Programm anzupassen.

Eine wirksame Methode dabei ist ein ausgeklügeltes System von Lob und Tadel bzw. von Belohnung und Bestrafung. Babys sind noch nicht darauf fixiert, Lob und Anerkennung zu erhalten, sie wollen einfach nur erleben, spielen und lernen, sie wollen spontan sein, lachen und geliebt werden. Sie leben noch fröhlich und unbekümmert nach ihrem Seelenplan, nach dem höheren Fahrplan der Natur. Mit Geld und Prestigeobjekten kann man ihnen keine echte Freude bereiten, doch mit Tieren und Pflanzen, mit anderen Kindern und mit der freien Natur. Erlaubt man einem Kind, mit Wasser zu spielen, mit Sand, Steinen und Erde, dann kann es stundenlang glücklich in seinem Spiel verweilen. Kleinkinder sind in der Lage, extrem viel zu lernen, und zwar spielerisch ohne Druck und Zwang, ohne Befehle und Drohungen. Sie leben noch ihre lichtvolle, positive Seelenenergie, und ihre Lebensfreude, Leichtigkeit und Unbekümmertheit sind noch nicht der Berechnung und der Destruktivität gewichen.

Verglichen mit Kleinkindern stehen Jugendliche heute oft verloren und nahezu identitätslos da, da sie in den entscheidenden jungen Jahren gezwungen worden sind, ihren Zugang zur inneren Highware zu unterdrücken. Das Ego mit dem einseitig-rationalen Verstand dominiert und orientiert sich an den vorgegebenen Normen des Äußeren, nicht nach dem Potenzial des Inneren. So bestimmt meist eine vorprogrammierte, fremde Software das Denken und Fühlen, das Sprechen und Handeln der Jugendlichen, und die intuitive Intelligenz bleibt ungenutzt. Die Folge davon sind häufig tief gehende Ängste und Zweifel sowie eine Unfähigkeit, konstruktive Handlungsoptionen und Lebenswege zu erkennen.

Genauso verloren, unauthentisch und identitätslos sind heutzutage auch weltweit die allermeisten Menschen an der Spitze von Regierungen und Konzernen. Die Führungspositionen in der Politik und im Militär, in Wissenschaft und Forschung, in der Finanzwelt und Wirtschaft, in den Medien, im Sport und in den religiösen Systemen werden gehalten von Menschen, bei denen das künstliche Ego und die materialistischen Denk- und Handlungsstrukturen dominieren. Ein klares Bewusstsein über Seelenpläne oder über höhere kosmische Naturgesetze sucht man dort weitgehend vergeblich. So verwundert es nicht, dass die Menschheit heute in allen Segmenten der Gesellschaft ratlos vor ihren selbst gemachten Scherbenhaufen steht, mit deren Bewältigung sie vollends überfordert zu sein scheint. Denn mit der aktuellen Software können die globalen Probleme nicht gelöst werden. Was helfen würde, wäre eine neue, ganzheitliche und konstruktive Perspektive auf der Grundlage der natürlichen inneren Intelligenz. Was helfen würde, wäre eine radikale Veränderung und Erweiterung des Bewusstseins jedes einzelnen Menschen, insbesondere derjenigen, die in einer sozialen Verantwortung für andere stehen. Christina betont immer wieder, dass das Potenzial zu einem solchen radikalen inneren Wandel in jeder einzelnen Seele vorhanden ist.

Aus Unkenntnis über ihr wahres seelisches Potenzial geben sich viele Jugendliche mit oberflächlichen Ablenkungen – etwa in Form des übermäßigen Konsums von «sozialen» und anderen Medien, von Rauschmitteln und Adrenalinkicks – zufrieden. So fällt es ihnen zunehmend schwer, einen bewussten Bezug zu ihrem Inneren, zu ihrer Seele und ihrem Seelenplan, zu finden. Diese Zerstreuungen des Geistes sowie die anerzogene Identifikation mit dem künstlichen Ego bewirken eine weitere Orientierungslosigkeit. Zur generellen Reizüberflutung gesellen sich darüber hinaus nicht selten auch noch eine schlechte Ernährung und ein bedenklicher Bewegungsmangel, was in vielen Fällen nicht nur zu körperlichen Zivilisationserkrankungen führt, sondern auch zu einer Vielzahl von psychischen Störungen.

Für Jugendliche wie Christina ist es völlig klar, dass sie nicht hierher auf den Planeten Erde gekommen sind, um sich bloß über ein künstlich aufgezwungenes Ego zu definieren oder um im krankmachenden Dauerstress irgendwelchen Zerstreuungen oder materiellen Gütern hinterher zu jagen. Durch diese Klarheit über die eigene Bestimmung gelingt es ihnen, unbeeinflusst zu bleiben von der allgemeinen Unzufriedenheit, von Überforderung und Opferrollen, von Abhängigkeiten und Suchtproblemen, von Burnout und Depression. Jugendliche wie Christina wissen, dass sie zu etwas ganz anderem in diese irdische Welt hineingeboren worden sind: Sie sind hier, um weiter zu lernen und in ihrer Selbsterkenntnis zu wachsen, um ihre Seele reifen zu lassen sowie um den anderen Menschen hilfreich beizustehen, die sich ebenfalls für einen solchen Weg der bewussten inneren Entwicklung entschieden haben.

Christina betont auch gerne, dass es für jeden Menschen und insbesondere für jeden Jugendlichen jederzeit reichlich Alternativmöglichkeiten gibt und dass es in unserer eigenen Macht und Verantwortung steht, worauf wir unser Bewusstsein richten und in welche «Systeme» wir unsere Energie einbringen. Wir haben jederzeit die Wahl, für welches Welt- und Menschenbild wir uns entscheiden; wir haben die Wahl, wie wir mit uns selber, mit unserer Umwelt und mit unserem Umfeld umgehen; wir haben die Wahl, in welchen Berufen wir arbeiten und welche Hobbys wir pflegen, und wir haben die Wahl, ob wir zu den herrschenden Zuständen «ja» sagen oder «nein».

Eine neue Generation von Kindern und Jugendlichen lebt heute bereits deutlich bewusster als ihre Eltern und durchschaut das künstliche System. Sie setzen der Destruktivität entschlossen ihre lichtvollen Seelenkräfte und eine tiefe, authentische Form von Frieden entgegen. Dies zu wissen, lässt mich zuversichtlich dem Wandel entgegen blicken.

Was mich schon immer fasziniert hat, sind die subtilen Handlungsmuster von Menschen. Durch unterschiedliche Erlebnisse und Erfahrungen speichert jeder von uns individuelle Handlungsmuster ab, so dass Menschen in derselben Situation völlig unterschiedlich reagieren. Diese Muster sind meist unbewusst und beginnen sich nach einer gewissen Zeit auch im physischen Körper zu manifestieren. Sie zeigen sich in diversen Körperzonen, wie beispielsweise im Gesicht (Stichworte: Psycho-Physiognomik und Patho-Physiognomik) oder in der Körperhaltung, und später können sie – falls es sich um destruktive Muster handelt – auch in Form von Beschwerdebildern und Erkrankungen sichtbar werden.

Diese subtilen Muster gehören, wie mir Christina erklärt, nicht zur biologisch notwendigen Grundausstattung des Menschen («Hardware»), sondern sind das Ergebnis einer bestimmten Programmierung («Software»). Mit der Kraft des freien Willens haben wir als mündige Menschen stets die Möglichkeit, unsere eigene Programmierung zu wählen und auch zu verändern. Wenn wir

Eltern von Kindern sind, dann erstreckt sich diese Verantwortung auch auf die Programmierung unserer Kinder.

In der Tiefenpsychologie und in der Entwicklungspsychologie ist heute bekannt, dass das Urvertrauen eines Menschen bereits im ersten Lebensjahr entwickelt wird. Ein Baby erkennt, ob es seiner Umwelt vertrauen kann oder nicht, da es instinktiv imstande ist, weitere Frequenzen (zum Beispiel auch Auren) wahrzunehmen. Die Eltern decken also nicht nur die physiologischen Grundbedürfnisse ab – wie Nahrung, Geborgenheit, Schutz und Obhut –, sondern sie geben auch unbewusst ihre eigenen Anschauungen und Wertvorstellungen, ihre Ängste, Zweifel und Unsicherheiten, ihre Träume, Hoffnungen und Erwartungen, ihre Perfektionsansprüche und ihre Minderwertigkeitskomplexe an ihre nächste Generation weiter.

Was mich betrifft, so war mir schon früh klar, dass ich – sollte sich einst mein Kinderwunsch erfüllen – meinen Kindern nicht nur eine geregelte Tagesstruktur und Ordnung bieten würde, sondern auch sehr viel Freiheit draußen in der Natur, wo sie sich ohne ständige Kontrolle ungehindert würden entfalten können. Denn nicht nur die Verwahrlosung führt dazu, dass sich die eigene Persönlichkeit nicht gesund entwickeln kann, sondern auch deren Gegenteil: die Überbevormundung (Stichwort: Helikopter-Eltern). Als Eltern stehen wir daher vor der Herausforderung, den für jedes einzelne Kind sinnvollen individuellen Mittelweg zu finden zwischen dem freien Entfaltenlassen und dem Aufzeigen von Grenzen. Am besten gelingt uns dies, wenn wir zunächst auch in unserem eigenen Leben die Balance gefunden haben, wenn wir auf unsere eigene innere Intelligenz zu hören gelernt haben, wenn wir die «Bedienungsanleitung» für unser eigenes Leben kennen und unserer Bestimmung folgen. Dann wird es uns auch nicht schwerfallen, die Bedienungsanleitung unserer Kinder zu erkennen und jedes Kind in optimaler Weise zu fördern.

Wir müssen uns als Eltern nicht dem gesellschaftlichen Zwang beugen, unsere Kinder exakt so zu formen, dass sie als tadellose Mitglieder möglichst reibungsfrei in unser Gesellschaftsschema passen. Auch wenn wir in einer Leistungsgesellschaft leben und auch wenn wir für unsere Kinder selbstverständlich nur das Beste wollen, sind wir nicht gezwungen, unkritisch irgendwelche fremden Programmierungen zu übernehmen und weiterzureichen. Vielmehr dürfen wir uns durchaus zunächst die Frage stellen: Was ist denn für dieses individuelle Kind wirklich das Beste? Welches ist der Lebensweg, der dieses einzigartige Kind wirklich erfüllt und glücklich machen wird?

Das gegenwärtige System ist so aufgebaut, dass wir in erster Linie durch das Erlangen eines vorgegebenen «Erfolges» Aufmerksamkeit und Anerkennung gewinnen. Dies beginnt in den Schulen mit ihren Benotungssystemen und setzt sich später in Form von Ausbildungsabschlüssen und Titeln und letztlich in Form von möglichst hohen Positionen und Salären fort. Oft wird den Menschen sogar eingetrichtert, dass sie wertlos seien, wenn sie nicht bis zum Umfallen hart arbeiten oder wenn sie nicht die vorgegebenen Normen erfüllen. Doch definiert sich der «Wert» eines Menschen wirklich nur an seiner äußerlichen Funktionalität und an seinem Einkommen?

Christina meint hier klar: Nein. Denn alle diese Prägungen und Muster entsprechen nicht der natürlichen Grundausstattung des Menschen. Sie sind veränderbare «Software». Und weil sie veränderbar ist, können wir unsere eigene Software und die Software unserer Kinder jederzeit konstruktiv umprogrammieren und in Einklang mit dem Seelenplan bringen, sofern wir uns über ihn bewusst sind. Denn der wirkliche Wert eines Menschen entfaltet sich dann, wenn er seine höhere Bestimmung gefunden hat und mit Körper, Geist und Seele seinen eigenen, individuellen Platz innerhalb des großen Ganzen einnimmt. Jeder von uns hat sich für seine gegenwärtige menschliche Inkarnation eine ganz bestimmte Rolle ausgesucht, und im Erfüllen dieser Rolle werden auch wahre innere Begeisterung und konstruktiver äußerer Erfolg möglich.

Wer auf der Suche nach sich selbst bloß Anerkennung im Außen sucht, wird früher oder später enttäuscht werden. Wer aber lernt, auf seine innere Stimme zu hören, der wird nicht nur finden, wonach er sucht, sondern er vermeidet durch diesen natürlichen, gesunden Selbstschutz auch Überforderung und

Resignation. Handlungen, die von der inneren Intelligenz angeregt werden, sind stets konstruktiv, das heißt, sie richten für niemanden Schaden an, sondern bewirken immer etwas Positives. Solche von innen her inspirierten Handlungen finden wir bislang vornehmlich in freien Bereichen, in denen die auftragskonforme Wissenschaft keine allzu engen Leitlinien setzt, also etwa in der Musik und allgemein in der Kunst, in der Philosophie und in der Literatur, im Sport oder auch in alternativen Heilberufen.

Eine große Herausforderung der gegenwärtigen Wendezeit wird darin bestehen, die gleiche Freiheit und Intuitionsfähigkeit auch in den Bereichen der wissenschaftlichen Forschung, der Technologie, der Wirtschaft und der Politik zuzulassen und auszubauen. Gerade dort könnten bahnbrechende neue Erkenntnisse und Erfolge erzielt werden, wenn die Verantwortlichen sich von den engen Konzepten des einseitig-rationalen Verstandes befreien und sich für höhere Erkenntnisquellen öffnen würden. Die wenigen vereinzelten Hochbegabten, die sich heute bereits in jenen Kreisen bewegen, fühlen sich in den starren universitären Strukturen meist völlig eingeengt von akademischen Monokulturen, in denen die freie Entfaltung des Geistes und das Annehmen von höherdimensionalem Wissen noch nicht erwünscht sind.

Christina sagt in diesem Zusammenhang: «Die heutigen Menschen neigen dazu, sich von angeeignetem Wissen und künstlichen Vorstellungen leiten zu lassen. Je besser gebildet ein Mensch ist, desto rationaler fällt er seine Entscheidungen. Er lässt sich viel zu oft vom Verstand dominieren statt einfach vertrauensvoll der Intuition, der inneren Stimme, zu folgen.»

Aus eigener Erfahrung kann ich dies bestätigen. Meine Schulzeit vermittelte mir unbestritten einige wichtige Grundlagen, um später in unserem System gut zu funktionieren. Doch mit 16 Jahren habe ich während meines Praktikumsjahres in der Klinik im Tessin ohne Schule und ohne Lehrer eine fremde Sprache erlernt und habe durch die geliebte Bewegung in freier Natur mein schlummerndes Talent als Läuferin entdeckt, welches ich in der Folge eigenständig weiterentwickeln konnte. Nicht bloß durch äußere Anleitung, sondern vor allem, indem ich diesem inneren

Talent gefolgt bin, bin ich später Schweizer Meisterin geworden. Ebenso brauchte mich niemand von außen zu lehren, ein Geschäft zu führen, Kinder zu erziehen, mit den Menschen und der Natur gut umzugehen oder mit dem Leben und dem Tod sinnvoll umzugehen. Dies alles geschah nach dem Prinzip von «Learning by Doing» und dadurch, dass ich aufrichtig versuchte, meiner inneren Stimme zu folgen.

Andere Menschen können uns diese inneren Schulungen und Lernprozesse nicht abnehmen, sondern uns höchstens dabei begleiten und unterstützen. Wenn wir dazu bereit sind, wird das Schicksal solche Helfer und Begleiter in unser Leben führen. Sobald wir uns ernsthaft dafür entscheiden, nicht bloß den Weg des vermeintlich geringsten Widerstandes zu gehen oder unsere anstehenden Lernprozesse zu verdrängen, sondern sie zuzulassen und uns ihnen selbstverantwortlich zu stellen, verändert sich unser Blickwinkel: Wir erkennen alles, was in unserem Leben geschieht, als eine Erfahrung, an der wir wachsen können. Wenn wir diesen Entscheid zur Selbstverantwortung hingegen nicht treffen, dann werden wir an vielen unserer Lernaufgaben immer wieder scheitern und sie immer wieder von neuem vorgesetzt bekommen. Alles unterliegt unserem freien Willen, und wir haben jederzeit die Wahl, wie wir unser Dasein gestalten.

Mittlerweile sind viele Menschen ernsthaft auf der Suche nach dem eigentlichen Sinn ihres Lebens, nach innerer Klarheit, nach Entschleunigung, nach Einfachheit und Freiheit in ihrem Dasein. Viele haben begonnen, ihre eigenen Lebensumstände, ihre persönlichen Verhaltens- und Antriebsmuster sowie auch die aktuellen Gesellschaftsstrukturen kritisch unter die Lupe zu nehmen und zu hinterfragen. Manche haben dabei erkannt, dass oft intensive und langwierige Prozesse erforderlich sind, um innere Prägungen und konflikthafte Muster zu erkennen, zu ändern oder loszulassen. Es ist keine leichte Sache, die eigenen Gefühls- und Denkmuster zu verändern, aber der Aufwand lohnt sich. Dabei ist auch Geduld gefragt – eine Tugend, die ebenfalls in den heutigen Schulen nicht gerade gefördert wird.

Christinas Aussage gibt uns Zuversicht: «Jeder Mensch ist ein göttliches Wesen, und alle Seelen sind grundsätzlich dem Licht zugewandt und nicht dem Abgrund. Also ist es in erster Linie wichtig, die eigenen inneren ‹Abgründe› und Fehltritte zu erkennen, sie ernsthaft zu ergründen und zu ändern – wenn möglich noch in diesem Leben.»

Wenn man seine destruktiven inneren Muster beibehält, die nicht dem Seelenplan entsprechen und die uns auf unserem Lebensweg blockieren, kann es zu psychischen und auch physischen Erkrankungen kommen. Je größer die Diskrepanz zwischen unserem individuellen Seelenplan und unserem Handeln im gegenwärtigen Leben wird, desto größer wird auch unsere innere Unruhe. Über eine gewisse Zeit kann der Körper dies aus eigenen Kräften kompensieren, doch irgendwann zeigen sich unweigerlich Symptome.

Veränderungsprozesse sind für das Ego nicht immer einfach, doch mit einer unglaublichen Befreiung und Zufriedenheit verbunden. Es entsteht eine Leichtigkeit und Gelassenheit, die das Leben lebenswerter und auch erfolgreicher macht. Christina ist ein anschauliches Beispiel dafür, wie man als eigenverantwortlicher, nicht von fremden Programmierungen gesteuerter Mensch selbst in der heutigen turbulenten Zeit glücklich und zufrieden leben kann. Das oberflächliche, gegen außen orientierte Dasein hingegen scheint niemals wirklich zu befriedigen.

Durch Christinas Erläuterungen ist für mich auch die Bedeutung der drei Begriffe Körper, Geist und Seele nochmals klarer geworden. Ich nehme mir fest vor, immer mehr zu lernen, diese drei Werkzeuge angemessen zu nutzen, was für mich eine tagtägliche Herausforderung darstellt, jedoch mit einem vielversprechenden Potenzial.

Die wundersame Entwicklung von Christina konfrontiert mich immer wieder in willkommener Weise mit der Aufforderung zu einer bewussten inneren Entwicklung. Ich erkenne immer deutlicher, dass das wirkliche Potenzial von uns Menschen im Geistigen liegt, dass dieses jedoch stets auch mit dem Körper interagiert. Da Geist und Seele nicht sichtbar sind, lassen viele moderne Wissenschaften diese beiden Komponenten außer Acht und beschränken sich auf die Erforschung des Körperlichen – so auch die westliche Schulmedizin und die klassische Psychologie (ausgenommen vielleicht die Humanistische Psychologie und die Transpersonale Psychologie).

Wenn wir in eine innere Disharmonie gefallen sind, benötigen wir ausreichend Ruhe, um diese zu eruieren, und kommen dabei im Idealfall zur Erkenntnis, dass grundlegende Anpassungen und Veränderungen in unserem Leben notwendig sind. Immer wieder erhalten wir diesbezüglich auch Zeichen, die jedoch oft nicht sogleich als solche wahrgenommen werden. So können Beschwerden zum einen körperlich, also psycho-somatisch, entstehen, wie im Falle der klassischen Beispiele von chronisch wiederkehrenden Kopfschmerzen, Rückenschmerzen und Reizzuständen aller Art. Zum anderen gibt es auch Beschwerdebilder, die somato-psychischer Ursache sind, die also ihren Ursprung im Körper haben und sich dann auf die feinstofflich-geistige Befindlichkeit auswirken. Weitere Zeichen, die uns zum Innehalten und Hinterfragen einladen, sind etwa plötzliche Unfälle und «Schicksalsschläge» oder auch vermeintlich «zufällige» Begegnungen mit Menschen, die uns allesamt dazu einladen, Entscheidungen zu treffen, andere Richtungen einzuschlagen und Lernprozesse als solche zu erkennen.

Die mangelnde Flexibilität, an den eigenen Lebensumständen etwas zu verändern, stellt in den allermeisten Fällen das größte Problem dar. Der Grund dafür liegt nicht selten bei den inneren Softwareprogrammen, die uns in eine enge Denkweise und in eine angebliche Perspektivlosigkeit lenken. Es braucht Mut und Kraft, um aus diesem Hamsterrad von Ignoranz und Stillstand auszubrechen, um angestammte Denk- und Verhaltensmuster zu durchbrechen, um gemütliche Komfortzonen oder gar goldene Käfige zu verlassen und entschlossen etwas Neues zu starten. Aber wenn wir diesen Mut und diese Entschlossenheit aufbringen, werden wir mit dem tiefen Empfinden belohnt, das Richtige zu tun.

Doch selbst für den Mutigen und Kreativen gibt es keine unmittelbare Erfolgsgarantie. Dies wurde mir sowohl im Leistungssport als auch in anderen Lebensbereichen immer wieder klar. Aber es gibt eine Veränderung, und – egal wie diese verläuft – wir finden zu neuen Erkenntnissen, neuen Perspektiven, neuen Wegen, um unsere Bestimmung zu finden und konstruktiv umzusetzen. Manchen Menschen hilft hierfür eine längere Auszeit, um Abstand zum gewohnten Alltag zu finden und um ohne durchstrukturierten Terminkalender und abseits des goldenen Käfigs erst einmal zur Ruhe zu kommen. Wenn diese Ruhe einkehrt, werden wir auf heilsame Weise mit uns selbst konfrontiert. Dann bekommt die Seele endlich wieder eine Stimme, die nicht von fremden Programmierungen übertönt wird.

Später erläutert Christina hierzu: «Die Wahrnehmungen der Menschen sind meist von der Vergangenheit überlagert. Sie nehmen oft nur die Zeiger ihrer Erinnerung wahr, und ihr Geist ist getrübt, da er immer in der Vergangenheit hängt. So können sie ihre Visionen nicht erbauen. Jede negative Erinnerung ist wie ein Stein in einer Mauer, die verhindert, dass die Menschen ihre Visionen erfüllen. Darum: *Versöhne dich mit der Vergangenheit, stecke dir Ziele für die Zukunft, und lebe in der Gegenwart, denn hier liegt die ganze Kraft!*»

Ein weiteres Rezept, dem Leben positiv und konstruktiv zu begegnen, besteht darin: die Weisheit und Unterscheidungskraft zu entwickeln, welche Dinge man selbst verändern kann und welche Dinge man einfach so akzeptieren sollte, wie sie nun einmal sind. Wenn die Aufgaben auch noch so schwierig sind, hat man mithilfe dieses Unterscheidungsvermögens doch gute Aussichten, in Einklang mit sich selbst zu kommen und das eigene Denken und Tun zu harmonisieren. Aus zahlreichen eigenen Erfahrungen durfte ich lernen, dass es oft nur eine Frage der Einstellung gegenüber einer bestimmten schwierigen Lebenssituation ist, ob man daran zerbricht oder daran wächst. Wenn wir versuchen, auszuweichen, erreichen wir meist doch nur, dass dasselbe Problem uns später wieder einholt.

Wer sowohl den Sonnenseiten als auch den Schattenseiten des Lebens stets positiv begegnen möchte, kommt nicht darum herum, einen tiefen Blick in sein eigenes Inneres zu werfen. Auch ich darf durch Christina tagtäglich lernen, alte Sichtweisen und Handlungsmuster loszulassen, wertungsfreier zu leben und nicht ständig über andere Menschen zu urteilen – im Bewusstsein, dass jeder von uns genau in diese heutige Zeit hineingeboren worden ist, um hier seine Aufgaben zu erkennen und zu erfüllen.

Christina betont: «Es ist wichtig zu erkennen, dass alle Menschen gleichwertig sind, unabhängig davon, auf welcher Stufe sie sich befinden und welche Aufgaben sie zu erfüllen haben. Alle Menschen sind in ihrem Leben hier auf der Erde unterwegs zum göttlichen Sein – jeder einzelne, auch wenn er sich gerade wie ein Schwerverbrecher verhält. Sämtlichen Erfahrungen, die wir im jetzigen Leben nicht absolviert haben, werden wir in unserem nächsten Leben oder in vielen folgenden Leben wieder begegnen. Möglicherweise sind wir jetzt gerade daran, etwas Bestimmtes zu lernen, das wir im vergangenen Leben noch nicht erfahren haben. Mal stehen wir dabei in der Opferrolle, mal in der Täterrolle. Insgesamt braucht es viele Inkarnationen in dieser dritten Dimension, um alles zu lernen. Das gegenwärtige Leben im Hier und Jetzt repräsentiert nur eine winzig kleine Erfahrung auf einem langen, langen Weg.»

Ein anderes Mal sagt sie: «Jedes Individuum verfügt über den freien Willen und kann jederzeit wieder zurück auf einen konstruktiven, lichtvollen Weg finden. Manchmal sind dabei einfach ein paar Umwege zu gehen.»

Wiederum klingt alles, was Christina erläutert, sehr logisch und schlüssig. Und doch deckt sich vieles davon nicht mit meinem bisherigen Denken, und mir wird klar, wie stark ich durch die vielen widersprüchlichen Konzepte geprägt bin, die ich durch Erziehung, Schule, Ausbildung, Beruf und Religion erhalten habe. Aber ich nehme mir vor, offen zu sein für ein neues Hinterfragen und Durchleuchten, und wie gesagt nehme ich mir vor allem vor, andere Menschen nicht mehr zu bewerten oder über sie zu urteilen. Denn wie ich von meiner Tochter gelernt habe, steht jeder Mensch in seiner individuellen Entwicklung an einem anderen Punkt und denkt, fühlt, spricht und handelt daher nach seinen eigenen, subjektiven Maßstäben.

Was ich in diesen Tagen während unserer stundenlangen Gespräche bei Christina deutlich spüre, ist eine losgelöste Neutralität und ein völliges Freisein von Bewertungen und Abwertungen. Sie ist immer wohlwollend und authentisch, und sie wiederholt nicht einfach irgendwelche fremden Konzepte, sondern sie scheint schlicht und einfach eine höhere, unabhängige Sicht auf die menschlichen Geschehnisse zu haben. Das Mädchen ist mit den unterschiedlichen wissenschaftlichen Theorien und religiösen Lehren durchaus vertraut, und sie lässt diese respektvoll stehen, wenngleich sie den einen oder anderen Standpunkt kritisch hinterfragt und in glaubhafter Weise die größeren Zusammenhänge darzustellen vermag. Aufgrund ihrer Wahrnehmung sieht, hört, spürt, erlebt und versteht sie eben eine viel umfassendere Realität als ich.

Sie betont zudem, dass es für die Menschen in den vergangenen Jahrhunderten wichtig gewesen sei, sich gewisse kulturelle und religiöse Strukturen zu schaffen. Diese Strukturen wirkten sich mittlerweile jedoch eher einschränkend für eine konstruktive globale Entwicklung aus, da die Kulturen und Religionen im Laufe der Zeit manipuliert und verändert worden seien.

Auch Forscher in der Wissenschaft sehen sich zunehmend eingeschränkt durch das gegenwärtige System. Fast jeder, der sich anfangs mit einer echten Inbrunst und Leidenschaft einer wissenschaftlichen Aufgabe zuwendet, wird rasch bemerken, dass die universitären oder privatwirtschaftlichen Strukturen höchst einengend sind und unliebsame Abhängigkeiten schaffen. Christina sagt, sie sei überzeugt davon, dass in Zukunft viele Menschen mit einem erweiterten Bewusstsein für großartige wissenschaftliche Erkenntnisse und Durchbrüche sorgen werden, ohne dass sie über universitäre Abschlüsse verfügen. Manche von ihnen werden sogar noch Kinder sein.

Bei diesen Ausführungen denke ich einmal mehr: Woher nimmt diese knapp Vierzehnjährige solche Einsichten und Gewissheiten? Ich stelle mir vor, wie ihre Lehrer in der Schule wohl reagierten, wenn sie auch nur eine Stunde lang Christina auf diese Weise referieren hören würden. Sie würden wohl nicht nur ihre Schülerin, sondern die ganze Welt mit völlig anderen Augen sehen. Ich für meinen Teil habe das starke Empfinden, dass ich nun endlich bereit dafür bin, das ganze Wesen meiner Tochter kennenzulernen. Wie sagte sie doch: «Versöhne dich mit der Vergangenheit, stecke dir Ziele für die Zukunft, und lebe in der Gegenwart!» Das ist ein wunderschönes Lebensmotto, das ich mir merken werde.

11

Ganzheitliche Medizin

Viele von Christinas Ausführungen kann ich aus meiner beruflichen Sicht als Medizinische Praxisassistentin und als angehende Naturheilpraktikerin bestätigen. In meiner langjährigen Praxistätigkeit konnte ich immer wieder feststellen, dass Körper, Geist und Seele eng zusammenhängen und sich gegenseitig beeinflussen.

Dieser Aspekt bewegte mich zur vierjährigen Ausbildung zur Naturheilpraktikerin, die in der Schweiz die umfassendste offizielle Ausbildung in Alternativmedizin darstellt. Seit 2015 sind vier Fachrichtungen zur Höheren Fachprüfung zugelassen: Traditionelle Chinesische Medizin (TCM), Traditionelle Europäische Naturheilkunde (TEN), altindische Ayurveda-Medizin und Homöopathie. Mit der Einführung der Höheren Fachprüfung für Naturheilpraktiker (mit eidgenössischem Diplom) wurde in der Schweiz ein Meilenstein in der Geschichte der Alternativmedizin gesetzt, der in Europa Pilotcharakter hat und wegweisend sein wird. Als Grundlage und Philosophie der TCM, der TEN und der Ayurveda-Medizin dient die Jahrtausende alte Humoralmedizin, eine ursprüngliche ganzheitliche Medizin aus den Zeiten der frühen Hochkulturen, welche in unserer heutigen Zeit des Bewusstseinswandels wieder deutlich an Aufmerksamkeit gewinnt.

In der ganzheitlichen Medizin wird das Seelische und Feinstoffliche explizit ins Analyse- und Behandlungskonzept miteinbezogen. Man geht davon aus, dass sich die feinstofflichen Ursachen lange bevor die eigentliche Erkrankung – beispielsweise durch veränderte Blutwerte – sichtbar wird, bereits im Körper widerspiegeln. Bei inneren Dysbalancen zeigt unser Körper zum Beispiel oft Befindlichkeitsstörungen wie etwa Bauch- oder Kopfschmerzen oder auch funktionelle Störungen wie Fehlfunktionen der inneren Organe (Verdauungsstörungen, Herzrasen, Reizdarm, Reizblase usw.), für die schulmedizinisch keine klare Ursache zu ermitteln ist. In der ganzheitlichen Medizin aber erkennt man solche Störungen als Zeichen von innerem Ungleichgewicht. Wie in der Schulmedizin, so werden diese Grundregulationsstörungen einzelner Körpersysteme auch in der alternativen Medizin sowohl durch eine ausführliche Anamnese (Krankenvorgeschichte) und durch übliche klinische Untersuchungsmethoden (Reflexe, ORL-Status usw.) erkannt, zusätzlich aber auch durch den Ausdruck des individuellen Körpers.

Mittels Psycho-Physiognomik und Patho-Physiognomik lassen sich beispielsweise nicht nur angeborene Persönlichkeitsmerkmale aus dem Gesicht eines Menschen ablesen, sondern auch momentane Störungen seiner inneren Organe. Ebenso werden auch diverse Reflexzonen als aussagekräftig anerkannt, oder Methoden wie die Irisdiagnostik, Zungendiagnostik, Pulsdiagnostik, Ohrakupressur und dergleichen. Denn der physische Körper wird hier als Spiegel der Seele betrachtet. Allein am Ohr befindet sich ein ganzes Somatotop, das heißt, sämtliche grobstofflichen Körperstrukturen sowie die feinstofflichen Meridiane sind in Form von Resonanzpunkten darin abgebildet.

Auf der Grundlage dieser Erkenntnisse sollte die Ursache für gesundheitliche Störungen bei jedem Menschen erstens individuell und zweitens unter Berücksichtigung seiner aktuellen psychischen Struktur ermittelt werden. Erst dann kann ein nachhaltiger Heilungsprozess eingeleitet werden. Am Anfang steht dabei das Erkennen der feinstofflichen Ursachen für die körperliche Störung und anschließend das Verändern dieser inneren, krankmachenden Umstände. Dies ist ein zentraler Unterschied zwischen der westlichen Schulmedizin und der Naturheilkunde (Humoralmedizin): Während in der Schulmedizin hauptsächlich kurzfristig erfolgreich symptomatisch gearbeitet wird, liegt der Schwerpunkt der Humoralmedizin und in Teilen der Alternativ- und Komplementärmedizin im Behandeln der Ursachen. Hierbei geht es darum, die Grundregulation und die Selbstheilungskräfte des Körpersystems gezielt zu aktivieren, was dann langfristig zur Selbstheilung beiträgt. Dabei spielen selbstverständlich auch das

Bewusstsein und der Lebenswandel des betreffenden Menschen eine entscheidende Rolle.

Genauso, wie im Großen und Kosmischen eine ständige Wandlung und Veränderung stattfindet, so findet dieselbe Wandlung auch im Kleinen, im Irdischen und Menschlichen statt. In unserem Organismus ist alles in einer komplexen Wechselwirkung von Körper, Geist und Seele beständig im Fluss, und nichts bleibt je stehen. Dessen sind sich bedauerlicherweise viele Menschen heute nicht bewusst – ebenso auch nicht der Tatsache, dass unsere Weltsicht und unsere Denkweise mittels des Gehirns unseren physischen Körper steuern.

Diese uralte Philosophie «Wie oben so unten, wie innen so außen» lässt sich illustrieren am Beispiel unseres Herzens.

Zum Beispiel das Herz ♥

Seit Urzeiten wird das Herz als das zentrale Organ des Menschen betrachtet, gleichsam als das physische Sprachorgan der Seele. Bereits am 21. Tag der Schwangerschaft macht das Herz des Embryos seinen ersten Schlag, nachdem zuvor der göttliche Funke im menschlichen Leben empfangen und durch eine entsprechende feinstoffliche Information eine Herzanlage gebildet worden ist.

Das Herz versorgt zunächst sich selbst mit Blut, genauer gesagt die Herzkranzgefäße, erst dann wird anschließend der restliche Körperkreislauf versorgt. In dieser Tatsache liegt eine bemerkenswerte Symbolik verborgen: Eine gesunde Selbstliebe sollte bei jedem Menschen an erster Stelle stehen, denn erst auf dieser Grundlage ist er imstande, auch andere zu lieben und zu versorgen.

Unser Herz ist weit mehr als nur die «Pumpstation» unseres Körpers, die den Lebenssaft Blut im gesamten Körper zirkulieren lässt. Unser Herz ist überdies auch die Verbindung zur nichtmateriellen Seele, die wir allzu oft unterschätzen oder ignorieren. Daher wollen wir in der Folge dieses Herz etwas genauer unter die Lupe nehmen.

In unserem Universum finden wir sowohl Polarität als auch Dualität vor. Auf der polaren Ebene findet ein beständiger Fluss, ein beständiger Wechsel zwischen zwei Polen statt, die sich harmonisch ergänzen und sich gegenseitig bedingen. Genauso, wie im Kosmos und in der Natur alles in riesigen Zyklen hin und her pendelt, so pendeln auch die Menschen und alle ihre Organe, gesteuert vom Herzen, in einem ununterbrochenen Wechselspiel von Kommen und Gehen, von Ursache und Wirkung: Die Herzklappen öffnen und schließen sich fortwährend, ohne dass wir bewusst darauf Einfluss nehmen müssten oder könnten. Auch dieses Pendeln zwischen kardialem Druckaufbau und kardialer Entspannung lässt sich symbolisch verstehen: Jeder Mensch braucht Herausforderungen und Lernaufgaben, um an sich zu arbeiten, aber ebenso braucht er auch Zeiten der Entspannung und der Regeneration.

Eine weitere philosophische Bedeutung finden wir in der Redewendung «etwas mit Herzblut tun». Wenn jemand in seinem Leben eine Aufgabe, eine Tätigkeit gefunden hat, die tatsächlich seinem Seelenplan entspricht, dann erfüllt ihn diese Tätigkeit derart mit Begeisterung und innerer Freude, dass er sein ganzes Herzblut, seine ganze Kraft, Zeit und Aufmerksamkeit in das Erfüllen seiner Bestimmung setzen kann. Wenn jemand seinen Platz in der Gesellschaft gefunden hat und seiner Berufung folgt, dann blüht er sowohl innerlich als auch äußerlich auf und engagiert er sich mit vollem Herzblut, ohne frühzeitig zu ermüden, ohne sich zu langweilen und ohne sich fehl am Platze zu fühlen. Er ist auf seinem Weg und wird dabei mit Sicherheit Erfolg und Erfüllung finden.

Auch der Begriff «Herzenswunsch» ist bemerkenswert. Wir alle tragen unzählig viele Wünsche in uns – Wünsche nach Dingen, nach Besitz, nach Geld, nach Karriere, nach Erfolg, nach Anerkennung, nach Gesundheit, nach Vergnügen usw. Diese zahllosen Wünsche sind in unserem Geist beständig am Kommen und Gehen, sie erfüllen sich oder werden aufgegeben oder ersetzt durch andere. Doch wenn wir genau hinschauen, werden wir feststellen, dass wir nur sehr wenige wirkliche Herzenswünsche in uns tragen.

Fragen wir uns doch mal: Was ist mein innigster Herzenswunsch? Was will ich wirklich in diesem Leben? Was will ich hier tun und gestalten, was will ich spüren und erleben, was will ich lernen und erkennen, wem will ich dienen? Wenn wir uns die Zeit nehmen und ernsthaft versuchen, uns selber auf diese essenziellen Fragen nach unseren Herzenswünschen eine Antwort zu geben, dann wird sich uns offenbaren, worin unser Lebensplan, unsere Bestimmung besteht.

Wir kennen überdies auch die Redewendung «*auf sein Herz hören*». Wenn das Herz tatsächlich das physische Sprachorgan der Seele ist, dann sind wir gewiss gut beraten, auf die Stimme des Herzens zu hören. Die Schwierigkeit dabei ist, dass wir in unserem Inneren verschiedene unterschiedliche, ja sogar widersprüchliche «Stimmen» vorfinden: die Stimme unserer Triebe und Instinkte, die Stimme unserer rationalen Denkmuster und Zweifel, die Stimme unserer emotionalen Gefühlsmuster und Ängste, die Stimme unseres künstlichen Egos sowie zudem die mannigfachen Stimmen unseres Elternhauses, unserer Erziehung, unserer Kultur, unserer Religion und unseres privaten und beruflichen Umfeldes, die allesamt im Resonanzkörper unseres Geistes widerhallen. Auf welche von allen diesen Stimmen sollen wir nun hören, welcher sollen wir folgen?

Die Empfehlung lautet: auf die Stimme des Herzens. Diese göttliche innere Stimme erkennen wir daran, dass sie immer klar und positiv ist; dass sie konstruktiv und lösungsorientiert ist; dass sie zu Harmonie auffordert und nicht zu Konfrontation oder Manipulation; dass sie stets den freien Willen der anderen Lebewesen respektiert; dass sie allen Wesen wohlwollend und in Freundschaft begegnet und nicht in Feindbildern spricht; dass sie uns in jeder Situation beruhigt und ermutigt, und dass sie uns den Weg zu uns selbst zeigt. Dieser Stimme des Herzens dürfen wir jederzeit vertrauensvoll folgen.

Wenn wir hingegen nicht auf die Stimme des Herzens hören, sondern auf eine der vielen anderen, dann fallen wir aus dem inneren Gleichgewicht und erzeugen somit innere Stressfaktoren. Dadurch bilden sich auf der körperlichen Ebene die Stresshormone Adrenalin und Cortisol. Wenn wir über längere Zeit nicht der Stimme des Herzens folgen und unser Leben womöglich in genau die entgegengesetzte Richtung steuern, dann laufen wir Gefahr, im chronischen Dauerstress zu landen, mit einem dauerhaft erhöhten Stresshormonspiegel im Blut. Dies wird früher oder später in den physischen Körperstrukturen enormen Schaden anrichten.

Die heutigen Menschen sind, zumindest in unserem Kulturkreis, rund um die Uhr einer Vielzahl von Stressfaktoren ausgesetzt: Stress am Arbeitsplatz, in der Schule, in der Familie und in der Partnerschaft, Stress durch ständige mediale Reizüberflutung, Stress durch Lärm, Umweltgifte und Elektrosmog, Stress durch exzessiven Sport im anaeroben Bereich usw. Dabei wird das parasympathische Nervensystem lahmgelegt, das unsere Ruhe und Erholung steuert, so dass das sympathische Nervensystem ständig aktiv ist. Der erhöhte Stresshormonpegel im Blut fördert die Entzündung der Arterienwände und die nachfolgende Sklerosierung der Arterien (Arteriosklerose). Mit dieser Verhärtung beginnt eine schleichende Unterversorgung aller Organe, die irreversibel ist. Als Folge davon können beispielsweise Unruhe, Schlafstörungen, Konzentrationsstörungen, Verdauungsbeschwerden und dergleichen auftreten sowie auch Sehstörungen und Einschränkungen anderer Organfunktionen, einschließlich des Gehirns – von Demenz bis Hirninfarkt.

Auch an den Herzkranzgefäßen tritt eine Unterversorgung auf, mit der Folge von weit verbreiteten Herzproblematiken wie Angina pectoris, Herzinsuffizienz oder Herzinfarkt. Viele dieser Erkrankungen haben ihre Ursache im erwähnten Unfrieden und chronischen Dauerstress in unserem Inneren, und dieser wiederum ist eine Folge davon, dass wir es verlernt haben, auf die weise Stimme unseres Herzens zu hören und uns unsere Herzenswünsche zu erfüllen.

Aus der Fülle der Redewendungen, in denen das Herz eine Rolle spielt, sei zum Abschluss noch eine weitere erwähnt: *«Nur ein hartes Herz kann brechen.»*

Wenn ein Herz im feinstofflichen Sinne «hart» wird – das heißt, wenn ein Mensch keinen Austausch mehr pflegt mit seiner inneren göttlichen Führung und dem Göttlichen gegenüber kalt und hart wird –, dann wird auch das physische Herz mit der Zeit arteriosklerosiert und hart werden. So lauten die Gesetze der Psychosomatik. Als Spätsymptom dieser Verhärtung kann am Ende ein Herzinfarkt drohen.

Demjenigen, der eine solche Herzverhärtung und einen drohenden Herzinfarkt proaktiv vermeiden möchte, kann man denselben Tipp geben wie demjenigen, der bereits einen Infarkt erlitten hat. Die Empfehlung lautet: zu lernen, achtsam mit sich selber umzugehen, vermehrt auf die innere Stimme zu hören, sich adäquat zu bewegen und zu regenerieren, sich gesund und typgerecht zu ernähren und ganz allgemein seine Lebensgewohnheiten einem ruhigeren, möglichst stressfreien Rhythmus anzupassen. Im besten Falle können wir lernen, durch eine Erweiterung unseres Bewusstseins unsere festgefahrenen, erhärteten Verhaltensmuster radikal zu ändern und insgesamt flexibler, offener und wandlungsfähiger zu werden. Denn diese Eigenschaft der Flexibilität und der Wandlungsfähigkeit wird gerade angesichts des globalen Bewusstseinswandels, in dem wir gemäß Christina bereits mitten drin sind, höchst hilfreich sein.

Wenn wir unserem Herzen genügend Mitspracherecht bei unseren Entscheidungen einräumen, dann wird es nicht im Übermaß gestresst sein, und wir können in Ruhe und Zielgerichtetheit unseren vorgegebenen Seelenweg beschreiten und während unseres Lebens alle Aufgaben erfüllen, die wir uns einstmals für diese Inkarnation vorgenommen haben. Unser Herz bleibt somit auch physisch vital und leistungsfähig.

Es geht im Leben nicht darum, möglichst viel oder möglichst hart zu arbeiten, sondern darum, die richtige Arbeit zu finden und uns dieser dann mit ganzem Herzblut zu widmen. Es geht darum, auf sein Herz zu hören und sich seine Herzenswünsche zu erfüllen. Dies ist das Rezept nicht nur zum Gesundsein, sondern auch zum Glücklichsein.

Niemand klagt auf dem Sterbebett: «Ach, hätte ich doch bloß mehr gearbeitet!» Viel häufiger hört man wohl genau das Gegenteil: «Ach, hätte ich doch bloß nicht so viel gearbeitet und dadurch mein Leben versäumt! Hätte ich doch mehr auf mein Herz gehört, hätte ich meinen tieferen Gefühlen doch mehr Ausdruck verliehen, hätte ich mir doch mehr Freude gegönnt! Und hätte ich doch den Mut gehabt, mir selbst treu zu bleiben, statt so zu leben, wie andere es von mir erwarteten.»

Wer sich selbst treu ist, wer sich selbst liebt und verzeiht, der hat ein starkes, aber weiches Herz. Ein solches Herz kann nicht brechen und auch nicht gebrochen werden. Ein solches Herz wird unter allen Umständen und in allen Situationen des Lebens unerschütterlich genau das tun, wofür es erschaffen wurde: uns mit heilsamer Lebenskraft zu erfüllen.

Die schulmedizinischen Zukunftsprognosen hinsichtlich der Herz-Kreislauf-Erkrankungen und der damit zusammenhängenden Krankheitsbilder wie Metabolisches Syndrom, Organinsuffizienzen, Diabetes, Demenz usw. sind düster. Man geht davon aus, dass diese Erkrankungen in den kommenden Jahren die Menschen regelrecht überrollen werden – es sei denn, die Menschen besinnen sich anders. Aus der Sicht einer ganzheitlichen Medizin wären wir gut beraten, unsere Kinder (und natürlich auch die Erwachsenen) dahingehend zu schulen, nebst dem Weg des äußeren Lebens auch den Weg nach innen wieder zu entdecken und zu begehen. Wir wären gut beraten, in den Schulen und in der Gesellschaft im allgemeinen das ganzheitliche Verständnis von Körper, Geist und Seele wieder zu lehren und die angemessene Pflege unserer «Hardware» (physischer Körper) zu fördern, damit wir resistenter werden gegenüber der Fremdprogrammierung durch schadhafte «Software» in Form von destruktiven fremden Mustern und Prägungen.

Auf diese Weise kann sowohl in jedem Individuum als auch kollektiv wieder Friede unter den Menschen einkehren. In diesem Frieden werden sich dann immer mehr authentische Menschen entfalten, die mit einer neuen komplexen und multidimensionalen Denkweise einiges mehr über den Kosmos und über das Menschsein verstehen als wir und die demzufolge imstande sind, im Einklang mit den universellen Gesetzen konstruktiv, liebevoll und weise zu handeln.

12

Licht und Unlicht

Etwas, das ich schon früh von Christina gelernt habe, ist ihr Umgang mit dem sogenannt «Guten» und dem sogenannt «Bösen», das heißt, mit der Dualität von Licht und Unlicht. Das Mädchen betont stets, dass alle Menschen das Licht des Göttlichen in sich tragen, egal wie destruktiv sie sich gerade verhalten mögen. Aus ihrer Perspektive sind ausnahmslos alle Menschen göttliche Geschöpfe, die derzeit gewisse Erfahrungen auf unserem Planeten absolvieren. Einige haben einfach bloß vergessen, dass sie Licht sind, während andere sich darüber bewusst sind und daran arbeiten, dieses Licht immer mehr zu entfalten.

Ihren Respekt und ihre Anerkennung für sämtliche Menschen sowie für die gesamte Schöpfung drückt Christina so aus: «Wenn wir etwas als ‹böse› bezeichnen, ist es nicht unbedingt nur schlecht. Etwas Böses kann, je nach Bewusstsein, auch der Auslöser für etwas Gutes sein. Zum Beispiel: Wenn jemandem ein Radiogerät gestohlen wird, dann scheint dies zunächst nicht richtig zu sein. Doch derjenige ohne Radio bekommt dadurch eine Chance, sich von Besitz zu lösen und somit seinen Horizont zu erweitern. Er bekommt die Chance zu erkennen, dass es niemals ein ‹zu wenig› gibt, denn in Wahrheit gibt es immer mehr als genug.

Das Licht entfaltet sich aus Frieden, aus Selbstliebe und Selbstkontrolle, aus dem Wunsch, anderen zu helfen und sie zu unterstützen, und aus freiem Willen. Für das Licht gibt es immer viel Zeit, sich zu entwickeln, und es herrscht niemals Druck. Anders beim Unlicht. Hier heißt es: Man muss, man soll, ansonsten drohen Konsequenzen, Strafen, Sanktionen oder Gegenschläge. Wirklicher Frieden hingegen schreit nicht nach Konsequenzen und Strafen.

Alles Lichtvolle stützt die selbstorganisierende göttliche Intelligenz und Lebenskraft unserer Schöpfung. Dabei ist das Licht immer stärker als der Schatten, als das Unlicht. Das Licht anerkennt, dass es Unlicht gibt, während das Unlicht die Existenz des Lichtes leugnet. Dennoch können dunkle Wesenheiten nicht ohne gute Wesenheiten überleben, denn sie brauchen die schöpferische Energie, damit sie überhaupt existieren können. Gute Wesen hingegen benötigen keine Dunkelheit für ihre Existenz, denn sie tragen genügend Licht und schöpferische Energie in sich.

Alle Menschen sind Licht, doch viele haben es einfach vergessen. Alle sind in der Lage, das kleine Licht in sich selber erstrahlen zu lassen zu einem großen Licht. Denn wir leben in einer Zeit, in der das Licht sich durchsetzen und Unglaubliches überwinden wird. Dann löst sich das Unlicht von ganz alleine auf. Die Liebeskraft und die Lebenskraft ist die natürliche göttliche Intelligenz, die hinter den Kulissen stets vorhanden ist.»

Durch Christinas Erklärungen neutralisieren sich meine Blockaden aus der Vergangenheit. Viele frühere Schicksalsschläge erschienen mir im ersten Moment als tragisch, als schwierig oder gar als unlösbar. Doch jetzt erkenne ich, dass sie alle ganz einfach nur Ereignisse waren, die mir die Möglichkeit eröffneten, innerlich zu wachsen und einen neuen Horizont zu sehen, ohne dass ich dabei in eine Opferrolle verfallen muss.

Christinas Anerkennung sowohl von Licht als auch von Unlicht ist für eine Jugendliche ihres Alters schon sehr außergewöhnlich. Mir wird bewusst, dass sie schon immer danach gelebt hat, ohne je jemanden gering zu schätzen oder zu verurteilen.

Sie sagt: *«Betrachtet man eine Ganzheit von weit oben, dann ist es unmöglich, einzelne Lebewesen davon auszuschließen und nicht zu lieben, denn alles ist Schöpfung. Es ist vergleichbar mit einer Mutter, die ihre streitenden Kinder im Sandkasten beobachtet: Obschon manche streiten, liebt die Mutter trotzdem alle Kinder in gleichem Maße.»*

Meine frühere Auffassung «Je besser die Bildung, desto einfacher und erfolgreicher kommt man später durchs Leben» gerät gehörig ins Wanken. Denn Christina konfrontiert mich gerade ziemlich deutlich mit dem Gegenteil. Ihre Ausführungen werfen die Frage auf: Wollen wir wirklich möglichst «gebildete», das heißt programmierte und konditionierte Menschen in unserer Gesellschaft, die fast ausschließlich nach dem einseitig-rationalen Verstand und nach vorgegebenen Mustern funktionieren? Oder wollen wir glückliche Menschen, die Individualität, Authentizität, Lebensfreude, Akzeptanz und Frieden ausstrahlen? Wollen wir Menschen, die nur für ein Ich arbeiten und damit der unlichten, egozentrischen Mentalität dienen, oder solche, die ihrer inneren göttlichen Stimme folgen und sich für ein konstruktives und lichtvolles Wir einsetzen?

13

Bewusstsein, Schwingung
und Energie

Immer noch Mitte März 2015. In unseren zahlreichen Gesprächen erklärt Christina unter anderem auch, dass das Bewusstsein eines Menschen nicht nur an einem bestimmten Ort, wie beispielsweise im Gehirn, vorhanden ist. Als Bewusstsein bezeichnet sie ein dynamisches feinstoffliches Feld, das wir durch unsere Denk-, Fühl- und Handlungsweise ständig neu erschaffen. Das menschliche Denken ist also nicht, wie ich bisher annahm, auf rein neuronale Vorgänge im Gehirn reduziert, sondern Teil eines dynamischen, ganzheitlichen Lebensprozesses eines jeden Individuums, der auch seine Wertvorstellungen und Weltbilder, seine Emotionen und Gefühle umfasst.

Christina erklärt: «In Zahlen ausgedrückt kann das Gehirn bloß mit dem Verstand vielleicht maximal 8–10% des individuellen Potenzials dieses Menschen nutzen. Unter Einbezug des gesamten Bewusstseins aber sind 100% möglich. Wenn wir nicht mehr denken, bedeutet dies nicht, dass wir nichts mehr wissen, denn wir sind immer bewusst, egal ob wir gerade schlafen oder wach sind oder ob unser Gehirn gerade denkt oder nicht. Bewusstsein, Wissen und Erkenntnis hängen nicht vom Gehirn ab, und Bewusstsein schläft nie. Im Schlaf erleben wir sozusagen die ‹negative›, inaktive Seite unseres Wahrnehmungszyklus: Wir nehmen mit den Sinnen nichts wahr und denken auch nicht rational, aber dennoch sind wir uns darüber bewusst, dass wir existieren. Wenn wir wach sind, erleben wir entsprechend die ‹positive›, aktive Seite unseres Wahrnehmungszyklus.

Auch wenn das Gehirn und der aktive Verstand ausgeschaltet sind, ist immer noch Bewusstsein vorhanden. Nehmen wir zum

Beispiel einen Patienten auf der Intensivstation, der laut Medizin ‹bewusstlos› ist. Doch ‹bewusstlos› ist hier das falsche Wort. Obwohl das Gehirn vielleicht betäubt oder verletzt ist, ist dennoch Bewusstsein vorhanden. Dasselbe gilt sogar für Menschen, bei denen die Ärzte keine Hirnströme mehr messen können. Auch hier ist immer noch Bewusstsein vorhanden.»

Für diese These gibt es, wie ich mich erinnere, mittlerweile eine Fülle an Fallbeispielen: Menschen, die aus medizinischer Sicht bewusstlos oder sogar hirntot waren, die dann reanimiert wurden und sich danach an alle Einzelheiten und alle Gespräche der Ärzte und Krankenschwestern erinnern konnten. Dies ist nur dann möglich, wenn Bewusstsein tatsächlich unabhängig vom neuronalen Denken und unabhängig vom Gehirn existiert. So gesehen ergeben die Ausführungen von Christina durchaus Sinn und sind für mich nachvollziehbar.

Bei solchen Gesprächen stelle ich mir einmal mehr die Frage, was für ein Wesen sich hier als meine Tochter inkarniert hat. Welches Bewusstsein trägt Christina in sich? Wie kommt es, dass sie über derart viele Kenntnisse verfügt in einem Bereich, in welchem die aktuelle Wissenschaft noch mehrheitlich im Dunkeln tappt?

Hierauf antwortet sie knapp: «Ganz einfach: Meine Schwingung ist ziemlich hoch.»

«Was bedeutet das? Kannst du mir das noch etwas genauer erklären?»

«Du weißt doch, was Energie ist, Mama. Jede Energie im Universum hat eine bestimmte Frequenz, eine bestimmte Schwingung. Es gibt ganz viele verschiedene Energien, also auch verschiedene Schwingungen oder Schwingungsfrequenzen. Meine Schwingung ist im Vergleich mit den Schwingungen anderer Menschen einfach etwas höher.

Das Positive und das Liebevolle schwingt hoch. Das heißt, die guten Gedanken, Worte und Taten, die in Liebe, in Mitgefühl, in Freude usw. sind, sie schwingen hoch. Das Böse und Destruktive hingegen schwingt tief. Auch negative Gefühle wie Egoismus, Neid, Hass, Unzufriedenheit, Gleichgültigkeit usw. schwingen tief. Meine Schwingung nun ist von Natur aus so hoch, dass es mir nicht möglich ist, in Negativität zu verfallen. Ich kann also weder lügen oder etwas Destruktives denken oder tun, noch kann ich meine Begabungen missbrauchen.»

Am Beispiel von Christina wird deutlich, dass der Bewusstseinsgrad eines Menschen nicht abhängig ist von seinem Alter, seiner Lebenserfahrung, seiner Bildung, seinem sozialen Status usw., sondern vielmehr von seiner «Seelenenergie». Diese «Seelenenergie» ist seine persönliche Energiefrequenz oder Schwingung, und diese persönliche Schwingung bestimmt, welche mentalen und physischen Prozesse ausgelöst werden und welche Qualität sie haben.

Tatsächlich hat Christina, wie ich mich nun erinnere, in ihren bald 14 Jahren nie negative Gefühle und Emotionen gezeigt und lebte stets in einem «Wir-Bewusstsein». Sie war nie eifersüchtig, fühlte sich nie benachteiligt, hat sich nie mit anderen gestritten, nie ein Schimpfwort fallen lassen und nie mutwillig etwas beschädigt. Sie war einfach immer ein sehr friedliches Kind mit einer versteckten Weisheit, die sich im Alltag oft nur ganz subtil und humorvoll gezeigt hat. Auch jetzt ist es so: Sie steht jeden Morgen munter auf und kommt am Mittag und am Abend immer strahlend von der Schule nach Hause. Diese Friedfertigkeit und Zufriedenheit ist einfach ihr Normalzustand. Das können wohl alle bestätigen, die mit ihr Kontakt pflegen.

Christina führt weiter aus: «Weißt du, im Grunde genommen besteht das Universum seit jeher und in alle Ewigkeit aus ein und derselben Energie. Kommen zum Beispiel hier auf der Erde gewisse äußere Einflüsse dazu – wie ein verändertes Sonnenlicht oder Veränderungen des Erdmagnetfeldes oder auch andere gewaltige Einflüsse wie etwa starke Gedankenenergien –, dann verändern sich die energetische Aufladung und die Schwingung, und dadurch entsteht neue Materie. So ist alles, was du siehst, Schwingung und Energie. Ist die Schwingung tief, so ist sie dicht, und ist die Schwingung hoch, so wird sie licht.»

«Ist denn alles im Universum Schwingung?», will ich wissen.

«Fast alles. Außer dort, wo alles herkommt – die Urquelle oder das ‹Alles-was-ist› genannt –, dort ist die Energie noch so fein, dass sie nicht mal Schwingung besitzt, also auch keine energe-

Alles-was-ist = reines Licht

121

tische Dichte. Es ist nur reines Licht. Deshalb ist nach meiner Auffassung nicht wirklich alles einfach nur Schwingung. Aber alles andere, das du an Materiellem sehen kannst, ist tatsächlich manifestierte Energie. Ein Stuhl oder ein Apfel ist manifestierte Energie. So hat jedes materielle Objekt seine eigene Schwingung, auch jeder Mensch. Bei uns Menschen nennt man dieses Energiefeld auch Aura. Wenn ich etwa diesen Stuhl anschaue oder diesen Tisch hier, dann sehe ich sein Energiefeld, ebenso bei Nahrungsmitteln oder bei anderen Menschen. Alles ist mit einem Energiefeld umgeben.

Ohnehin ist alles mit allem verbunden, und zwar durch ein universelles Energiefeld. Die Menschen sind mit der Erde verbunden und unser Planet mit dem Kosmos – so steht alles in Wechselwirkung zueinander. Wenn du diesen Tisch betrachtest, Mama, dann siehst du eine klare Grenze, nämlich die Tischkante. Die Kante jedoch ist in Wirklichkeit noch nicht die Grenze des Tisches. Die Grenze ist erst das Energiefeld, welches du nicht sehen kannst. Dieses Energiefeld des Tisches aber vermischt sich mit dem Energiefeld des Bodens, des Stuhls usw., und auf diese Weise ist alles mit allem verbunden.»

Bewusstseinsskala und LOC-Werte

Unsere Gespräche über diese Themen regen mich dazu an, im Internet und in Büchern mehr darüber in Erfahrung zu bringen. Ich beginne mich mit Quantenphysik, Neuropsychologie und Bewusstseinsforschung zu beschäftigen und stelle dabei fest, dass sich in den vergangenen Jahren in der Wissenschaft einiges getan hat. Forscher wie beispielsweise der Biologe Rupert Sheldrake sprechen von «morphischen Feldern» und von einem «Gedächtnis der Natur» und verbinden damit die Naturwissenschaft mit der Parapsychologie.

Auch finde ich heraus, dass Christina bei weitem nicht der einzige Mensch ist, der eine hohe Schwingungsfrequenz in sich trägt. Es gibt weltweit eine stetig wachsende Anzahl von Kindern und Jugendlichen, die über ein erweitertes Bewusstsein, über eine multidimensionale Wahrnehmung sowie über paranormale Begabungen verfügen.

Christina hilft mir beim Recherchieren und zeigt mir im Internet unter anderem die Thesen des Oxford-Astrophysikers Stephen Hawking oder des amerikanischen Bewusstseinsforschers David R. Hawkins. Sie ist neugierig zu erfahren, wie der aktuelle Stand der Wissenschaft ist. Dabei findet vor allem die «Bewusstseinsskala» von David R. Hawkins ihr Interesse. Der Psychiater entwickelte in den 1990er-Jahren aus eigenen Erfahrungen und aus kinesiologischen Tests heraus eine Art «Skala des Bewusstseins». Auf dieser Skala ordnete er sowohl Dingen wie Büchern oder Filmen als auch Konzepten, Emotionen, Eigenschaften und Personen bestimmte Werte zwischen 1 und 1000 zu. Die Skala wird nach unten begrenzt durch die Null (= kein Bewusstsein) und nach oben durch die Tausend, die in seinem System die höchste von Menschen erreichbare Bewusstseinsebene darstellt. Er verwendet zur Einteilung seiner Skala den Begriff LOC-Wert («Level of Consciousness»).

Nachstehend eine vereinfachte Version der «Bewusstseinsskala» gemäß David R. Hawkins:

LOC-Wert	Ebene / Bewusstseinsstufe	Lebensauffassung: «Das Leben ...
700–1000	Erleuchtung, reines Bewusstsein	... ist.»
600	Frieden, Glückseligkeit	... ist vollkommen.»
540	Freude, Bedingungslosigkeit	... ist vollständig.»
500	Liebe, Verehrung	... ist gütig.»
400	Vernunft, Wissenschaft	... ist bedeutungsvoll.»
350	Akzeptanz, Produktivität	... ist harmonisch.»

310	Bereitwilligkeit, Optimismus	... ist hoffnungsvoll.»
250	Neutralität, Zuversicht	... ist befriedigend.»
200	Mut, Bejahung / Integrität	... ist machbar.»
175	Stolz, Angeberei	... ist anspruchsvoll.»
150	Wut, Hass	... ist feindselig.»
125	Begehren, Verlangen	... ist enttäuschend.»
100	Angst, Rückzug	... ist beängstigend.»
75	Trauer, Kummer	... ist tragisch.»
50	Apathie, Hoffnungslosigkeit	... ist hoffnungslos.»
30	Schuldgefühle, Bosheit	... ist böse.»
20	Scham, Erniedrigung	... ist elendig.»

Auf der Grundlage dieser Skala plaudern Christina und ich darüber, auf welcher Stufe ich mich mit meinem gegenwärtigen Bewusstsein, meiner Lebensauffassung und meinem Verhalten wohl im Moment befinde. Ich stelle fest, dass es auf alle Fälle meilenweit vom Bewusstsein meiner Tochter entfernt ist, und ich frage mich, wie ich das ändern kann.

Zu meiner Beruhigung – oder zu meinem Entsetzen – stellt Christina fest, dass nach dieser Skala heutzutage ein Großteil der Erdbevölkerung bedauerlicherweise mit einer Schwingungsfrequenz von unter 200 LOC unterwegs sei. Allerdings nehme die globale Bewusstseinserweiterung derzeit rapide zu. Sie merkt auch an, dass sehr hochschwingende inkarnierte Lichtwesen bereits heute eine Schwingungsfrequenz von über 1000 LOC aufweisen.

Gemäß Hawkins kommt dem LOC-Wert 200 eine besondere Bedeutung zu. Hier befinde sich die Schwelle der Integrität. Er unterscheidet demnach positives, «integeres Verhalten» im Gegensatz zu negativem, «nicht-integerem» oder desintegerem Verhalten. Wenn das Bewusstsein eines Menschen unterhalb der Integritätsschwelle, also tiefer als 200 LOC liegt, dann neigt er dazu, durch seine Ausstrahlung sowie durch sein Sprechen und Handeln sich selbst und sein Umfeld energetisch herunterzuziehen und damit im inneren Wachstum zu behindern. Man könnte hierbei von desintegeren oder negativen Energien sprechen.

Umgekehrt liegen die integeren, positiven Energien oberhalb der Integritätsschwelle und wirken bewusstseinserhebend und aufbauend für den betreffenden Menschen und für sein Umfeld. Solche Energien stärken das innere Wachstum, lassen das persönliche Bewusstsein sich mehr und mehr entfalten und unterstützen damit auch die kollektive Bewusstseinserweiterung und den kollektiven Frieden. Christina macht in diesem Zusammenhang nachdrücklich darauf aufmerksam, dass es sich bei den in der Hawkins-Skala erwähnten Eigenschaften und Lebensauffassungen nicht bloß um kurzfristige Momentaufnahmen handeln dürfe, sondern um einen dauerhaften Bewusstseinszustand des betreffenden Menschen.

Hawkins versuchte auch, historische Persönlichkeiten wie Philosophen, Schriftsteller, Wissenschaftler und Politiker in seiner Skala unterzubringen, wobei wohl eher seine persönlichen religiösen und politischen Präferenzen eine Rolle spielten. Was uns betrifft, so empfinden wir solche Schubladisierungen von Menschen nicht nur in diesem Falle, sondern generell als höchst problematisch und fragwürdig, ganz zu schweigen von der Tatsache, dass jeder Mensch sich im Verlaufe seines Lebens ja auch jederzeit nach oben oder nach unten verändern kann. Für Hawkins stehen mit einem LOC-Wert von 1000 an oberster Stelle seiner Bewusstseinsskala Jesus Christus und Avatare wie Buddha oder Krishna. Christina meint dazu: «Jesus Christus hat sich in den vergangenen knapp zweitausend Jahren enorm weiterentwickelt, er hat sehr viel dazugelernt in anderen Dimensionen, nachdem er von der Erde weggegangen ist. Seine Schwingung kann heute ganz bestimmt nicht mehr mit lediglich 1000 LOC definiert werden.»

Es bleibt seltsam und unerklärlich für mich, wie Christina über solche Information verfügt. Sie erwähnt es bloß nebenbei, aber mit einer Gewissheit, als hätte sie den Werdegang Christi nach seinem irdischen Leben vollständig mitverfolgt.

In Anlehnung an die Hawkins-Skala erklärt Christina hinsichtlich der Energiezentren unseres Körpers, der Chakras, über welche wir übrigens zuvor ebenfalls noch nie gesprochen hatten: «Die Aktivierung des Kronenchakras erfolgt etwa ab 600 LOC. In Zukunft wird es immer mehr Menschen gelingen, diese Stufe zu erreichen. Sie werden dabei oft den Rückzug aus der Gesellschaft suchen, um die Verbindung mit den göttlichen Ebenen aufrecht zu erhalten. Jenen Menschen, die höher als 600 LOC schwingen, bereitet es keine Mühe, sich als scheinbar normaler Mensch in der Gesellschaft der anderen zu bewegen.

Wenn jemand eine Schwingung von über 600 LOC im Dauerzustand erreicht hat, dann kann er auch kaum mehr rückfällig werden. Bei allen anderen Stufen darunter ist dies jederzeit noch möglich. Das heißt: Wenn jemand mit stark aktivierten Chakras und hohem Bewusstsein seine Begabungen missbraucht, dann wird er einen Energieverlust hinnehmen müssen. Er fällt dadurch unter Umständen wieder in eine tiefere Schwingung hinab und verliert seine Begabungen.»

Auf meine entsprechende Frage ergänzt sie: «Keine Sorge, Mama, ich werde schon darauf acht geben, dass ich meine Frequenz und meine Begabungen nicht verliere. Diese Begabungen benötige ich in erster Linie, um später meine Lebensaufgabe im Dienst der Menschen zu erfüllen.»

Ich bin höchst beruhigt, dass Christina in ihrer Frequenz gefestigt ist und dass bei ihr die Gefahr des Missbrauchs und des Herunterfallens offenbar nicht besteht. Damit ist für mich nun auch endgültig geklärt, warum sie zeitlebens diese friedvolle, weise, liebevolle und demütige Ausstrahlung hatte.

Sogleich betont sie aber, dass sie nichts Besonderes sei, da es zahlreiche Menschen auf der Erde gebe, die bereits jetzt um

500/600 LOC schwingen und die problemlos im jetzigen Leben ihre Frequenz noch weiter erhöhen können. Darunter seien einige Erwachsene und sehr viele Kinder, so dass insgesamt ein riesiges Potenzial an kollektivem Frieden bestehe. Abgesehen davon sei es grundsätzlich jedem Menschen möglich, seine Frequenz Schritt um Schritt zu erhöhen.

Ein universeller ethischer Grundsatz

In einem anderen Gespräch sagt Christina im Zusammenhang mit religiösen Geboten: «Ich brauche keine zehn Gebote. Denn ich lebe nach den kosmischen Gesetzen.»

«Was sind denn kosmische Gesetze?», frage ich.

«Da gibt es für mich vor allem *einen* obersten Grundsatz, der bis in die höchsten Ebenen des Universums Gültigkeit hat: ***Du sollst weder in Gedanken noch in Worten oder Taten einem Lebewesen Schaden zufügen.***»

Dieser Grundsatz ist in der Tat sehr umfassend, zumal Christina mit «Lebewesen» nicht nur Menschen meint, sondern auch Pflanzen, Tiere sowie den gesamten Planeten Erde, den sie ebenfalls als eigenständiges Lebewesen wahrnimmt. Sie hat, wenn ich zurückdenke, auch immer konsequent nach diesem Grundsatz gelebt, und allmählich wird mir klar, warum sie schon als Kleinkind diese rätselhafte harmonische Beziehung zu Steinen und Pflanzen und Tieren pflegte.

Auch ihr Bruder Mario ist ein äußerst hilfsbereiter, fröhlicher und spontaner Junge, der sehr selten negative Energien verbreitet. Die beiden Geschwister können sich immer gut einigen, gehen stets fürsorglich miteinander um und haben immer geteilt, auch ohne meine Aufforderung. Bösartigkeiten oder Streit zwischen diesen Kindern kenne ich nicht. Ich habe das bisher nie so direkt jemandem erzählt, da man mich wohl kaum ernst genommen oder als angeberisch eingestuft hätte. Doch es war tatsächlich so, und alle Verwandten und Freunde in unserem Umfeld können es bezeugen.

Multidimensionale Wahrnehmung

Nebst den bereits erwähnten wissenschaftlichen Forschungen spreche ich in diesen Tagen mit Christina auch über einzelne Theorien aus der Quantenphysik und der Astronomie. Dabei fällt mir auf, dass sie zwar viele wissenschaftliche Fachbegriffe nicht zuordnen kann, dennoch aber mit den Themen an sich vertraut zu sein scheint.

Sie ist imstande, mit einfachen und verständlichen Worten große Zusammenhänge zu beschreiben – von der Grundessenz bis hin zur universalen Ebene. Das, was in den unterschiedlichen Naturwissenschaften als Einzelphänomene untersucht wird, verknüpft sie aus einer ganzheitlichen Betrachtungsweise heraus sinnvoll miteinander. Dabei bedauert sie zuweilen, dass es für vieles, was sie multidimensional wahrnimmt, in unserer Sprache keine Wörter gibt und erst recht keine Erklärungen. Es gibt, so sagt sie, in jenen Dimensionen nur ein Erkennen und ein Erleben.

Monate später werde ich feststellen, dass Christina mittlerweile einen Zugang auch zu der jeweiligen Fachsprache gefunden hat. Auf meine Aufforderung hin erklärt sie astrophysikalische und astrochemische Vorgänge mit den passenden wissenschaftlichen Fachbegriffen. Mit einem erweiterten Bewusstsein ist es offensichtlich möglich, ohne Auswendiglernen an solche Informationen heranzukommen.

Ihre multidimensionale Wahrnehmung illustriert Christina mir anhand eines Beispiels aus dem Farbspektrum: «Schau, Mama, unsere Sprache ist sehr rudimentär. Nehmen wir zum Beispiel die Farbe Rot. Meine Wahrnehmung erfolgt mehrheitlich über Schwingungsfrequenzen, nicht über die Netzhaut des Auges. So gibt es für mich deutlich mehr als hundert verschiedene Arten von Rot. In deiner Wahrnehmung gibt es vielleicht fünfzehn verschiedene Rottöne, die du mit unserer Sprache beschreiben kannst: hellrot, dunkelrot, weinrot usw. Aus meiner Sicht besteht jeder Rotton aus einer anderen Energie, hat eine eigene Schwingungsfrequenz und damit auch eine präzise Bedeutung. Auf jeder einzelnen Schwingungsfrequenz existieren außerdem gewisse Charaktere und Kombinationen, die ich zusätzlich unterscheiden kann.

Du kennst doch das Lichtspektrum. Daraus vermag das menschliche Auge nur einige Frequenzen wahrzunehmen. Die hohen Frequenzen wie beispielsweise ionisierende Strahlung (Gammastrahlen, Röntgenstrahlen usw.) sind für dich nicht sichtbar, genauso wenig wie etwa die Radiowellen. In meiner Wahrnehmung aber kann ich jegliche Frequenz sogar im Nanobereich wahrnehmen und klar differenzieren. Zudem existieren für mich noch weitere Frequenzen außerhalb dieses Bereichs. Für all das brauche ich auch keine Augen. Im Gegenteil, im Dunkeln kann ich die Frequenzen sogar deutlich besser wahrnehmen.»

Ich bin einmal mehr verblüfft darüber, über welche Art der Wahrnehmung Christina verfügt. Was mir bei ihren Ausführungen auffällt, ist, dass sie offenbar auch meine Art der dreidimensionalen Wahrnehmung kennt und sie mit ihrer vergleichen kann. Versetzt sie sich dabei einfach in meine Lage, oder hat sie die dreidimensionale Wahrnehmung womöglich in früheren Leben ebenfalls erfahren und vermag sich jetzt noch an diese Erfahrungen zu erinnern?

Trennungsrealität und Einheitsrealität

Je mehr wir uns mit verschiedenen Bereichen der Naturwissenschaft beschäftigen, desto mehr wird ersichtlich: Für viele Phänomene finden sich einerseits herkömmliche wissenschaftliche Theorien aus der dreidimensionalen Sicht und andererseits auch neue Theorien und Erklärungsmodelle, die von der Multidimensionalität des Kosmos ausgehen. Diese multidimensionalen Ansätze lassen sich «rein wissenschaftlich» allerdings nicht beweisen, da im Moment noch keine offizielle Technologie zur Verfügung steht, um Multidimensionalität zu messen. Und doch gibt es mittlerweile zahlreiche Forscher, die ahnen, dass es weit mehr als nur die dreidimensionale Wahrnehmungsmöglichkeit gibt. Sie gehen davon aus, dass die Realität beträchtlich umfangreicher ist als die Wissenschaft bislang vermutet hat.

Mir wird klar, dass ich mit meiner dreidimensionalen Sinnes-wahrnehmung nur einen kleinen Teil von dem zu erkennen im-stande bin, was meine Tochter wahrnimmt. Ich sehe die Objekte und Personen in dieser Welt getrennt voneinander, lebe also in einer Art «Trennungsrealität». Christina aber sieht, wie die Ener-giefelder aller Objekte und Personen miteinander verbunden sind und in einem höheren Sinne eine göttliche Einheit bilden. Sie lebt somit in einer umfassenderen «Einheitsrealität».

Hierzu erklärt sie: «Wie viel ein Individuum von der Einheits-realität wahrnehmen kann, ist abhängig vom ‹Seelenalter› dieser Person, also davon, wie viele Erfahrungen und Lernprozesse sie in dieser Welt bereits erfolgreich absolviert hat.»

Ich beginne mich mit dem Gedanken anzufreunden, dass ich bisher in meinem Leben nur einen winzigen Bruchteil einer immens großen multidimensionalen Realität wahrgenommen habe. Glücklicherweise lebt Christina in einer viel umfassende-ren Realität und kommuniziert auch in völlig natürlicher Weise mit ihr.

Sie führt aus: «Wir leben in einer Zeit, in der sich die Schwin-gungsfrequenzen konstant erhöhen. Zur Zeit schwingt die Erde in einer planetaren Frequenz von etwa 500 LOC. Vor einhundert Jahren lag diese Frequenz noch deutlich tiefer, so dass damals die meisten Menschen mit einer entsprechend tieferen Schwingung geboren wurden. Heute aber werden viele Kinder mit einem erweiterten Bewusstsein geboren und verfügen über Wahrneh-mungen und Begabungen, die der Frequenz von 500 LOC ent-sprechen. Wenn diese Kinder nun in ein Umfeld kommen, das sehr dicht ist und angefüllt mit den Vorstellungen des vergange-nen Jahrhunderts (LOC unter 200), dann fühlen sie sich unver-standen oder gar fehl auf diesem Planeten.

Diese neue Generation von Kindern will sich nicht an die tie-fere Schwingung und an die festgefahrenen, engen Denkstruktu-ren anpassen. So fühlen sie sich im gegenwärtigen Schulsystem unwohl, da man von ihnen verlangt, dass sie mit ihrem Verstand dreidimensionale Konzepte, Theorien und Verhaltensweisen er-lernen, die gar nicht ihrer Wahrnehmung der Realität entspre-chen. Es besteht dabei die Gefahr, dass sie unter diesem Druck ihre Verbundenheit mit der großen Einheit verlieren und beginnen, wie ihre Umgebung in der Trennungsrealität zu leben. In dieser Trennungsrealität aber können sie nicht wirklich glücklich sein, und so werden sie in späteren Jahren wieder den Weg zu sich selber finden müssen.

Viele dieser Kinder aber sind sich über ihre Frequenzen sehr wohl bewusst und halten an ihnen fest – oft nahezu unbemerkt von ihrer Umgebung. Sie durchschauen das System der Trennungsrealität und arbeiten im Verborgenen konstruktiv in eine andere Richtung. Sie bemerken zwar den Unterschied zwischen sich und den meisten Erwachsenen, doch sie hinterfragen die Situation nicht, denn sie kennen nichts anderes.»

Christina ist ein gutes Beispiel für ein Mädchen, das sich die angeborene Sichtweise der Einheitsrealität erhalten hat und sich darin weiter entwickelt, ohne sich den tieferen Schwingungsfrequenzen der Trennungsrealität preiszugeben.

14

Besondere Wahrnehmungen
und Synästhesie

Was es bedeutet, wie Christina konstant in der Einheitsrealität zu leben und mit höheren Lichtwelten verbunden zu sein, erfahre ich mit jedem Tag ein Stück mehr. Auch bekomme ich mehr und mehr Antworten auf meine Frage, warum dies alles überhaupt geschieht in unserer Zeit.

In meinem äußeren Leben hat für mich nun eine sehr intensive Zeit begonnen, in der ich in verschiedenen Bereichen gefordert bin: Familienalltag als alleinerziehende Mutter, Ausbildung zur Naturheilpraktikerin, Leistungssport und nun obendrein auch noch Christina, die immer deutlicher ihr wahres Wesen offenbart. Dadurch werde ich konfrontiert mit Themen wie erweiterte Wahrnehmungen, höhere Bewusstseinsebenen, jenseitige Parallelwelten und dergleichen mehr. Diese Einblicke stellen mein bisheriges eingeschränktes Weltbild gehörig auf den Kopf. Zugleich aber wird mir auf wunderbare Weise auch vieles aus meinem eigenen Leben klarer und sinnhafter.

Ich erwäge, den Leistungssport im kommenden Sommer definitiv aufzugeben und bei uns zu Hause eine Praxis für Komplementärtherapie aufzubauen, um diese nach meinem Studienabschluss in eine Naturheilpraxis zu erweitern. Diese Idee besteht schon seit einiger Zeit, und nun scheint sie reif zur Umsetzung zu sein, obwohl ich ahne, dass sich uns gerade noch ganz andere Zukunftsperspektiven eröffnen.

Bei uns zu Hause häuft sich der neue Lesestoff: Bücher über Hirnforschung und Parapsychologie, über Physik und Astronomie, über Evolutionsforschung und vieles mehr liegen überall verstreut. Im ganzen Haus sieht es mittlerweile aus wie bisher nur in Christinas Zimmer, wo sich seit Jahren schon Bücher und blockweise Notizen sogar im Bett stapelten. Das Mädchen hat in wenigen Jahren schon mehrere hundert Bücher aus zwei Bibliotheken gelesen, größtenteils sogar mehrfach.

Mario kommt bei den vielen neuen Themen verständlicherweise nicht mehr mit, aber ich versuche, ihm immer mal wieder eine Kurzfassung der aktuellen Erkenntnisse zu geben, je nachdem, wonach er gerade fragt. Doch den Elfährigen interessieren vor allem Räder und Motoren. Seine unbändige Faszination für alles, was sich bewegen lässt, gepaart mit seiner ausgeprägten Kreativität, lässt ihn in seiner Werkstatt im Untergeschoss immer wieder neue innovative Fahrzeuge bauen. Aus seiner Sicht zeigt Christina derzeit einfach, welche speziellen Begabungen sie hat, genauso wie auch er im Technischen und im Musikalischen seine speziellen Talente hat. Marios Zimmer füllt sich weiter mit Bildern und Büchern hauptsächlich von landwirtschaftlichen Fahrzeugen. Seine Kreativität und sein handwerkliches Geschick bringt er auch mit seinen Lego-Technic-Steinen zum Ausdruck, mit denen er stundenlang konzentriert und ohne Unterbrechung zu spielen und zu bauen vermag.

Zum Thema Fahrzeugtechnik bemerkt Christina: «Solange die Menschen noch auf vier Rädern unterwegs sind, werden sie nie die Lichtgeschwindigkeit erfinden.»

Wie bitte? Die Lichtgeschwindigkeit erfinden? Was soll das denn heißen, will ich verwundert wissen.

Sie erklärt: «Dass es die Menschheit noch immer nicht geschafft hat, mit Lichtgeschwindigkeit zu reisen, ist bedauerlich. Dabei wäre es so einfach. Dann stünde den Menschen nicht nur die Erde offen, sondern das Universum. Doch die Menschen haben etwas Grundlegendes noch nicht verstanden, nämlich dass nicht der rationale Verstand die großartigsten Erfindungen und Fortschritte hervorbringt, sondern das Bewusstsein der Seele.»

Und zum Thema Raumfahrt erwähnte sie einige Tage zuvor: «Solange die Menschen ihren eigenen Planeten nicht kennen, werden sie auch nie andere Planeten kennenlernen.»

Wenn ich früher über solche Themen nachgedacht habe, dann war mein Standpunkt etwa so: Es ist besser, dass die machtgierigen und destruktiven Menschen noch keinen Zugang zum Universum haben, denn sie würden wohl dort das gleiche Schlamassel anrichten wie auf der Erde. Außerdem sind die Milliardenkosten der Raumfahrt eine ungeheure Verschwendung angesichts der Tatsache, dass viele Menschen auf unserem Planeten an Hunger sterben. In den kommenden Monaten werde ich zu alledem noch einige aufschlussreiche Informationen erhalten.

Ich erinnere mich, dass Christina schon vor Jahren mir damals unverständliche Aussagen machte über Teilchenbeschleuniger und andere komplexe physikalische und technische Zusammenhänge, beispielsweise auch über Albert Einsteins Theorien. Was Energietechnik betrifft, so äußerte Christina bereits als etwa Zehnjährige einen eher komplizierten und für mich nicht nachvollziehbaren Vorschlag. Sie sprach – in Ermangelung von passenden Wörtern – von einem «Plasmadingsbums», welches imstande sei, direkt aus dem Weltall so viel Energie zur Erde zu leiten, dass damit die Energieversorgung des ganzen Planeten für Jahrmillionen gesichert wäre. Damit könnten die Ausbeutung der Rohstoffe und auch das Fällen von Bäumen überwunden werden. Damals fragte ich nicht weiter nach, was genau sie damit meine und woher sie diese Informationen habe.

Von Energiesignaturen und Energierückständen

Nebst der rapiden Horizonterweiterung, die ich derzeit gerade erfahre, verläuft unser Alltag weiterhin in seinen gewohnten Bahnen. Doch im Zuge meiner neuen Betrachtungs- und Denkweise klären sich nach und nach einzelne Rätsel aus Christinas Kindheit. Wie bereits erwähnt, hat sie beispielsweise nie ein sonderliches Interesse am Fernsehen gezeigt und Bücher immer vorgezogen. Dazu erklärt sie mir jetzt, dass das Fernsehgerät nahezu keine Schwingung der Menschen oder generell der gezeigten Lebewesen übertrage, was diese Technik für sie eher uninteressant mache. Außerdem würden über dieses Medium sehr viele Unwahrheiten verbreitet, die sie «zurechtgerückte Nachrichten» nennt.

Im Unterschied zum Fernsehen, so erklärt sie weiter, sprechen sie Bücher deutlich mehr an, da sie die Schwingung des Autors, die in den Buchstaben enthalten sei, sowohl als Farbe als auch als Emotion wahrnehmen könne. Sie sagt: «Anhand des Energierückstandes im Text und anhand der Farben um die Buchstaben erkenne ich die Erinnerungen des Autors, seine Gedanken, seine Bilder und seine Emotionen.»

Wieder erinnere ich mich an frühere erstaunliche Begebenheiten, bei denen das Mädchen etwa in der Bibliothek sagte: «Dieses Buch kann ich nicht lesen, denn der Autor hat beim Schreiben schlechte Gedanken gehabt.» Solche Momente gab es viele.

Ich frage nach: «Christina, was genau verstehst du unter ‹Energierückstand›?»

Sie führt aus: «Nebst dem Energiefeld des Menschen, der Aura, die sich je nach seinem momentanen energetischen Zustand verändern kann, gibt es noch einen zweiten und einen dritten Aspekt.

Den zweiten Aspekt kann man ‹Energiesignatur› nennen. Jeder Mensch hat seine persönliche Energiesignatur, und diese ist kaum veränderbar, denn sie bildet die Seelenenergie ab. Mittels Hellfühlen und Hellsehen lässt sich innert Millisekunden die Energiesignatur einer Person erkennen. Sie ist genauso individuell und unverkennbar wie ein Fingerabdruck, ein Gesicht oder eine Unterschrift. Wenn ich die Signatur eines Menschen einmal gesehen habe, kann ich sie jederzeit wiedererkennen. Dies geschieht über feinstoffliche Wahrnehmungskanäle, also ohne die fünf herkömmlichen Sinne. Daher kann ich die Signatur auch im Dunkeln wahrnehmen, sogar besser als bei Tageslicht.

Energiesignaturen zeichnen sich sowohl bei Menschen als auch bei Tieren durch farbige Striche ab, die etwa zwischen 1 cm und 10 cm dick sind. Diese Striche vermischen sich nach kurzer Zeit schon wieder mit anderen Energien und verschwinden. Naturmenschen im Urwald oder im Outback verfügen oft noch über die Begabung, energetische Signaturen zu lesen, und jagen die Tiere so nach deren Signatur. Bei Vögeln bleibt dabei die Signatur länger wahrnehmbar, da sie über dem Boden weniger schnell mit anderen Energien vermischt wird.

Der dritte Aspekt ist das, was man ‹Energierückstand› nennen kann. Energierückstände sind im Unterschied zu Energiesignaturen eher fleckenhaft und nicht strichförmig, und sie bleiben meist länger bestehen. Wenn ich beispielsweise einen Raum verlasse, dann hinterlasse ich dort ziemlich große, sehr helle Flecken.»

Christina lacht und fährt fort: «Solche Energierückstände finden sich an Gegenständen wie Büchern oder Kleidern sowie auch in Wohnräumen. Ich denke, in der Parapsychologie nennt man das ‹Psychometrie›. Es ist eine erweiterte Form von Hellfühlen. Wenn ich zum Beispiel einen Stein berühre, dann läuft bei mir eine Art Film über seine Vergangenheit ab.»

Jetzt begreife ich, warum Christina Steine liebt. Es sind sehr alte Lebewesen, und sie haben entsprechend lange Geschichten hinter sich, die für das Mädchen jeweils spannend zu erfahren sind. Christina bestätigt, dass auch Steine eine Seele und eine Art Geist haben.

Außerdem verstehe ich jetzt auch, warum sie als Kind bis zum Alter von etwa zehn Jahren nie jemandem die Hand gab, wenn es nicht unbedingt sein musste. Denn wenn sie einen Menschen berührt, dann spürt sie sofort sein ganzes Wesen und alle seine Energien. Auf meine Frage antwortet sie, dass sie diese fremden Energien mittlerweile recht gut von sich fernhalten könne und auch dürfe, da das Interesse am Inneren eines Menschen derzeit nicht zu ihrer Lebensaufgabe gehöre. Die Energien zu spüren sei für sie etwa so wie für mich das Wetter: eine unveränderliche Tatsache, von der man sich jedoch nicht ablenken lassen sollte.

Für mich heißt es einmal mehr durchatmen. Es ist schon anstrengend für mich, binnen derart kurzer Zeit so viel Neues aufzunehmen und zu verdauen. Glücklicherweise ist aber nichts Schlechtes dabei, so dass unser Gespräch dennoch eine sehr freudvolle Erfahrung ist und ich gleich weitermachen möchte.

Meine nächste Frage lautet: «Gut, aber was hat es mit den Farben um die Buchstaben auf sich?»

Das Mädchen stellt mir eine Gegenfrage: «Mama, wie siehst du denn den Text in einem Buch? Doch wohl nicht nur schwarz auf weißem Papier, oder?»

«Doch, genau so», antworte ich verdutzt.

«Dann kannst du auch nicht im Dunkeln sehen?»

«Nein, mein liebes Kind, das kann ich nicht. Du schon, nicht wahr?»

Dies ist eher eine Feststellung als eine Frage. Denn erneut erinnere ich mich an Begebenheiten aus Christinas Kindheit. Sie ging gerne im Dunkeln nach draußen, und manchmal habe ich sie nachts in ihrem Bett beim Lesen erwischt – ohne Licht. Damals erschien mir dies alles doch sehr ungewöhnlich, aber wie ich jetzt erfahre, sieht das Mädchen die Energie, die aus den Buchstaben fließt, und kann sich somit im Dunkeln nicht nur problemlos bewegen, sondern auch lesen. Die Wahrnehmung wird bei ihr irgendwie über andere Kanäle im Gehirn reguliert.

In einem unserer Gespräche erzählt mir Christina, dass es für sie überraschend und irgendwie ernüchternd war herauszufinden, dass nicht alle Kinder eine ähnliche Wahrnehmung haben wie sie. Lange Zeit sei sie davon ausgegangen, dass alle Kinder ungefähr so seien wie sie und dass bloß die Erwachsenen eine eingeschränkte Wahrnehmung hätten. Irgendwann sei ihr dann klar geworden, dass auch die meisten ihrer Kolleginnen nur dreidimensional sehen. (Sie scannt ja aus Respekt vor der Privatsphäre eines jeden Individuums nicht ständig alle ihre Mitmenschen durch.)

Dann lacht sie wieder und meint: «Für mich jedenfalls wäre es eine massive Einschränkung, wenn ich nur dreidimensional sehen könnte. Das wäre echt sehr langweilig – und so farblos! In meiner Wahrnehmung gibt es so viel mehr zu sehen, für das es in der menschlichen Sprache gar keine Wörter gibt.»

Es sei für sie manchmal schwierig, dass sie diese Wahrnehmungen und Erfahrungen nicht mit vielen anderen Menschen teilen könne. Scherzend schließt sie dieses Thema ab: «Irgendwann wird es mir vielleicht gelingen, diese bunten und farbigen Bilder direkt aus meinem Kopf über den Drucker auszudrucken. Dann kannst du sehen, wie ich die Realität wahrnehme.»

Diese Fähigkeiten Christinas, Farben um Buchstaben wahrzunehmen oder im Dunkeln zu sehen, wecken mein wissenschaftliches Interesse als medizinische Fachfrau. Seit über zwanzig Jahren beschäftige ich mich schon mit dem menschlichen Körper und weiß, dass in einem Körper nichts Unnützes vorhanden ist. Allerdings ist noch längst nicht jedes Phänomen wissenschaftlich erforscht, vor allem nicht in den Bereichen der Neurobiologie und der Neuropsychologie.

Das menschliche Gehirn stellt für die Wissenschaft tatsächlich nach wie vor ein großes Rätsel dar. Einerseits gelingt es zwar, Neuronen zu erforschen, einzelne Zentren im Gehirn wie etwa das Sprachzentrum oder das Sehzentrum isoliert zu betrachten oder hormonelle Auswirkungen zu untersuchen. Andererseits bleiben unzählige Fragen unbeantwortet, wie beispielsweise: Wie werden aus Milliarden von Nervenzellen Bilder und Töne im Kopf? Wie kann die Wissenschaft ihre These beweisen, wonach sämtliches Wissen eines Menschen in seinem physischen Gehirn gespeichert sei?

Immer mehr wächst in mir die Überzeugung, dass es nicht die heutigen Biologen oder Neurobiologen oder Neuropsychologen sein werden, die in Zukunft die komplexe Hirnstruktur werden erklären können. Denn mit einer bloß dreidimensionalen Ausrichtung der Wissenschaft können die größeren und tieferen Zusammenhänge nicht erkannt werden, sondern erst in einem erweiterten Bewusstsein. Es bleibt zu wünschen, dass sich die nächste Generation von Wissenschaftlern und Forschern diesen Themen gegenüber als aufgeschlossener erweisen wird.

Synästhesie

Am folgenden Wochenende bin ich unterwegs und stoße per «Zufall» auf eine Zeitschrift, in der über eine Kunstgalerie berichtet wird, welche derzeit Kunstwerke von Menschen mit erweiterten Wahrnehmungen zeigt. Unter diesen Kunstwerken befindet sich auch ein sehr spezielles Bild, das für meine Augen ausschließlich aus zusammenhangslosen farbigen Pixeln in diversen Farbnuancen besteht. Dieses Werk stamme von einer Synästhetin, heißt es. Ich packe die Illustrierte ein, um sie zu Hause Christina zu zeigen.

Christina betrachtet das Kunstwerk, sieht jedoch weit mehr als nur Pixel. Sie sieht zwei Frauen, die über ihren Köpfen zwei Gymnastikbänder schwingen. Das bedeutet wohl, dass Christina ebenfalls Synästhetin ist, dass sie also rein organisch über anders angelegte Hirnstrukturen verfügt.

Mit dem Begriff «Synästhesie» (wörtlich etwa «parallele Wahrnehmung») bezeichnet man in der Wissenschaft eine spezielle neuronale Vernetzung im Gehirn, wodurch mehrere Sinne miteinander verknüpft und parallel aktiviert werden. Definiert wird diese besondere Begabung als eine Normvariante der Wahrnehmung, das heißt, sie gilt nicht als Wahrnehmungsstörung, sondern als eine spezielle Ausprägung der natürlichen Wahrnehmungsform. Synästhesie gehört etwa seit der Jahrtausendwende zu den international populärsten Forschungsgebieten, auch in der Neuropsychologie. Man geht davon aus, dass sie angeboren ist, und aktuellen Schätzungen zufolge haben derzeit rund 4 % der Menschen eine Synästhesie.

Da das Phänomen jedoch noch längst nicht abschließend erforscht ist und da viele Synästheten (zuweilen auch Synästhetiker genannt) sich der Besonderheit ihrer Wahrnehmung gar nicht bewusst sind, wird eine hohe Dunkelziffer vermutet. So haben Untersuchungen an einer Kunstschule ergeben, dass 23 % der dortigen Schüler Synästheten waren. Auffallend häufig ist die Kombination von Synästhesie mit anderen außergewöhnlichen Merkmalen wie etwa einer Hochbegabung, extremer Geräuschempfindlichkeit, ausgeprägter Kreativität oder auch Aufmerksamkeitsdefiziten.

Bei Synästheten bilden die Rezeptoren der fünf Sinne keine isolierten Zentren im Gehirn; vielmehr sind die Sinneswahrnehmungen durch zusätzliche neuronale Kanäle miteinander verbunden. So können beispielsweise Farben oder andere visuelle Reize als Töne wahrgenommen werden, oder Töne können als Geschmack im Mund wahrgenommen werden, oder eine bestimmte Bewegung oder eine bestimmte Farbe kann eine akustische Wahrnehmung auslösen. Es gibt eine große Bandbreite von synästhetischen Spielarten, wovon bislang rund 60 Formen offiziell erforscht sind, die sich in ihrer Ausprägung stark unterscheiden. Am häufigsten sind Synästhesien, die durch sprachliche Codes (Zahlen, Buchstaben, Formen) ausgelöst werden, so wie offenbar auch bei Christina.

Obwohl die Buchstaben in einem Buch schwarz auf weiß abgedruckt sind, nimmt Christina sie in Farben wahr. Sie erwähnt auch, dass es früher eine Zeit in ihrem Leben gab, da sie den Geschmack eines Textes im Mund schmecken konnte, doch habe sie dies mittlerweile regulieren können. Eine weitere Besonderheit ist ihre Lesegeschwindigkeit. Durchschnittlich benötigt sie für eine Buchseite etwa zehn Sekunden, wobei sie während dieser Zeit dem Text deutlich mehr Informationen entnimmt als ich mit meinem viel langsameren Lesen.

Christina sagt, sie habe eine rund 3 cm große Zirbeldrüse (Epiphyse). Der durchschnittliche heutige Mensch besitzt eine Zirbeldrüse, die etwa erbsengroß und für diverse Hormonfunktionen im Gehirn lebenswichtig ist. Gemäß Christina verfügen viele Kinder über eine größere Zirbeldrüse, die aber zumeist bis ins Erwachsenenalter wieder schrumpft. Für Christina ist dieses Organ eine Art «Quantencomputer», mit dem sie sehr viel mehr wahrnehmen und verarbeiten kann.

Sie erläutert dazu: «In jeder Sekunde gibt es um uns herum nahezu unbegrenzt viele Informationen, die wir wahrnehmen könnten. Doch je tiefer ein Mensch schwingt, desto mehr werden diese Informationen ausgeblendet, so dass ihm nur ein winziger Bruchteil davon bewusst wird. Ich blende nahezu nichts aus und registriere auch die kleinsten und feinsten Impulse in meiner Umgebung.»

«Aber wie kommst du mit dieser erweiterten Wahrnehmung in der Schule zurecht?», will ich wissen. «Wie kannst du dich auf den Stoff konzentrieren?»

«Mama, dir ist gar nicht bewusst, was meine Wahrnehmung tatsächlich umfasst. Wenn ich zum Beispiel in der Schule sitze und alle sieben Computer im Raum eingeschaltet sind, dann nehme ich sämtliche Daten der laufenden Systeme wahr, das sind Millionen von Zahlen, die aus jedem einzelnen Computer auf mich prallen. Da gilt es schon einiges zu aktivieren, um mich fokussiert zu halten.» Amüsiert ergänzt sie noch: «Und ja, übrigens ist der sechste Laptop von vorne gesehen schon seit längerem defekt, nur bemerkt es die Lehrperson nicht.»

Doch damit nicht genug. Sie fährt fort: «Dazu kommen noch sämtliche Emotionen der anderen Kinder, die ich nebenbei ebenfalls wahrnehme. Wenn dann noch das Fenster geöffnet wird, höre ich, wie der Baum vor dem Fenster mit der Pflanze im Zimmer zu sprechen beginnt, und so weiter. Auch die Gegenwart der feinstofflichen Wesen oder die Schwingungen der anderen technischen Geräte – ich nehme dies alles einfach wahr, so wie du vielleicht das Wetter wahrnimmst und selbst entscheiden kannst, wie viel Aufmerksamkeit du ihm schenken willst. Für mich gehören alle diese Informationen einfach mit dazu.»

Sie hat recht: Wir alle sind ständig einer schier unendlichen Vielzahl an äußeren Impulsen und Informationen ausgesetzt, die unaufhörlich auf uns prallen. Doch der entscheidende Unterschied zu Christina besteht darin, dass wir aufgrund unserer tieferen Schwingungsfrequenz fast alles automatisch ausblenden und uns nicht darüber bewusst sind. Christina aber vermag ihre Aufmerksamkeit auf jeden dieser Impulse zu richten und ihn, wenn sie möchte, bewusst wahrzunehmen. Dennoch bleibt sie stets gelassen und zeigt keinerlei Merkmale der Überforderung. Die Informationen sind für sie einfach da und brauchen in der Regel nicht sonderlich beachtet oder kommentiert zu werden. Sie würden ihr, so erwähnt sie, allerdings auch fehlen, genau wie mir das Wetter fehlen würde, wenn es plötzlich nicht mehr da wäre. Einzig in einer Situation akuter Bedrohung oder Gefahr würde sie eingreifen und Alarm schlagen.

Und was das Konzentrierenkönnen betrifft, so ist sie – genau wie alle anderen Menschen auch – mithilfe ihrer Willenskraft imstande, einzelne Einflüsse vorübergehend auszublenden und sich so auf den Schulstoff oder auf das Schreiben von Prüfungen zu konzentrieren. «Kein Problem», sagt sie dazu.

Wie der «Zufall» einmal mehr so spielt, strahlt das Schweizer Fernsehen einige Wochen später einen Dokumentarfilm über Synästheten aus. Darin werden Beispiele von hochbegabten Musikern gezeigt, die in einem Orchester mitspielen, obschon sie keine Noten lesen können. Sie nehmen die Töne als Geschmack wahr und beherrschen ihr Instrument bestens – trotz der Tatsache, dass ihnen eine Unmenge von Tönen im wahrsten Sinne des Wortes auf der Zunge liegen. Andere Synästheten sagen: Manchmal haben Wörter eine Farbe, oder Wochentage haben einen Klang, oder Monate haben eine Form usw. Die Synästhesie ist ganz einfach ihre natürliche Art der Wahrnehmung. Auch diese jungen Menschen sind von ihrer besonderen Begabung keineswegs überfordert und ganz normal in die Gesellschaft der Menschen integriert.

Synästhesie ist daher nicht zu verwechseln mit dem sogenannten «Savant-Syndrom». Menschen mit dem Savant-Syndrom besitzen eine Inselbegabung in einem bestimmten kleinen Teilbereich, weisen jedoch in anderen Lebensbereichen extreme Defizite und Entwicklungsstörungen auf, wie etwa das klassische Beispiel eines autistischen Mathematikgenies, das nicht fähig ist, sich selbst anzuziehen.

Ich bin nun erst einmal beruhigt, dass zumindest für einige von Christinas Besonderheiten eine rationale und wissenschaftliche Erklärung auf dem Tisch liegt. Es geht also nicht nur um schwer fassbare «höhere Schwingungsfrequenzen» und «Bewusstseinsstufen». Vielmehr lassen sich für manche ihrer Fähigkeiten womöglich sogar organische Ursachen finden, da sich ihre neuronale Hirnstruktur vermutlich deutlich von meiner unterscheidet.

Allerdings kommen wir in der Folge nicht dazu, das Thema Synästhesie weiter zu vertiefen, denn es warten bereits die nächsten Überraschungen auf uns – in Form von weiteren Begabungen, die Christina jetzt nach und nach offenbart. Und diese neuen Begabungen werden definitiv nicht mehr mit Synästhesie zu erklären sein.

15

Menschen der neuen Zeit

Ich verbringe viel Zeit damit, mich weiter querbeet über paranormale Fähigkeiten zu informieren. Christina und ich schauen uns wissenschaftliche Kanäle über Bewusstseinsforschung und Neuropsychologie an und verschlingen unzählige Bücher zu diesen Themen. Was dabei auffällt: Kinder mit außergewöhnlichen Wahrnehmungen und Begabungen häufen sich von Jahr zu Jahr. Das Phänomen nimmt weltweit immer mehr zu.

Die Gewissheit, dass Christina mit ihren Besonderheiten bei weitem nicht alleine dasteht, ist sehr beruhigend. Außerdem hat sie ja bereits ihr ganzes Leben lang bewiesen, dass sie damit bestens klarkommt und sich problemlos in der Gesellschaft zurechtfindet. Ich brauche mir als Mutter also überhaupt keine Sorgen um sie zu machen. Mein Bauchgefühl sagt mir allerdings, dass diese Aspekte wohl noch nicht den Kern ihres Wesens und ihrer Lebensaufgabe darstellen.

Christinas besondere Wahrnehmung ist durchaus vergleichbar mit jedem anderen Talent. Manche Kinder sind in sportlicher oder musikalischer Hinsicht hochbegabt, Christina eben in metaphysischer. Sie sagt: «Dies alles gehört zu mir wie zu dir das Atmen oder das automatische Schlucken. Es ist für mich ganz einfach eine normale Körperfunktion.»

Ja, das spürt man deutlich: Es gehört alles ganz einfach zu ihrer Natur und ist aus ihrer Sicht überhaupt nichts Besonderes. Einmal mehr will es mir scheinen, dass ich meine zierliche, liebenswerte Tochter jetzt erst richtig kennenzulernen beginne, obwohl wir ja stets eine sehr nahe und innige Beziehung gepflegt haben.

Christina referiert in diesen Wochen weiter jeden Tag stundenlang über die mannigfaltigsten naturwissenschaftlichen und psychologischen Themen. Es ist mir angesichts der Fülle an Informationen unmöglich, alle ihre Aussagen im Internet oder durch das Studieren von Büchern nachzuprüfen oder mit vertrauten Personen darüber zu sprechen. Die Sache mit der erweiterten Wahrnehmung und der Synästhesie ist ja noch einigermaßen erklärlich und, wie ich gelernt habe, durchaus keine Seltenheit. Aber woher um Himmels willen hat das Kind dieses unglaubliche Wissen?

Ich entschließe mich dazu, tagtäglich alles aufzuschreiben und es dann später bei Gelegenheit in Ruhe aufzuarbeiten. Auf diese Weise bekomme ich abends wenigstens den Kopf frei für all das Neue, das mich am folgenden Tag erwarten wird. Dass ich irgendwann ein Buch darüber schreiben werde, ist mir derzeit noch nicht bewusst.

Christina gibt mir den Hinweis, über sogenannte «Kristallkinder» und allgemein über «Kinder der neuen Zeit» zu recherchieren, und ich bin höchst überrascht, was sich zu diesem Thema im Internet alles finden lässt – von ernsthaften Untersuchungen über gut gemeinte Hilfsangebote bis hin zu fragwürdigen Geschäftemachereien. Ich stelle bei mir selber fest, dass ich vorsichtig und skeptisch reagiere, wenn es um gewisse «übernatürliche», «esoterische» und «spirituelle» Thesen und Angebote geht. Ich bin es gewohnt, mich auf gesicherte wissenschaftliche Grundlagen zu verlassen. Allerdings haben die Erlebnisse und Erfahrungen der vergangenen Monate mein Vertrauen in das dreidimensional-rationale Weltbild und in die gängigen wissenschaftlichen Erklärungsmodelle zusehends ins Wanken gebracht. Ich spüre, wie sich mein Bewusstsein allmählich erweitert und sich anderen Quellen der Erkenntnis zu öffnen beginnt.

Was die «Kristallkinder» und die «neue Zeit» betrifft, so wird mir im Zuge meiner Recherche rasch klar, dass es auch hier einmal mehr angezeigt ist, ein kritisches Unterscheidungsvermögen an den Tag zu legen und nicht alles voreilig zu verherrlichen oder zu verurteilen, was sich unter diesen Bezeichnungen im Internet und in der Gesellschaft tummelt. Eines aber scheint nicht von der Hand zu weisen zu sein: Das Phänomen der Kristallkinder (zuweilen auch «Indigo-Kinder» oder «Regenbogenkinder» oder «Diamantkinder» genannt) nimmt weltweit signifikant zu, und ständig erscheinen neue Personen und Publikationen auf der Bildfläche, die weitere Informationen zu diesem Phänomen anbieten. Was allerdings eher selten zu finden ist, ist eine schlüssige Theorie darüber, warum solche Kinder gerade in der jetzigen Zeit anscheinend immer zahlreicher auf der Erde geboren werden.

Christina rät von dem Versuch ab, diese Kinder in verschiedene Kategorien – wie Indigo-Kinder, Regenbogenkinder, Diamantkinder, Kristallkinder usw. – oder gar in Bewusstseinsstufen einzuteilen. Auf sich selbst bezogen meint sie, dass sie in keine dieser Bezeichnungen und auch sonst in keine Raster passe. Die Schwierigkeit der Kategorisierung und Schubladisierung bestehe darin, dass sie nicht berücksichtige, dass alle diese Kinder sich während der gegenwärtigen Inkarnation in ihrem Bewusstsein individuell weiterentwickeln können, und zwar in jede erdenkliche Richtung. Die verschiedenen Namen und Kategorien sind anscheinend aufgrund der jeweiligen Aura, aufgrund der jeweils aktivierten Chakras oder aufgrund der Persönlichkeitsmerkmale der Kinder entstanden. So wird etwa gesagt, dass eine «Indigo-Aura» andere Merkmale aufweise als eine «Regenbogen-Aura», und die Kristallkinder verfügten angeblich alle über eine kristalline Zellstruktur. Doch wie soll das alles seriös überprüft und nachgewiesen werden?

Meine vorläufige Bilanz lautet: Auch in dieser Szene gibt es einerseits viel Interessantes und Faszinierendes zu erfahren und zu lernen, andererseits aber sind auch in dieser Szene allerlei Spekulationen, Halbwissen, Widersprüche und Irrtümer zu finden. Es ist nicht alles Gold, was glänzt, und nicht jeder, der von sich selbst oder von seinem Kind behauptet, ein Kristallkind zu sein, versteht unter dieser Bezeichnung dasselbe.

Der Grundtenor lautet: Bei diesen Kindern oder allgemein bei den «Menschen der neuen Zeit» handelt es sich mehrheitlich um «alte», erfahrene Seelen, die sich nicht aus der Parallelwelt der Verstorbenen hierher reinkarniert haben, sondern die aus höheren Sphären stammen und eine entsprechend höhere Schwingungsfrequenz mitbringen. Sie kommen hierher auf die Erde mit komplexem kosmischem Wissen und einem reichen Erfahrungsschatz, und sie haben die Aufgabe, ihre Begabungen in den Dienst der Menschheit zu stellen, so dass sich diese individuell und kollektiv weiterentwickeln kann.

Wie es aussieht, haben sich zwei dieser Seelen dafür entschieden, aus irgendwelchen höheren kosmischen Sphären hierher zu kommen und ausgerechnet als meine Zwillingstöchter geboren zu werden. Auch wenn ich nicht genau verstehe, warum und wozu, freue ich mich doch über diese neue Herausforderung in meinem Leben.

Christina klärt mich auf: «Die sogenannten ‹Kristallseelen› verfügen schon bei ihrer Geburt über eine hohe Schwingungsfrequenz und über ein multidimensionales Bewusstsein. Sie haben bereits viele Seelenerfahrungen hinter sich, sind in ihrem Wesen überaus friedlich und kennen keine Angst. So sind sie dem menschlichen Geschehen auf diesem Planeten weit voraus. Zudem entwickeln sie sich während ihrer Inkarnation als Mensch durchaus auch weiter, einige sogar sehr schnell.

Ich kann mich zum Beispiel noch erinnern, was ich in der Isolette als Frühgeborenes jeweils von den Ärzten vernommen habe. Ich habe mich so sehr gewundert damals. Ich war deutlich weiter in meinem Bewusstsein als die Ärzte, die mit ihren dreidimensionalen Sichtweisen und Theorien argumentierten. Das war ein ziemlich ernüchternder Moment, als ich zum ersten Mal feststellte, dass ich jetzt tatsächlich physisch in der dritten Dimension inkarniert bin.» Sie lacht und fährt fort: «Obwohl ich mir dies ja freiwillig auferlegt habe, genau wie Elena auch.»

Wiederum bin ich verblüfft über diese Ausführungen. Vor allem aber bin ich dankbar dafür, dass ich damals über ausreichend Kraft verfügte und tagtäglich Stunde um Stunde auf der Intensivstation zu verbringen vermochte. Auch die Bestätigung, dass Elena und Christina all die vielen stillen Gespräche, die ich während jener Zeit mit ihnen geführt habe, offensichtlich bewusst wahrnahmen, berührt mich sehr. Wie hatte doch jener Arzt damals gesagt: «Bei diesem Kind wird man sich einiges nicht erklären können.» Wenn er wüsste, wie recht er mit dieser Bemerkung haben sollte!

Hinsichtlich ihrer damaligen Erlebnisse als Baby erwähnt Christina bei anderer Gelegenheit: «Bereits in der Isolette machte ich die unliebsame Bekanntschaft mit der Dunkelheit, dem Unlicht. Das war wohl der erste Moment, in dem das Unlicht dieser Ebene feststellen musste, dass man mich nicht so einfach wieder los wird.»

Über die Menschen der neuen Zeit sagt sie: «In dieser bedeutenden Zeit des Wandels inkarnieren sich seit den 1960er-Jahren unglaublich viele Seelen auf unserem Planeten, die nicht aus einer erdnahen Sphäre stammen, sondern aus weiter entfernten Sphären. Sie alle prägen diese menschliche Evolution mit. Schon in den vorherigen Jahrhunderten gab es immer wieder vereinzelte solche Seelen. Es waren Heilige, religiöse Anführer, Philosophen, Forscher, Wissenschaftler, Erfinder, Querdenker, Künstler, Musiker und Ausnahmekönner in vielen verschiedenen Gebieten, die alle konstruktiv für die schrittweise Entwicklung der Menschheit arbeiteten. Heute sind massenhaft solche Seelen hier, die ähnliches Potenzial haben, doch viele von ihnen erkennen es selber noch nicht.»

Ein anderes Mal erklärt sie: «Ich unterscheide manchmal verschiedene Gruppen von Seelen, die man beispielsweise ‹Babyseelen›, ‹Kinderseelen›, ‹Erwachsenenseelen›, ‹alte Seelen› usw. nennen könnte. Je nach ihrer spirituellen Entwicklung und ihrer persönlichen Bestimmung verfügen sie über unterschiedliche Eigenschaften und Begabungen. Man könnte sagen: Je höher ihre Schwingung, desto vielschichtiger sind ihre Erfahrungen und desto bedeutender ist ihre Lebensaufgabe. Während eine gewöhnliche Menschenseele für einen einzelnen Familienkreis zuständig ist, umfasst der Aufgabenbereich für hochschwingende Seelen unter Umständen Millionen von Menschen. Doch grundsätzlich ist jede Aufgabe gleichwertig und ein Teil eines großen Ganzen. Alle Seelen wollen hier auf der Erde eine bestimmte Erfahrung machen und die Menschheit durch ihr Wirken konstruktiv weiterbringen.»

Was Christina betrifft, so bin ich immer wieder beeindruckt davon, wie sie es hinbekommt, sich trotz ihres immer offensichtlicher werdenden Andersseins wie ein ganz gewöhnliches

Mädchen unter den Menschen zu bewegen. Sie macht zwar nicht jede Mode und nicht jeden Trend ihrer Altersgenossen mit, aber sie grenzt sich auch nicht von den anderen Jugendlichen ab oder beansprucht irgendwelche Sonderbehandlungen. Für angesagte Dinge wie Smartphones, Klamotten oder Schmuck, für Shopping oder für das Chatten in sozialen Netzwerken allerdings kann sie sich nicht begeistern, und auch das Internet nutzt sie hauptsächlich, um sich über wissenschaftliche, philosophische oder politische Themen zu informieren. Was sie jedoch sehr gerne und oft mag, ist Musikhören. Und was Schmuck betrifft, so trägt sie höchstens gelegentlich eine schlichte Kette mit einem Stein. Sie wollte sich auch nie Löcher für Ohrringe stechen lassen und begründet dies damit, dass dadurch ihr Energiefeld gestört würde.

Diese Haltung drängt sie aber anderen nicht auf, sondern zeigt stets Verständnis für die Vorlieben und Angewohnheiten ihrer Mitmenschen, wohl wissend, warum die Menschen so sind, wie sie nun mal sind. Niemals würde sie über andere werten oder urteilen. Sie nimmt alles einfach so an, wie es ist – als ein Teil der Schöpfung, der genauso wie alle anderen Teile ebenfalls seine Berechtigung hat.

Angebote für ein eigenes Handy hat sie bisher immer ausgeschlagen und erwidert: «Ich werde nie ein Handy oder Geld brauchen, und ich werde auch nie ein Auto lenken.» Bezüglich dieser Aussage laufen intern bereits Wetten: ob es ihr wirklich gelingen wird, auf eigenes Geld, auf ein Handy usw. zu verzichten. In Anbetracht von Christinas genügsamer und bescheidener Grundhaltung ist dies sicherlich vorstellbar, in der heutigen Zeit dennoch aber erstaunlich für eine Dreizehnjährige. Christina hat offensichtlich längst durchschaut, dass die meisten Erwachsenen den Großteil ihrer Zeit und ihrer Aufmerksamkeit darauf richten, Geld zu verdienen und es wieder auszugeben, und dass sie dabei ohne es zu merken das wirkliche Leben versäumen. Das mag schon sein, aber wir wissen doch alle, dass es schlichtweg ein Ding der Unmöglichkeit ist, heutzutage völlig ohne Geld auszukommen. Oder sollte dies etwa doch möglich sein?

16

Dimensionen

Immer wieder sind in meinen Gesprächen mit Christina die Begriffe «dreidimensional», «multidimensional» oder «höherdimensional» gefallen. Heute frage ich sie, wie man denn «Dimension» oder «Dimensionalität» definieren könnte.

Sie antwortet: «Es ist gar nicht so einfach, dieses Thema für den dreidimensionalen Verstand zu erklären. Dimensionen sind eine Art Frequenzbereiche oder Sphären des Bewusstseins. Wichtig ist zu verstehen, dass zwischen den Dimensionen keine räumliche Abgrenzung steht, sondern eine geistige. Die individuelle Wahrnehmung von Dimensionen ist vom persönlichen Energieniveau, von der persönlichen Schwingungsfrequenz eines Lebewesens abhängig. Gemäß dieser persönlichen Schwingungsfrequenz folgen dann auch das entsprechende Bewusstsein und die entsprechenden Begabungen.»

Mit einem Lächeln fügt sie an. «Eigentlich sind alle Dimensionen einfach da. Nur können die meisten Menschen sie nicht sehen. Alles liegt sozusagen vor ihrer Nase.»

Um dies zu verdeutlichen, gibt sie mir ein Beispiel. Bei der sogenannten «Fantasy-Literatur», die sie selbst reihenweise verschlungen hat, erkennt Christina, dass manche der Autoren offensichtlich eine multidimensionale Wahrnehmung haben. Viele dieser Autoren sind bemerkenswerterweise noch sehr jung. Christina sagt: «Oft sind in diesen Geschichten die höherdimensionalen Wesen und Gegebenheiten sehr echt und natürlich beschrieben.»

«Welche Wesen meinst du? Und was genau soll daran echt und natürlich sein?»

Christina schmunzelt: «Da haben wir wohl nicht ganz dieselbe Auffassung von Natürlichkeit.»

Tatsache ist, dass ein beträchtlicher Teil der heutigen Kinder und Jugendlichen sich stark zu diesen Fantasy-Geschichten in Form von Büchern oder Filmen hingezogen fühlen. Ein Grund dafür besteht augenscheinlich darin, dass in diesen Geschichten höherdimensionale Welten und Wesen geschildert werden. Für mich waren solche Ebenen bisher nicht real, sondern bloß Fantasieprodukte der Autoren. Ich habe mir keine Gedanken darüber gemacht, dass sie diese Geschichten womöglich nicht aus der Fantasie bezogen, sondern aus ihren Erinnerungen oder aus ihrer direkten Wahrnehmung. Für Christina jedenfalls scheinen besagte Ebenen nichts Unbekanntes zu sein. Woher sonst sollte sie beurteilen können, wie «echt und natürlich» einzelne Fantasy-Geschichten sind?

Sie erklärt: «Wie viel ein Mensch von diesen unendlichen Sphären wahrnehmen kann und was er innerhalb einer Dimension wahrnimmt, ist sehr individuell. Jeder Mensch, jede Seele macht ja eigene, individuelle Erfahrungen und geht auch auf eigene Weise mit den gemachten Erfahrungen um. So bildet sich bei jeder Seele ein persönliches Bewusstsein, eine persönliche Schwingungsfrequenz heraus. Und dementsprechend ist man in der Lage, Zugang zu den verschiedenen Dimensionen, den verschiedenen Verdichtungsstufen zu bekommen. Und in jeder Dichte gibt es eigene Naturgesetze. Es ist also nicht so, dass in anderen Dimensionen dieselben Naturgesetze gelten wie hier in der ersten bis dritten Dichte. In den höheren Dichten gelten teilweise Gesetze, die für den Menschen unglaublich, ja sogar undenkbar sind.»

Dann geht sie weiter ins Detail: «Für das Grundverständnis ist es vielleicht von Bedeutung, dass auf jedem Planeten nicht nur eine Bewusstseinsebene existiert, sondern dass immer diverse parallele Schwingungsfrequenzen vorhanden sind. Diese verschiedenen Schichten kann man ‹Parallelwelten› nennen. Ich weiß aus Erfahrung, dass heute viele Kinder problemlos andere Schichten unseres Planeten sehen, da sie höher schwingen als die meisten Erwachsenen. Leider wissen sie oft nicht genau, worum es dabei geht, und wenn sie ihren Eltern davon erzählen, stoßen sie meistens auf Unverständnis. Mit der Zeit hören sie auf, darüber zu sprechen, weil sie schon im Voraus wissen, dass sie bei ihren Eltern mit solchen ‹Fantasiegeschichten› auf Ablehnung stoßen werden.»

Das Aquariumbeispiel

Christina illustriert das Thema der Multidimensionalität mit einem anschaulichen Beispiel:

Zwei Menschen sitzen in einem Aquarium. Einer von ihnen ist ein tiefer schwingender Mensch mit einer Bewusstseinsfrequenz von etwa 150 LOC, und der andere ist ein höher schwingender Mensch mit einer Frequenz von etwa 600 LOC. In diesem Aquarium nun schwimmen ganz viele verschiedenfarbige Fische umher: violette, blaue, türkisfarbene, grüne, gelbe, orangefarbene, rote usw. Jede Fischfarbe steht für eine Dimension, also beispielsweise: violett = 2. Dimension, blau = 3. Dimension, türkis = 4. Dimension, grün = 5. Dimension usw. Die beiden Menschen sehen aufgrund ihrer persönlichen Schwingungsfrequenz folglich nicht alle vorhandenen Fische, sondern sie sehen nur diejenigen in ihrer eigenen Frequenz sowie jene unterhalb ihrer Frequenz.

Für die dreidimensionale Sicht des einen Menschen sind demnach lediglich die violetten und blauen Fische sichtbar, obschon es in seinem Aquarium noch ganz viele andere Fische gibt. Der zweite Mensch vermag mit seiner höherdimensionalen Sicht zusätzlich zu den violetten und blauen Fischen auch noch die türkisfarbenen und die grünen Fische wahrzunehmen, denn seine Sicht ist in diesem Beispiel fünfdimensional. Doch auch er ist nicht imstande, die gelben, die orangefarbenen und die roten Fische zu sehen, da sich diese in der 6., in der 7. und in der 8. Dimension befinden, wozu eine persönliche Frequenz von vielleicht 800 LOC oder mehr erforderlich wäre.

Was Christina mit diesem Gleichnis veranschaulichen möchte: Sämtliche kosmischen Dimensionen sind parallel immer und überall vorhanden, denn sie sind nicht räumlich voneinander getrennt, sondern sie durchdringen sich gegenseitig. Doch wie viele dieser Dimensionen ein einzelnes Lebewesen wahrzunehmen vermag, dies hängt von seinem Energieniveau, von seiner persönlichen Schwingungsfrequenz ab, welche ihrerseits wiederum von seinen gemachten Erfahrungen und seiner Bewusstseinsausrichtung abhängt.

Auf meine Frage, wie viele Dimensionen Christina denn wahrnehme, antwortet sie: «Bei mir sind es derzeit zwölf Dimensionen mit zahlreichen Unterdimensionen.» Sie ergänzt, dass ihre multidimensionale Wahrnehmung nicht über die üblichen fünf Sinnesorgane erfolge, sondern über unterschiedlich stark aktivierte Chakras.

Dann erwähnt Christina einmal mehr, dass der Planet Erde entschieden habe, jetzt seine eigene Schwingungsfrequenz zu erhöhen. Für die beiden Menschen aus dem Aquariumbeispiel bedeute dies, dass jeder von ihnen die Gelegenheit bekomme, seine persönliche Frequenz ebenfalls zu erhöhen, sein Bewusstsein zu erweitern und damit zusätzliche Fische zu sehen. Dies sei eine große Chance für die gesamte Menschheit, und daher sei es nicht verwunderlich, dass sich gerade in dieser Zeit zahlreiche Seelen aus höheren Sphären hierher inkarnierten, um an diesem großartigen Prozess der globalen Bewusstseinserweiterung mitzuwirken.

Ich überprüfe nochmals, ob ich ihre Ausführungen richtig verstanden habe: Dimensionen sind also nicht etwa räumliche Ebenen oder Schichten, sondern vielmehr energetische Verdichtungsstufen und Schwingungsfrequenzen. Dabei gibt es eine Vielzahl von sich gegenseitig durchdringenden Dimensionen, mit anderen Worten: Im riesigen Aquarium des Universums schwimmen sämtliche Fische aller nur erdenklicher Farben bunt durchmischt umher. Welche dieser Farben ein einzelnes Lebewesen wahrzunehmen imstande ist, hängt jedoch von seiner eigenen Bewusstseinsfrequenz ab.

«Ja, genau!», bestätigt Christina und führt weiter aus: «Ich spreche hier vor allem über zwölf Dimensionen, die ich wahrnehme. Es gibt auch eine 13. Dimension, aber diese ist den sogenannten ‹Urseelen› vorbehalten, doch dazu werde ich bei anderer Gelegenheit etwas sagen.

In diesen zwölf Sphären jedenfalls herrschen jeweils völlig unterschiedliche Naturgesetze. Nehmen wir als Beispiel das sogenannte ‹Sterben›, das im Grunde einfach eine Weiterreise ist. Während beim Sterben hier in der dritten Dimension die weiterreisende Seele ihren Körper noch physisch zurücklässt, gibt es schon in der fünften Dimension diese Form des Sterbens nicht mehr. Dort entscheidet die Seele selbst, wann sie ihren Körper verlassen will, und sobald sie ihn verlässt, löst der Körper sich einfach auf. Es braucht dort also keine Gräber und keine Friedhöfe. Danach nimmt die Seele wieder eine neue Form an. Diese Art des Sterbens gilt nach meiner Wahrnehmung bis hinauf in die neunte Dimension.

Von der 10. bis zur 13. Dimension existiert keine stoffliche Materie mehr, sondern nur noch reine Energie. Dort haben die Wesen auch keinen stofflichen Körper mehr. Wenn sie dennoch den Wunsch haben, sich in einen Körper zu inkarnieren, dann müssen sie zunächst hinunter in die neunte Dimension. Dort können sie dann einen feinstofflichen und anschließend einen feststofflichen Körper annehmen.

In jeder Dimension gibt es, wie zuvor bereits erwähnt, jeweils auch Parallelwelten, also parallele Schwingungsfrequenzen innerhalb derselben Dimension. Wenn jemand zum Beispiel hier in der dritten Dimension stirbt, dann gelangt er vorerst in eine der Parallelwelten der dritten Dimension. Dies sind die Ebenen, in denen sich die verstorbenen Menschen aufhalten, über die wir ganz am Anfang gesprochen haben. Ähnlich verhält es sich, wenn jemand in der fünften Dimension stirbt: Er gelangt zunächst in eine Parallelwelt der fünften Dimension.»

17

Das alte und
das neue Bewusstsein

Ende März 2015. Seit einigen Wochen wird meine bisherige Weltsicht durch das, was ich in unzähligen intensiven Gesprächen
von Christina erfahre, gründlich herausgefordert und in Frage
gestellt. Mir wird von Tag zu Tag bewusster, dass ich eine ziemlich außergewöhnliche Tochter habe und dass dieses Geschenk
auch für mich eine Chance darstellt, meinen eigenen Bewusstseinshorizont zu erweitern und meine persönliche Schwingung
zu erhöhen.

Göttliche Seelen und Seelenpläne, Parallelwelten voller feinstofflicher Wesen, Bewusstseinsfrequenzen und Energiesignaturen, Synästhesiephänomene und multidimensionale Wahrnehmung, die Dualität von Licht und Unlicht, Einheitsrealität
und Zwölfdimensionalität, Kristallkinder und höhere kosmische
Zivilisationen – für Christina ist dies alles völlig natürlich und
selbstverständlich, für mich hingegen komplett neu und sehr anspruchsvoll. Eine völlig andere Welt eröffnet sich mir gerade, mit
völlig anderen Naturgesetzen.

Christina sagt dazu: «Meine sogenannten ‹übernatürlichen›
Begabungen sind bloß eine Nebenerscheinung meines wahren
Seins.»

«Was genau meinst du damit?», will ich wissen.

Sie erklärt: «Mittlerweile leben sozusagen drei verschiedene
Evolutionslinien auf dieser Erde. Die dichtesten, unbewusstesten
Menschen mit einer Schwingungsfrequenz von unter 200 LOC
handeln hauptsächlich noch nach dem alten, dreidimensionalen
Denken und nach den alten Prägungen. Daneben gibt es auch
bewusstere Menschen mit einer Schwingungsfrequenz von zwi-

schen 250 und 520 LOC. Sie sind beständig dabei, negative Muster und Handlungsweisen abzubauen, um auf diese Weise mehr und mehr ihre eigentliche Seelenenergie zu entfalten. Sie gehen deutlich zufriedener und glücklicher durchs Leben, da sie ihren Seelenplan leben und ganz einfach vieles verstehen und sich weniger mit Zweifeln und Ängsten konfrontiert sehen. Natürlich ist es möglich und auch wünschenswert, dass sich ein Mensch im Laufe seines Lebens von der ersten in die zweite Evolutionslinie entwickelt. Ein Zurückfallen in die umgekehrte Richtung ist bis zu einer Bewusstseinsfrequenz von etwa 600 LOC ebenfalls jederzeit möglich. Doch alle Menschen könnten theoretisch einen Zustand von 1000 LOC erreichen.

Die dritte Evolutionslinie sind reife, geistig hoch entwickelte Seelen mit einer angeborenen Schwingungsfrequenz von 700 LOC und mehr. Diese Seelen stammen nicht aus irdischen Parallelwelten, sondern aus höheren kosmischen Ebenen, und sie weisen von Natur aus eine beträchtlich höhere Schwingungsfrequenz auf. Damit sind auch ihre Wahrnehmung, ihre Bewusstseinsausrichtung sowie ihre Denk- und Handlungsweise sehr unterschiedlich zu denen der anderen Menschen. Sie bilden derzeit allerdings noch eher die Ausnahme.»

Ich erkenne, dass ich in dieser Phase meines Lebens nun die Möglichkeit geboten bekomme, aufzuwachen, mich geistig zu heilen und mich jenen «bewussteren Menschen» anzuschließen, die Christina beschreibt.

Wer sich innerlich entscheidet, aus seinen alten Denkmustern und Prägungen auszubrechen, wird allerdings nicht selten zunächst mit herausfordernden Lebensprozessen konfrontiert – beispielsweise mit Todesfällen im nahen Umfeld, mit eigenen Erkrankungen oder Unfällen, mit Arbeitslosigkeit, Trennung, Scheidung usw. Diese vermeintlichen «Schicksale» mögen sich im ersten Moment als schwierig anfühlen, aber sie bieten auch immer eine Chance für persönliche Weiterentwicklung. Jedes Schicksal ist ein Lernprozess, dem man entweder konstruktiv oder destruktiv begegnen kann. Reaktionen gemäß dem alten, dreidimensionalen Muster wären etwa: jammern, klagen, anklagen, ankämpfen, neidisch werden, verzweifeln, resignieren oder gar kapitulieren. Dieses Bewusstseinsmuster ist von Ängsten und Sorgen, von Zweifeln, Überforderung und Hoffnungslosigkeit gekennzeichnet.

neu Ich nehme mir vor, in Zukunft konsequent nach dem neuen Bewusstsein zu reagieren: allen Lebensprozessen in Liebe, Dankbarkeit und Akzeptanz zu begegnen und stets nach konstruktiven Lösungen zu suchen. Denn die Herzenskraft Liebe ist das, was die Seele in ihrer Bewusstseinsentwicklung und inneren Reifung tatsächlich voranbringt. Die Empfehlungen lauten hier: das eigene Leben mit Liebe und in Selbstverantwortung in die eigene Hand zu nehmen, aus der Opferrolle und dem Selbstmitleid herauszukommen, in Liebe alles Unliebsame loszulassen und auch in Liebe die Haltungen und Handlungen anderer Menschen zu respektieren. All dies lernen wir bedauerlicherweise nicht in der Schule, doch soll dies keine Ausrede sein, es nicht nachträglich aus eigener Initiative zu erlernen.

Auch in dieser Hinsicht gibt mir Christina ein gutes Beispiel. Obschon sie offensichtlich eine Pionierin jener dritten Evolutionslinie und mit einer sehr hohen angeborenen Schwingung ausgestattet ist, spielt sie äußerlich das Leben ihrer Mitmenschen mit, ohne sich jedoch davon beeinträchtigen zu lassen. Sie durchläuft zwar das «normale» Schulsystem, lässt es aber nicht zu, dass sie von den herrschenden destruktiven Denkstrukturen umprogrammiert wird. Sie weiß, wer sie ist und was sie zu tun hat, und sie geht konsequent ihren Weg und folgt ihrem Seelenplan.

Sie sagt: «In meinem Leben werde ich nie irgendwelche Schulnoten oder Diplome vorzuweisen haben.»

Schule bezeichnet sie insgesamt als langweilig, was in Anbetracht ihres Bewusstseins verständlich ist. Doch sie liebt die Menschen, und da es unter Schülern wie in jeder anderen Menschengruppe auch andauernd Sorgen und Probleme zu lösen gibt, kümmert sie sich oft und gerne darum.

Sie erklärt weiter: «Ab einem Bewusstsein von etwa 850 LOC wird der menschliche Wille verwoben mit dem göttlichen Willen. Die Ego-Struktur löst sich auf, und es stehen nicht mehr Eigeninteressen im Vordergrund. Man arbeitet dann unter einer sehr starken göttlichen Führung in einem dienenden ‹Wir-Bewusstsein› freiwillig für eine konstruktivere Welt unter Einbezug aller Wesen mit.»

Auch dafür ist Christina ein leuchtendes Beispiel. Und doch habe ich zuweilen die Ahnung, dass sie sich nebst in der menschlichen noch in ganz anderen Sphären aufhält, zu denen ich keinerlei Zugang habe. Manchmal erwähnt sie, dass es sie sehr bewege, was sich derzeit gerade im Kosmos abspiele. Denn die kosmischen Ereignisse beeinflussen, wie sie erklärt, auch das gegenwärtige und zukünftige Geschehen auf der Erde. Unser Planet und auch wir Menschen sind Teil des großen Ganzen – Teil einer kosmischen, göttlichen Ordnung, welche in ständigem Wandel begriffen ist.

18

Die rätselhafte Truhe

Anfang April 2015. Wir stehen kurz vor den Frühlingsferien, und auch Christinas 14. Geburtstag naht.

Eines Morgens nimmt das Mädchen auf dem Schulweg einen außergewöhnlichen feinstofflichen Gegenstand wahr: Mitten in einer Wiese stehe, so berichtet sie, eine alte braune Truhe, einsam und verlassen, den Deckel geschlossen. Sie lässt mich an ihren Gedanken teilhaben: «Mama, hier ist etwas Seltsames. Normalerweise sehe ich nicht einfach so irgendwelche belanglose feinstoffliche Gegenstände, ohne dass dies eine Bedeutung hat. Aber in diesem Fall erkenne ich nicht, welcher Sinn hinter der alten Truhe steckt.»

Christina rätselt lange daran herum. Das Ungewöhnliche ist nicht, dass sie feinstoffliche Objekte sehen kann – dies tut sie bereits seit ihrer Geburt –, sondern dass sie die Bedeutung dieser Truhe nicht zu entschlüsseln vermag. Ich versuche zuerst, ihr mit meinen eigenen Theorien zu helfen, doch sie verneint alle meine Vermutungen. Dann wende ich mich wieder unserem Familienalltag zu und beschäftige mich nicht weiter mit dieser Begebenheit.

Ein paar Tage später kommt Christina mittags begeistert nach Hause und erklärt: «Mama, ich kenne nun die Bedeutung dieser feinstofflichen Truhe. Heute habe ich sie offen angetroffen, und stell dir vor: Der Deckel und der Boden sind mit einem braunen Band verbunden!»

Ich bin gerade dabei, den Mittagstisch herzurichten, fühle mich ein wenig überrumpelt und weiß im ersten Moment nicht, was ich davon halten soll. Christina gibt mir nachsichtig ein paar Sekunden Zeit zum Überlegen, doch es ist ihr deutlich anzusehen, dass sie mir unbedingt die Bedeutung der Botschaft mitteilen möchte. So sagt sie schließlich würdevoll: «Es ist ein Zeichen der Verbindung von Himmel und Erde.»

Noch immer ist mir nicht ganz klar, was sie damit ausdrücken möchte. Was bedeutet dieses Symbol konkret? Ich spüre, dass dies für Christina ein besonderer Moment ist, und meine vorläufige Analyse lautet: Die Verbindung von Himmel und Erde wird in Christinas Leben vermutlich von zentraler Bedeutung sein.

Am nächsten Tag ist, wie sie mir berichtet, die Truhe verschwunden. Sie schließt daraus, dass sie die Botschaft wohl richtig gedeutet habe. Das ganze Ereignis wirkt auf mich insgesamt eher rätselhaft, doch wie die kommenden Wochen offenbaren werden, stellt es den Beginn einer neuen Phase dar. Denn ab diesem Zeitpunkt erhöht sich Christinas Energieniveau beträchtlich. Es scheint, als seien nun weitere gewaltige Energien aktiviert worden, was sich darin zeigt, dass sich zusätzliche Begabungen manifestieren und dass immer wieder neue Einsichten und Erklärungen folgen. Christina sagt, dass sich auch ihr Lichtstrahl verstärkt habe. Ich vermag dies nicht zu bestätigen, aber für sie ist es klar zu erkennen.

Frühlingsferien 2015

Wenige Tage später beginnen zwei Wochen Schulferien. Da in diesem Jahr sowohl Ostern als auch Christinas Geburtstag in die Ferienzeit fallen, werden wir nicht wegfahren, sondern zu Hause bleiben und von hier aus Ausflüge unternehmen.

Einen Ferientag verbringt Mario mit einem seiner Schulkollegen auf einer Alp, und so fahre ich an diesem Tag mit Christina in den Zoo nach Rapperswil. Sie erwähnte schon seit einiger Zeit, sie wolle das neue Elefantengehege besuchen, um zu überprüfen, ob es den Elefanten dort wirklich gut gehe. Da Mario seinerseits nicht mehr allzu sehr begeistert ist von Zoos, ist heute eine gute Gelegenheit, ihr diesen Wunsch zu erfüllen.

Kurz vor dem Zoo halte ich den Wagen an einer roten Ampel an, und aus lauter Langeweile «scannt» das Mädchen das Haus nebenan. Als sei es das Selbstverständlichste auf der Welt, sagt

sie: «Mama, ich habe gerade den Dachboden dieses Hauses ge-
röntgt. Dort sind zwei gestapelte Stühle, ein Schrank sowie zwei
Kisten mit Büchern zu sehen.»

Zu meiner Verblüffung nennt mir Christina noch die Titel der
obersten zwei Bücher. Sofort wird uns beiden klar, dass bei ihr
gerade eine neue Begabung aktiviert worden ist: der sogenannte
«Röntgenblick», das heißt die Fähigkeit, durch feststoffliche Materie hindurch zu sehen.

Am liebsten würde ich auf der Stelle den Dachboden besichti-
gen, um ihre Schilderung zu verifizieren, aber ich weiß nicht, wie
ich dies dem Hausbesitzer erklären sollte. Christina hat mir in
ihrem ganzen Leben noch nie eine Lüge aufgetischt, und so habe
ich auch jetzt keine Veranlassung, ihre Aussage anzuzweifeln.
Der Röntgenblick sollte sich in Zukunft noch mehrfach bestätigen.

Bis ich den Wagen geparkt habe, spreche ich kein Wort mehr.
Ich bin allerdings nicht nur über Christina erstaunt, sondern
auch über mich selbst. Warum wundert mich es nicht mehr sonderlich, dass meine Tochter nun auch noch durch feste Materie
hindurch sehen kann? Offensichtlich gewöhnt man sich recht
schnell auch an das Außergewöhnliche. Natürlich habe ich schon
früher von solchen Begabungen gelesen und gehört, aber es ist
jetzt trotzdem nochmals eine andere Sache, wenn man sie live
miterlebt.

Der Zoobesuch gefällt uns beiden. Christina liebt Tiere, wie
sie auch Menschen und Pflanzen und überhaupt die ganze Erde
liebt. Wir sprechen über die verschiedensten Themen, und sie
ist wie meistens in fröhlicher Plauderstimmung. Vor allem ist sie
froh darüber, dass die Elefanten nun reichlich Auslauf besitzen
und es ihnen in ihrem neuen Gehege prächtig geht.

Auf dem Rückweg kommen wir auf das Thema Berufswahl zu
sprechen, das uns schon seit einiger Zeit immer wieder beschäftigt. Unter dem Eindruck des heutigen Erlebnisses schlage ich
im Scherz vor, Christina könne beispielsweise Zollbeamtin werden. Mit Hilfe ihres Röntgenblicks wäre sie dann imstande, jedes
Auto und jeden Koffer zu scannen. Sie erwidert, dass das Scannen hierbei unnötig wäre, da sie bereits an der Aura und an den

Gedanken eines Menschen erkenne, wenn er etwas Übles im Schilde führe. Ich mache weitere Vorschläge, in welchen Berufsbereichen ihre erweiterte Wahrnehmung nützlich sein könne: im Gesundheitswesen, in der Technologie, bei Gericht usw. – eigentlich überall.

Doch Christina stellt klar: *«Ich bin nicht auf dieser Welt, um die Fehler anderer aufzudecken oder über sie zu urteilen. Ich will den Menschen einfach das Licht und den Frieden zurückbringen. Dann löst sich das Unlicht von alleine auf.»*

Alles klar. Vergessen wir also den Zoll und das Gericht, ebenso auch die Polizei, das Militär oder den Geheimdienst als mögliche Berufsfelder für Christina. Sie verdeutlicht, dass sie für solcherlei Tätigkeit im Auftrag des herrschenden Systems nicht zur Verfügung stehen werde. Auch wenn wir noch nicht im Detail wissen, welche Art von Dienst sie letztlich in dieser Inkarnation darbringen wird, scheint das übergeordnete Thema doch bereits eindeutig skizziert zu sein: den Menschen das Licht und den Frieden zurückzubringen.

Wenn sie solche klaren Aussagen macht, ist weder eine überschwängliche Euphorie noch irgendeine Form von Überheblichkeit zu spüren. Vielmehr kommt hier einfach die unerschütterliche innere Überzeugung eines reifen Menschen zum Ausdruck, der innerlich nicht verwirrt und daher auch nicht manipulierbar ist. Sie erklärt zudem, dass sie deswegen nicht etwa wertvoller oder besser sei als andere Menschen, sondern einfach bloß anders. Und einmal mehr betont sie, man werde sie niemals schubladisieren oder vereinnahmen können.

Ich erinnere mich wieder, dass Christina mir schon vor Jahren, als sie noch ein kleines Mädchen war, immer wieder Fragen stellte wie: «Mama, glaubst du, dass jemand mit einem Röntgenblick geboren werden kann?»; «Mama, glaubst du, dass sich jemand von Licht ernähren kann?»; «Kennst du jemanden, der sich unsichtbar machen kann?»

Die Sache mit dem Röntgenblick scheint nun also aktiviert worden zu sein. Christina beschreibt, wie sie jeweils mit solchen Begabungen umgeht, nachdem sie sich zum ersten Mal offenbaren: Anfangs manifestieren sie sich ein- oder zweimal unkontrolliert, wie heute im Falle dieses Dachboden-Scans. Danach aber kennt sie die genaue Funktion der Begabung und hat bewusste Kontrolle über sie. Es ist, als hätte sie von Geburt an ein riesiges Netz an zusätzlichen Leitungen im Gehirn angelegt, die nun eine nach der anderen freigeschaltet werden. Ob sich wohl auch die anderen Themen aus den Kindheitsfragen – wie etwa Lichternährung und Unsichtbarmachen – in Zukunft noch manifestieren werden? Wir werden es erleben.

Jedenfalls scheint jene Episode mit der feinstofflichen, symbolhaften Truhe – das Verbinden von Himmel und Erde – ein Auslöser für weitere Offenbarungen gewesen zu sein.

19

Elementarwesen

In diesen sonnigen Frühlingsferien nehmen Mario und ich den Umbau unseres Gartens in Angriff. Dabei soll ein mehrere Jahre alter Thuja-Lebensbaum gefällt werden. Dieser Plan weckt Christinas Aufmerksamkeit, die uns energisch ermahnt: «Ihr könnt den Baum nicht einfach so schnell mal fällen, denn er hat eine Seele, die sehr stark verwurzelt ist. Diese Seele ist etwas langsam und benötigt zwei bis drei Tage Zeit, um ein neues Zuhause, also einen anderen Baum zu finden. Ihr dürft den Baum daher heute noch nicht fällen.»

Selbstverständlich befolgen wir ihren Rat, wenngleich diese Sichtweise für mich völlig neu ist und ich mir solche Gedanken bislang noch nie gemacht habe. Christina nutzt die Gelegenheit und führt uns in die Welt der Elementarwesen ein, die eine irdische Parallelwelt bewohnen. Ihre Begeisterung für dieses Thema ist ihr deutlich ins Gesicht geschrieben.

Sie erklärt: «In der griechischen Mythologie nennt man die feinstofflichen Baumwesen ‹Dryaden›. Aber sie sind nicht bloß Einbildungen aus Mythologie- oder Fantasy-Büchern, sondern es gibt sie wirklich. Sie sehen menschenähnlich aus, doch ihre Form besteht nicht aus Haut, sondern aus Rinde. Bedauerlicherweise existieren noch keine wirklich guten Bilder von Dryaden. Man muss sie wohl einfach selbst erleben. Es gibt übrigens männliche und weibliche Dryaden. Wenn man sie nicht vorwarnt, dass der Baum gefällt wird, dann bleiben sie einsam dort stehen. Diese Wesen gehören zu den Elementarwesen unseres Planeten – genauso wie auch die Zwerge, Trolle, Elfen, Drachen und so weiter.»

Nach einer kurzen Pause fährt sie fort: «Ich kann mich noch genau daran erinnern, wo ich den ersten Zwerg gesehen habe. Es war in einer höherdimensionalen Ebene, die eine andere Raum- und Zeitstruktur aufweist. Es ist eine wunderbare Welt, einfach wunderschön und urplanetar. Für dich ist es wohl eine Art ‹Fantasiewelt›. Die Elementarwesen zeigen sich übrigens nicht allen Menschen, die hellsichtig sind, sondern nur den besonders naturverbundenen. Du, Mama, darfst dich glücklich schätzen, denn falls du irgendwann einmal hellsichtig wirst, wirst auch du diese Wesen wahrnehmen können.»

Meine Tochter strahlt mich lachend an. Irgendwie bin ich im Moment ganz froh, nicht hellsichtig zu sein, denn sonst würde nochmals eine völlig neue Welt auf mich hereinprallen, die ich vorher nicht wahrgenommen habe. Dennoch freue ich mich darüber, dass ich gemäß Christinas Ansicht genug naturverbunden bin, um später vielleicht Elementarwesen zu sehen. Es stimmt: Ich habe eine große Vorliebe für Pflanzen und Tiere und für alles in der Natur, in der ich mich sehr gerne aufhalte. Aber verschieben wir mein eigenes Hellsehen besser auf später. Derzeit habe ich genug damit zu tun, Christinas Entwicklung zu verstehen und zu verarbeiten.

Mario hat unser Gespräch mitbekommen und ergänzt beruhigt: «Zum Glück zeichnet der Förster die Bäume im Wald jeweils an, bevor sie gefällt werden. So sind sie vorgewarnt, und die Dryaden können sich einen anderen Baum suchen.»

Ein wirklich sehr aufmerksamer Gedanke von Mario. Aus der Phytotherapie (Pflanzenheilkunde) ist mir bekannt, dass Pflanzen einen Seelenaspekt beinhalten, eine Art Pflanzensignatur, gemäß der sie eine organspezifische Heilwirkung entfalten. Dies geschieht oft in harmonischer Kombination von verschiedenen Heilsubstanzen, die sich gegenseitig in ihrer Wirkung unterstützen. So scheint es durchaus einleuchtend, dass auch Bäume beseelte Wesen sind.

Christina erwähnt zudem, dass es wohl keine parallele Ebene für verstorbene Bäume gebe, wie für die Menschen die Parallelwelt der Verstorbenen. Die Dryaden suchten sich, wenn ein Baum sterbe oder gefällt werde, einfach einen anderen Baum als Wohnstätte. Daher gebe es auch Bäume, die von mehreren Dryaden bewohnt würden.

Christina ist kaum mehr zu bremsen. Begeistert referiert sie weiter, und so erfahren Mario und ich, dass es auch in den Ebenen der Elementarwesen lichte und unlichte Wesen gibt. Menschen mit besonderen Begabungen wussten schon immer, dass solche Wesen gemeinsam mit uns Menschen auf der Erde existieren, und so fanden die Erzählungen über sie Einzug in unsere Mythen und Märchen. Märchenerzähler und Märchensammler wie beispielsweise die Brüder Grimm hatten, wie Christina vermutet, wohl bewusst oder unbewusst Zugang zu diesen Ebenen. Wie sonst wären sie imstande gewesen, diese Geschichten so anschaulich zu schildern?

Ebenfalls erfahren wir, dass heutzutage vor allem Island ein ‹Hotspot› für Elementarwesen ist. Dort ist sich geschätzt die halbe Bevölkerung über die Existenz der Elementarwesen bewusst. Die Straßen auf Island sind meist stark gewunden, und kaum eine führt über eine längere Strecke geradeaus. Auf diese Weise umfahren die Isländer die Bauten und Siedlungen der Elementarwesen, um diese nicht zu stören oder zu vertreiben. Angeblich wird dort immer, wenn eine neue Straße gebaut werden soll, jemand Hellsichtiger um Rat gefragt, wie die Straßenführung verlaufen sollte, damit die Trolle nicht gestört werden.

Jetzt ist auch mein Interesse an diesem Thema geweckt. Ich frage: «Sind auf der ganzen Erde dieselben Elementarwesen vertreten?»

Christina antwortet: «Soweit ich weiß, halten sich beispielsweise Lichtelfen überall auf der Welt immer gerne in der Nähe von Gewässern auf, etwa an Wasserfällen und dergleichen – außer vielleicht in den eisigen Regionen. Dryaden sind natürlich überall dort zu finden, wo Bäume wachsen. Und Zwerge arbeiten gerne in Gärten.»

«Zwerge? Gibt es also tatsächlich Gartenzwerge?», erkundige ich mich erstaunt.

«Ja. Sie sind nur etwa dreißig Zentimeter groß. Allerdings habe ich noch nie einen Zwerg mit einem Bart gesehen, wie sie in den Märchen oft dargestellt werden. Die Zwerge, die ich wahrnehme, tragen meist eine Mütze und ein kariertes Hemd, dazu grüne oder braune Hosen. Ihre Hosen sind so knuddelig, wirklich voll süß! Jeden Montag, wenn ich zur Großmama zum Mittagessen gehe, sehe ich in einem großen Garten einen sehr knuddeligen, herzigen Zwerg. Er ist stets mit einem Rechen am Arbeiten.»

Mario will wissen: «Sieht man denn die Arbeit dieses Zwerges letztlich auch? Oder ist sie nur feinstofflich in einer höheren Dimension zu erkennen?»

Seine Schwester antwortet ihm: «Die Zwerge arbeiten zwar in einer feinstofflichen Parallelebene, aber der Effekt ihrer Arbeit reicht bis in unsere grobstoffliche Welt hinein. Menschen können also tatsächlich das Resultat ihrer Arbeit sehen. Mittlerweile aber sind die Zwerge und die anderen Naturwesen sehr misstrauisch den Menschen gegenüber geworden. Wenn ich hier bei uns im Garten einen Zwerg sähe, dann müsste ich mich sofort mit ihm verbinden, ansonsten wäre er wieder weg.»

Zu den Pflanzen erwähnt Christina außerdem: «Pflanzen sind sehr standort- und luftempfindlich. Veränderungen, wie etwa ein Umtopfen, mögen sie gar nicht.»

In einem späteren Text erklärt sie die Photosynthese aus ihrer Perspektive wie folgt: «Eine Pflanze absorbiert Licht in einer nahezu unmöglichen Effizienz. Aus der Sicht unserer Wissenschaft müsste das eigentlich unmöglich sein, denn auf dem Weg zum photosynthetischen Inneren der Pflanze müssten die Photonen eigentlich mit anderen Teilchen kollidieren. Doch sie tun es nicht. Dass ein Photon das Innerste erreicht, ist etwa genauso wahrscheinlich wie mit verbundenen Augen durch einen Wald zu rennen, ohne dass man in einen Baum läuft.

Pflanzen sind eine Art Wunder der Natur. Die Pflanze versetzt das Photon in einen Zustand der Quantensuperposition: Sie multipliziert das Photon zu Milliarden von Teilen, so dass jeder mögliche Weg abgedeckt ist. Keine Möglichkeit, die – um im Beispiel zu bleiben – mit einem Baum kollidiert, wird dabei weiter beachtet, sonst würde das ganze System kollabieren. Was macht die Pflanze stattdessen? Sie verweigert es geduldig, irgendeinem dieser ‹Unfälle› Aufmerksamkeit zu schenken, während sie im Kern den heiligen Imperativ allen Lebens singt: ‹Es werde Licht!›.

Wenn dann eine Möglichkeit den Kern ohne Fehler erreicht, wird nur diese Möglichkeit weiter beachtet, und alle anderen verschwinden. Der ‹Gewinner› wird sozusagen aus der Zukunft durch die Zeit zurück vermittelt, und er wird so zur einzigen Möglichkeit, die je existiert hat. Dies ist nur ein Beispiel. Aber genau so haben wir alle die massive Unwahrscheinlichkeit des Lebens überwunden, so dass wir jetzt hier sind.»

Erneut fallen mir etliche Aussagen ein, die Christina als Kind getätigt hat, während sie mir jeweils beim Umtopfen oder im Garten half. Zum Beispiel: «Dieser Pflanze gefällt es hier.» «Diese Pflanze will keinen anderen Topf.» «Dieser Baum will die Äste nicht geschnitten haben.» Dabei strich das Mädchen meist liebevoll mit ihren kleinen Händchen über die Pflanze oder umarmte sie gar und strahlte dabei eine unglaubliche Naturverbundenheit aus.

Jetzt ergänzt sie: «Ganz schlimm sind für Pflanzen lange Transporte. Wenn beispielsweise im Herbst Palmen eingesammelt werden und zum Überwintern in große Hallen gebracht werden, wo sie dann eng zusammengepfercht stehen müssen. Das mögen sie gar nicht. Bei Tieren würde man bei so etwas von Tierquälerei sprechen. Doch auch Pflanzen haben Empfindungen.»

Ich werde nachdenklich. Wie habe ich das jeweils gehandhabt? Meine großen Palmen und Agaven werden im Herbst in unsere zumindest großzügige Garage gebracht, also ohne stressigen Transport. Aber auch da musste ich schon umplatzieren, da sich einzelne Pflanzen gemäß Christina miteinander gestritten haben. Ich erkenne einmal mehr deutlich, über wie wenig von dem, was sich um uns herum in den Welten der Pflanzen, der Tiere oder der Elementarwesen abspielt, wir uns in unserem Alltag bewusst sind. Durch Christina bekomme ich nun einen völlig anderen Blick auf die Dinge, und dafür bin ich sehr dankbar.

20

Der Herzschlag der Erde

Christina hat eine große Liebe nicht nur zu den Geschöpfen, die gemeinsam mit uns Menschen den Erdplaneten bewohnen, sondern auch zum Planeten Erde selbst.

In unseren Gesprächen während dieser Schulferien wird mir immer wieder deutlich, wie gut sie unseren Planeten zu kennen scheint. Bereits als Kleinkind erfreute sie sich an Bildbänden über Weltnaturerbe-Stätten und bemerkte beim Durchblättern öfters: «Mama, da werde ich hingehen.» Dass sie dann tatsächlich mittels Astralreisen nachts dorthin verschwand, konnte ich damals nicht wissen. Das Mädchen wollte schon immer möglichst die ganze Welt sehen und erkunden, vor allem die Flora und die Fauna.

Sie erklärt: «Weißt du, Mama, ich spüre den Herzschlag der Erde. Wie jedes andere Lebewesen, so besitzt auch die Erde eine Seele, sie besitzt Bewusstsein und ein Energiesystem. Wenn ich mit meinen Füßen auf dem Erdboden stehe, dann spüre ich die Erde ganz genau und weiß, wie sie sich gerade fühlt. Ich spüre die planetare Schwingung, genauso wie ich dich oder die Alpakas da draußen spüre.

Bevor ich hierher zur Erde kam, durfte ich aus 63 anderen Planeten auswählen, die ebenfalls noch in der dritten Dimension stehen. Ich habe mich für die Erde entschieden, denn die Erde ist einfach wunderschön. Sie ist übrigens ein Mädchen, wusstest du das? ‹Mutter Erde› ist also ziemlich treffend ausgedrückt. In ihrem ursprünglichen, paradiesischen Zustand nährte die Erde alle Menschen und Tiere und behütete sie mit ihrer völlig intakten, vielfältigen Natur. Aber dann kamen die Wesen des Unlichts und haben hier ihr destruktives System der Manipulation und der Ausbeutung eingeführt, so dass sich die Menschen heutzutage auf der Erde wie in einem Spiel verhalten, bei dem sie längst die Spielanleitung verloren haben.»

Ein wenig traurig fährt sie fort: «Die Erde liebt die Menschen, doch viele der heutigen Menschen beuten die Erde ohne Rücksicht aus. So wehrt sie sich mit Naturkatastrophen. Ursprünglich aber herrschte überall ein ausgeglichenes mediterranes Klima, das reinste Paradies.»

In einem anderen Zusammenhang sagt Christina: ***«Solange die Menschen ihren eigenen Planeten nicht kennen, werden sie auch nicht andere Planeten kennenlernen können. Denn sie haben etwas Grundlegendes noch nicht verstanden, nämlich dass nicht der rationale Verstand die großartigsten Erfindungen und Fortschritte hervorbringt, sondern das Bewusstsein der Seele.»***

Sie erklärt auch das Energiesystem unseres Planeten: «Wie der Mensch, so verfügt auch die Erde über ein Chakra-System mit Energiebahnen. Manche Wissenschaftler nennen diese Energiebahnen ‹Ley-Linien› oder ‹Heilige Linien›. Sie gleichen dem, was man beim Menschen als ‹Meridiane› bezeichnet. Dort, wo sich zwei solche Linien kreuzen, entstehen besondere Kraftorte, wie beispielsweise die Kirche Notre-Dame in Paris oder uralte Stätten wie Stonehenge, Angkor Wat, die Pyramiden in Gizeh, der schwarze Monolith in Mekka, die Sonnenpyramide in Teotihuacán, die Stadt Machu Picchu, die Stadt Fátima oder auch Dvaraka, die Stadt Krishnas. Es heißt auch, dass sich auf dem ganzen Jakobsweg bis nach Santiago de Compostela viele Ley-Punkte und Ley-Linien befinden. An allen diesen Kraftorten herrschen spezielle Energiefrequenzen, die für hellsichtige Menschen auch sichtbar sind. In den früheren Hochkulturen gab es Menschen mit einem multidimensionalen Bewusstsein, daher wussten sie sehr genau, wo sie ihre heiligen Bauten errichten sollten.»

Okay, schon wieder etwas gelernt. Doch um all diese höchst spannenden Ausführungen herum läuft unser normales Familienleben weiter, das in diesen Tagen durch ein tragisches Ereignis jäh durcheinander gebracht wird: Zwei Tage vor Christinas 14. Geburtstag stirbt ihr geliebter Hase Schnüfi. Sie ist untröstlich und weint um den Hasen, wie es jedes andere Kind ebenfalls tun würde. Dieser Verlust eines geliebten Familienmitglieds ist sowohl für sie als auch für Mario eine kleine Tragödie. Auch ich bin bewegt, denn ich bin es nicht gewohnt, Christina so traurig und in Tränen aufgelöst zu sehen. Noch vor ihrem Geburtstag darf sie sich ein anderes Häschen aussuchen. Sie nennt es Pandora, und durch Pandora findet sie rasch wieder zu ihrer gewohnten Fröhlichkeit zurück.

Einige Tage später erzählt Christina, Schnüfi sei nun in der feinstofflichen Welt gemeinsam mit ihrem anderen, bereits vor längerer Zeit verstorbenen Hasen unterwegs. Sie ist merklich beruhigt und getröstet, und auch Mario atmet auf. Es ist offensichtlich, dass es auch für ihn sehr außergewöhnlich war, seine Schwester derart traurig und weinend zu sehen.

21

Christinas 14. Geburtstag

15. April 2015. Heute wird Christina 14 Jahre alt. Als Geschenk bekommt sie zwei junge Schildkröten, die sie Tuneira und Sahira nennt.

Anlässlich ihres Geburtstagsfestes spielen diverse Kinder aus der Verwandtschaft und der Nachbarschaft gemeinsam Verstecken. Das Revier zum Verstecken erstreckt sich dabei über etliche benachbarte Einfamilienhäuser und über weitere Gebäude, unter anderem auch eine alte Scheune, in der sich Christina zusammen mit vier anderen Kindern verschanzt. Drei dieser fünf Kinder nehmen in der Scheune einen feinstofflichen Mann wahr, also einen verstorbenen Menschen; die anderen beiden Kinder können nicht feinstofflich sehen. Christina ist erfreut, dass sie mit ihrer erweiterten Wahrnehmung augenscheinlich nicht alleine ist, denn ihre beiden Freundinnen im Alter von sechs bzw. neun Jahren sehen den feinstofflichen Mann ebenfalls ganz deutlich.

Als sie mir später von dieser Begebenheit erzählt, frage ich mich einmal mehr, wie viele Kinder wohl heute bereits mit einer erweiterten Wahrnehmung ausgestattet sind, ohne dass ihre Eltern darüber Bescheid wissen.

Ich erinnere mich heute auch an jenen Tag vor exakt vier Jahren, als Christina an ihrem 10. Geburtstag vor versammelter Familie verkündete: «Jetzt bin ich schon zehn Jahre auf dieser Welt, und es ist noch sooo nichts gelaufen!»

Heute vermag ich ihre damaligen Worte zu verstehen. Ihr war seit ihrer Geburt bewusst, dass sie hierher auf Erden gekommen ist, um eine spezielle Lebensaufgabe zu erfüllen, und aus dieser Sicht heraus betrachtet war ja tatsächlich noch nichts Besonderes geschehen. Wie alles, so scheinen auch das Entfalten

15. April 2015: Christina an ihrem 14. Geburtstag mit den beiden Schildkröten Tuneira und Sahira.

von Christinas Bestimmung und der Beginn ihres Wirkens in der Welt ihre richtige Zeit zu haben. Wir spüren heute beide, dass dieser Zeitpunkt nun immer näher rückt. Ich frage mich: Was hat diese Seele wohl in anderen Sphären bereits erlebt und bewirkt? Wer genau ist dieses Wesen, das aus 63 zur Verfügung stehenden Planeten gerade diesen Planeten Erde und unter allen möglichen Müttern gerade mich ausgewählt hat?

Als ich sie darauf anspreche, erwidert sie: «Auch bei mir hat man über gewisse Teile meines Bewusstseins einen Schleier gelegt. Das merke ich sehr gut, da gewisse Informationen über verschiedene Ebenen verdeckt bleiben für mich.»

Wenige Tage später berichtet Christina von «Bildern», die sie zu ihrer eigenen Überraschung neuerdings empfange.

«Was meinst du mit ‹Bildern›?», frage ich sie.

«Sie sind eine Art Nachrichten oder Botschaften, die mir geschickt werden. Ich erlebe sie als Bilder, die unglaublich schnell vorüberziehen und die sich ganz deutlich von anderen Eindrücken unterscheiden. Sie sind nur für einen kurzen Moment klar und dann schon wieder weg.»

«Was denkst du: Woher kommen diese Nachrichten, und warum empfängst du sie?»

«Es sind entweder Nachrichten über mich oder aber über Themen, mit denen ich mich gerade beschäftige. Sie kommen aus verschiedenen Ebenen, und sie dienen vermutlich einfach meiner Schulung und Entwicklung.»

Die weiße Lilie

Ich bitte sie, mir ein Beispiel eines solchen Bildes zu geben. Denn obschon sie jedes Bild nur ganz kurz gesehen hat, vermag sie es detailliert in allen Farben und Facetten zu beschreiben und zu erklären.

Die Vierzehnjährige sprudelt los: «Auf einer Seite des Bildes ist eine weiße Mauer zu sehen, auf der sich viele Menschen bewegen. Neben dieser Mauer erstreckt sich ein erdiger Weg, der eine Ebene tiefer liegt als die Mauer. Darauf ist jedoch niemand zu sehen. Aber es wächst eine weiße Lilie einsam auf diesem erdigen Weg.»

Christina holt ein Blatt Papier und skizziert darauf das Bild. Dann sagt sie leise zu mir: «Ich denke, es ist eine Nachricht für mich. Sie soll bedeuten, dass ich in meinem Leben nicht ganz denselben Weg einschlagen werde wie die große Masse der Bevölkerung.»

«Und wofür steht die weiße Lilie?»

«Sie ist ein Ausdruck von Licht und Liebe und soll göttliche Gnade, Reinheit und Unschuld darstellen. Die weißen, harten Mauern stehen für einen klaren, sauberen Weg. Dort läuft die große Masse der Menschheit. Aber auf dieser Mauer kann nichts Neues wachsen.»

Ein feinstofflicher Besuch

Nur einen Tag später folgt gleich die nächste Überraschung. Es sind noch immer Frühlingsferien, und wir verbringen alle gemeinsam den Tag im Freien. Die beiden Kinder sind mit den vier Nachbarskindern am Spielen, mal bei uns im Garten, mal bei den Nachbarn. Diese sechs Kinder wachsen miteinander auf und kennen sich bereits ihr ganzes Leben lang, aber ich kann mich nicht erinnern, dass es zwischen ihnen jemals Streit gegeben hat.

Während ich gerade damit beschäftigt bin, Unkraut zu jäten, rennt plötzlich Christina auf mich zu und erzählt aufgeregt: «Mama, da steht ein Mann vor unserer Haustüre – ein feinstofflicher.»

Ich bin kurz überrascht, erwidere dann aber zu meinem eigenen Erstaunen ganz ruhig. «Okay, dann frag ihn doch bitte, was er will.»

Daraufhin rennt das Mädchen wieder zur Haustüre, um ihn zu fragen. Bis sie zurück kommt, überlege ich, ob solche Besuche bei uns wohl in Zukunft zur Tagesordnung gehören werden.

Doch schon reißt mich Christina aus meiner Grübelei. Sie berichtet: «Er sagt, er heiße Walter*.»

Jetzt überschlagen sich meine Gedanken. Ich weiß sehr wohl, wer das ist. Denn heute Vormittag war ich zusammen mit Christina auf dem Friedhof. Dort haben wir eine ältere Dame angetroffen, und ich unterhielt mich mit ihr über ihren kürzlich verstorbenen Mann Walter, den ich recht gut kannte. Und genau dieser Walter steht nun also in seinem feinstofflichen Körper vor unserer Haustüre.

Christina fährt aufgeregt fort: «Er hat eine Nachricht für dich, Mama. Er möchte dir noch zu deinem letzten Geburtstag gratulieren und dir auch für alle weiteren, die noch kommen werden, alles Gute wünschen.»

Ich bin sehr gerührt von dieser Nachricht. Walter war ein ausgesprochen liebenswerter und freundlicher Mensch, und er hat

---

* Name geändert.

mir jedes Jahr zu meinem Geburtstag gratuliert. Jetzt, da ihm dies nach seinem Tode physisch nicht mehr möglich ist, holt er es metaphysisch nach – und für die Zukunft gleich auch noch vor. Ich schweige einen Moment lang und gebe dann Christina den Auftrag, sie möge sich bitte bei ihm in meinem Namen bedanken. Sie rennt erneut zur Türe und richtet ihm meine Antwort aus, woraufhin er sich mit einem Lächeln für immer verabschiedet.

Für mich sind solche Begebenheiten noch immer ziemlich gewöhnungsbedürftig. Im Falle von Walter hat sie ja überhaupt nichts Schlechtes oder Beängstigendes an sich, sondern ist im Gegenteil sehr schön und berührend. Ich erkenne, dass es etwas tief Versöhnliches und Befreiendes hat, wenn man sich ohne Angst und in freilassendem Wohlwollen von Verstorbenen verabschiedet und sie dann ihrer eigenen Wege ziehen lässt. Auch bei Elenas Tod ist es mir glücklicherweise gelungen, sie in genau diesem Bewusstsein loszulassen. Ich wusste ja damals noch nicht, dass sie gar nicht fortgegangen ist, sondern Christina und uns nach wie vor stets begleitet.

Christina freut sich darüber, dass ich allmählich beginne, die Existenz der feinstofflichen Welt als etwas Selbstverständliches zu sehen, wenngleich ich sie ja eigentlich gar nicht zu sehen vermag. Ich versuche aber zu erspüren, ob ich mich von irgendwelchen feinstofflichen Wesen unangenehm beobachtet oder gar bedroht fühle, die vielleicht ebenfalls in unserem Garten oder im Haus umherstehen, doch ich erkenne nichts dergleichen. Ich frage Christina auch nicht danach, denn offensichtlich sind solche Vorkommnisse für das Mädchen eher nebensächlich und im Grunde nicht der Rede wert.

Ich für meinen Teil arbeite weiterhin daran, allem gegenüber, mit dem ich durch Christinas Entwicklung seit einigen Monaten konfrontiert bin, eine offene und neutrale Haltung einzunehmen. Ich rede mir ein, dass feinstoffliche Verstorbene und Elementarwesen genauso normal sind wie die Blumen in meinem Garten oder wie unsere Tiere. Doch ganz so einfach lässt sich mein Weltbild nicht von heute auf morgen auf den Kopf stellen. Es ist ein schrittweiser Prozess der Bewusstseinserweiterung, aber ich bin gewillt, mich ihm zu stellen. Den Besuch von Walter nehme ich dankbar als ein Angebot des Lebens an – als das Angebot, mir durch eine solche persönliche Erfahrung zu helfen, mein Verständnis für Christinas Realität zu vertiefen.

22

Das Schulsystem der Zukunft

Mitte April 2015. Heute stoße ich bei der Lektüre meiner Tageszeitung auf die Ankündigung einer Podiumsdiskussion von Ostschweizer Kinderärzten. Darin heißt es, dass die Kinderärzte Alarm schlagen, weil mittlerweile jedes dritte Kind im derzeitigen Schulsystem mit den Anforderungen nicht mehr mithalten kann und deshalb körperlich krank wird. Die Aussage lautet: «Schule macht krank. Nicht immer. Aber immer öfter.» Viele Schülerinnen und Schüler aller Altersstufen seien überfordert und litten deshalb unter psychosomatischen Störungen wie Bauchweh, Kopfschmerzen und Schlaflosigkeit. Der Chefarzt des Ostschweizer Kinderspitals fordert: «Gebt den Kindern eine Schutzzone. Lasst Kinder in der Schule wieder Kinder sein.»

Die Zahl der im gegenwärtigen Schulsystem unglücklichen Kinder ist bedenklich hoch und außerdem stark zunehmend. Durch Christina habe ich in den vergangenen Monaten eine neue Sichtweise auf diese bekannte Problematik erhalten: Wenn in dieser Generation tatsächlich schon eine beachtliche Anzahl Kinder mit einem erweiterten Bewusstsein und einer multidimensionalen Wahrnehmung ausgestattet sind, dann muss es für sie eine unsägliche Qual sein, durch den Schulunterricht zu einem dreidimensionalen Denken gemäß überholten Mustern gezwungen zu werden. Wie alleine und unverstanden sich wohl viele dieser Kinder fühlen mögen, wenn ihr gesamtes Umfeld zu Hause und in der Schule keinerlei Verständnis für ihr Anderssein zeigt? Wenn im Weltbild der Eltern und der Lehrer schlichtweg kein Platz für dieses Anderssein ist, weil sie der Überzeugung sind, dass Dinge wie Multidimensionalität und feinstoffliche Wahrnehmung gar nicht existieren? Wenn das, was für die Kinder eine normale und alltäglich erlebbare Tatsache ist, in den Augen ihrer

Eltern und Lehrer nicht mehr ist als bloße Einbildung, als lächerlicher Humbug oder gefährlicher Unsinn?

Gerne hätte ich dieser Podiumsdiskussion beigewohnt, schaffe es dann an jenem Abend aber doch nicht. Das Thema beschäftigt allerdings nicht nur mich, sondern offensichtlich auch viele andere Eltern und besorgte Zeitgenossen. Gerade wir Eltern sind hier besonders in der Verantwortung, unseren Kindern gegenüber offen zu sein, sie aufrichtig ernst zu nehmen und auch bereit zu sein, von ihnen über Aspekte der Wirklichkeit zu lernen, die wir bislang für unmöglich gehalten haben. Dass das dreidimensionale Denken an seine Grenzen gelangt ist und dass als Folge dieses Denkens nicht nur das Schulsystem zu kollabieren droht, sondern unser gesamtes gesellschaftliches Konstrukt – dies wird immer augenscheinlicher.

Auch renommierte Fachkräfte sind besorgt über das derzeitige Schulsystem. So lese ich einige Wochen später (Ende Juli 2015) in einem neuerlichen Artikel derselben Tageszeitung, dass der abtretende Leiter des Amtes für Volksschule sagte: «In der Schule braucht es keine Revolution, es braucht eine Evolution.»

Wie vieles andere, so bespreche ich auch dieses Thema mit Christina. Sie zeigt sich sichtlich erfreut über diese Aussage des Leiters des Volksschulamtes, und sie ergänzt: «Die Evolution ist bereits in vollem Gange.»

Dann erklärt die Vierzehnjährige: «Viele der heutigen Kinder funktionieren und lernen über die Intuition und nicht bloß über den Verstand. Sie verfügen in ihrem Seelenspeicher bereits über sehr viel intuitives Wissen, das sie jetzt mit dem neu erlernten Wissen konstruktiv verknüpfen könnten. Aber das, was man ihnen in der Schule als ‹Wissen› aufdrückt, verbaut ihnen oft den Zugang zu ihrer Intuition. Und durch den fehlenden Zugang zur Intuition fällt ihnen auch das Aktivieren ihrer geistigen Begabungen schwer.

Kinder sollten über vielfältiges eigenes Erleben lernen. Insbesondere sollten sie die Gelegenheit haben, sich auf die Natur einzulassen. Dann werden sie es nicht verlernen, mit den Tieren und Pflanzen zu kommunizieren, und sie werden erkennen, wie sie mit der Natur und mit dem ganzen Universum verbunden sind. Solche Kinder, die über eine hochkomplexe Wahrnehmung und Denkweise verfügen, werden später ganz selbstverständlich in eine konstruktive Richtung arbeiten. Vor allem aber sind sie dabei in ihrem Inneren glücklich und zufrieden. Ohne künstlichen Lerndruck fällt auch das unnatürliche, egozentrische Verhalten weg. Weißt du, Mama, in unseren Schulen sitzen weltweit Millionen von Universalgenies, doch niemand bemerkt es.»

In der Gehirnforschung ist bekannt, dass durch das heutige schulische Lernen ausschließlich linkshemisphäre Hirnstrukturen trainiert werden, wodurch einseitig das lineare, analysierende und quantitative Denken gefördert wird. Die vermittelten Wissensinhalte werden hier unreflektiert wie eine Software im Gehirn abgespeichert, häufig sogar unter unzumutbarem Stress. Dadurch wird die rechte Hirnhemisphäre nicht nur vernachlässigt, sondern geradezu gehemmt. Diese rechte Hirnhälfte ist zuständig für das komplexe, bildhafte, emotionale und qualitative Denken. Sie ermöglicht es dem Menschen, komplexe Strukturen und Ganzheiten zu erfassen und einen riesigen Informationsfluss konstruktiv zu verarbeiten.

Nur in synchroner Zusammenarbeit beider Hirnhemisphären können die alten, überholten Denkmuster überwunden werden. Mittlerweile ist bekannt, dass beispielsweise Ausdauersport im aeroben Bereich oder auch Yoga, lichtvolle Musik oder kreatives Gestalten zu einer heilsamen Synchronisierung beider Hirnhemisphären führt. Auch in gewissen therapeutischen Bereichen wird eine gezielte Synchronisierung angestrebt, beispielsweise in der Kinesiologie oder in der Transpersonalen Psychologie.

Die alten Denkmuster und Lehrpläne haben in den vergangenen Jahrzehnten einen ganz bestimmten Typus Mensch hervorgebracht: Menschen, die Unmengen von ungeordneten Informationen abgespeichert haben, über die sie längst die Übersicht verloren haben; Menschen, die krampfhaft versuchen, mit dem einseitig-rationalen Verstand all die vielen persönlichen und kollektiven Großbaustellen der Vergangenheit aufzuräumen, die ihnen genau dieses einseitige Denken eingebrockt hat; Menschen, denen es schwer fällt, über den eigenen Tellerrand hinauszublicken und tief in ihnen eingefleischte Prägungen zu durchschauen und zu überwinden; Menschen, die sich nicht vorstellen können, dass außerhalb ihrer dreidimensionalen Wahrnehmung und jenseits des materialistisch-naturwissenschaftlichen Weltbildes noch Welten und Wesen existieren, die sich in völlig anderen Ebenen der Realität und gemäß ganz anderen Naturgesetzen bewegen.

Die menschliche Gesellschaft scheint sich in diesen zurückliegenden Jahrzehnten global in eine fatale Sackgasse manövriert zu haben, aus der wohl das einzige Entrinnen eine radikale Bewusstseinserweiterung, ein radikales Umdenken und ein radikal anderes Verhalten ist.

Christina ist in dieser Hinsicht sehr klar: «Schau, wohin uns dieses Verständnis von zivilisiertem Leben gebracht hat: Wir stehen in allen Segmenten der Gesellschaft ratlos vor unseren selbst gemachten Scherbenhaufen. Mit dem aktuellen Denken können die globalen Probleme nicht gelöst werden. Es wird Zeit, dass Menschen ans Ruder kommen, die anders denken und die die wahre Natur der Erde und die universalen Zusammenhänge verstehen. Menschen, die das Destruktive in der Gesellschaft erkennen und die konsequent in eine konstruktive Richtung arbeiten. Solange diese neue Generation von Menschen noch Kinder sind, arbeiten sie vielleicht noch im Verborgenen. Aber es ist nur eine Frage der Zeit, bis sie als Erwachsene den radikalen Wandel vollziehen werden.»

Um nicht einfach tatenlos zuzuschauen, können auch wir Erwachsene, als Vertreter der «alten» Generation, schon jetzt unseren Beitrag zu diesem Wandel leisten. Ich bin überzeugt, dass die meisten Eltern statt programmierte Informationsträger lieber authentische und glückliche Kinder haben – Kinder, die harmonisch mit beiden Hirnhemisphären arbeiten; Kinder, die empathisch sind und die soziale Verantwortung übernehmen; Kinder, die aktiv an einer konstruktiven Zukunft des Planeten Erde mitgestalten.

Was also können wir konkret beitragen? Nun, wir können zuallererst damit anfangen, unseren Kindern aufmerksam zuzuhören und sie ernst zu nehmen, vor allem dann, wenn sie uns von Wahrnehmungen und Realitätsebenen erzählen, die wir nicht kennen. Wir können außerdem aufhören zu denken, dass unser eigener Bewusstseinshorizont das Maß aller Dinge sei und dass alles, was wir uns nicht vorstellen können oder was «wissenschaftlich nicht bewiesen» ist, nicht real sei. Und wir können den Bildungspolitikern und den Lehrkräften unserer Kinder zu verstehen geben, dass wir uns in Zukunft Lernsysteme und Schulen wünschen, die sich nicht bloß nach den ökonomischen Erfordernissen der Wirtschaft ausrichten, sondern nach den inneren Grundbedürfnissen unserer Kinder – und zwar auf allen Ebenen: körperlich, geistig und seelisch.

Kinder, die nicht aus ihrer inneren Mitte gefallen sind, erkennen von selbst, worin ihre Lebensaufgaben bestehen, welche Talente und Fähigkeiten sie besitzen und wie sie diese am besten zum Wohle der Gesellschaft einsetzen können. Kinder, denen man den Zugriff auf ihre Seeleninformationen nicht verwehrt, verfügen über ein immenses Potenzial an universellem Wissen und sind imstande, den geistigen Fortschritt der Menschheit nachhaltig in eine positive Richtung zu lenken.

Selbstverständlich dürfen auch in einem optimierten Schulsystem grundlegende Fächer wie Sprachen, Geschichte, Mathematik und Naturwissenschaften nicht fehlen. Wünschenswert wären allerdings zusätzliche Fächer wie Philosophie, Ethik, Meditation und «Höherdimensionales» sowie das Schulen von Selbstverantwortung und eines kritischen Unterscheidungsvermögens. Es geht nicht darum, das bestehende System vollständig über den Haufen zu werfen oder abzuschaffen, sondern darum, ihm eine neue Grundlage und einen tieferen Sinn zu geben. Statt sämtliche Wissensinhalte auf einem bloß dreidimensionalen Weltbild aufzubauen, könnte man sie aus der Perspektive der Multidimensionalität beleuchten und vermitteln. Statt den Menschen bloß als möglichst funktionablen Bioroboter zu behandeln, könnte man jeden Menschen als ein göttliches Lichtwesen erkennen, das aufgefordert ist, auf dem Planeten Erde eine individuelle Aufgabe im Dienste des großen Ganzen zu übernehmen.

Den Kindern, die bereits heute über ein erweitertes Bewusstsein verfügen, widerstrebt es, sich den Wertmaßstäben und Kompetenzanforderungen unseres Systems zu beugen. Sie haben eine natürliche Abneigung gegen künstlichen Druck und Stress und generell gegen negative, manipulative Energien. Sie wissen oder ahnen zumindest, dass ihr Dasein auf der Erde einen höheren Sinn und Zweck hat, und sie sträuben sich innerlich dagegen, wenn man von außen versucht, ihren Lebensweg in eine andere Richtung zu zwingen.

Christina räumt ein, dass das autoritäre, gleichschaltende Schulsystem vielleicht vor 60 Jahren noch knapp angemessen und irgendwie gerechtfertigt war. Denn damals schwangen die meisten Menschen tatsächlich in einem ähnlichen Frequenzbereich des Bewusstseins, so dass man ihnen eine Art Einheitsbrei von Bildung verabreichen konnte. Aber heute seien die Umstände völlig anders. Für die heutigen Kinder mit höheren Bewusstseinsfrequenzen und erweiterten Wahrnehmungen passe das alte Muster in keiner Weise mehr.

Der entscheidende Unterschied besteht gemäß Christina darin, dass die neuen Kinder aufgrund ihrer höheren Schwingung mehrheitlich über ihre Intuition funktionieren. Diese Kinder sind daher im dreidimensionalen Denken erheblich eingeschränkt, so dass sie zuweilen große Mühe damit haben, dreidimensionalen Schulstoff nachzuvollziehen und zu «erlernen». Denn dieser Schulstoff widerspricht schlichtweg sowohl ihrer eigenen Wahrnehmung der Realität und ihren Erfahrungen als auch ihrem ethischen Wertesystem von richtig und falsch.

Diese Kinder der neuen Zeit brauchen, solange sie noch Kinder sind, zwar auch eine äußere Führung und Fürsorge und einen elterlichen Schutz, aber was sie vor allem brauchen, ist echtes Verständnis und Liebe sowie einen Freiraum für ihre eigene Kreativität und individuelle Entwicklung. Sie sollten möglichst häufig im direkten Austausch mit der Natur sein dürfen, mit den Pflanzen und Tieren und Elementarwesen, denn so leben sie im Bewusstsein der Einheitsrealität und erhalten sich die aktive Kommunikation mit den anderen Daseinsbereichen. Durch den Austausch mit der Natur lernen sie zum einen, dass sie sich auf ihre Intuition verlassen können, und zum anderen lernen sie auch, sich mit den aktuell geltenden gesellschaftlichen Strukturen zu arrangieren, ohne dabei den inneren Frieden zu verlieren und asozial oder aggressiv zu werden. Im Gegenteil: Je besser sie die Natur verstehen, desto mehr werden sie auch im Zwischenmenschlichen im Sinne des großen Ganzen handeln. Sie setzen sich dann für ein gemeinsames «Wir» ein und nicht für ein egoistisches «Ich», das rücksichtslos und emotional abgestumpft nur auf den eigenen kleinen Vorteil auf Kosten der Mitgeschöpfe bedacht ist.

Doch statt draußen in der Natur zu sein, verbringen die meisten Kinder heute tagtäglich viele Stunden sitzend in einem Schulzimmer, was für jedes Kind unnatürlich ist. Auf Kommando wird gerechnet, geschrieben, gezeichnet oder eine neue Sprache erlernt. Spontaneität, Kreativität, Humor, freies Denken und freies Entfalten haben hierbei nahezu keinen Platz mehr. Kinder sind ja von Natur aus interessiert und lernbereit, doch idealerweise lernen sie durch eigenes Erfahren – ohne vorgefertigte Konzepte und ohne Leistungsdruck und Kontrolle. Wenn man ihnen den entsprechenden Rahmen bietet, leben sie spielerisch ihre Kreativität und ihre Innovationskraft aus und lernen, wann sie wollen und wie viel sie wollen. Auf diese Weise sind sie glücklich und zufrieden und somit auch körperlich gesund. Solche Kinder werden, jedes in seinem eigenen Tempo, ihren Lebensweg mit Sicherheit finden und gehen – und zwar erfüllter und erfolgreicher, als sie es gemäß dem alten System je tun könnten.

Erfülltheit, Zufriedenheit und Glück wirken sich erwiesenermaßen positiv auf die Gesundheit eines Menschen aus, was in Anbetracht der gegenwärtigen Explosion der Gesundheitskosten durchaus von öffentlichem Interesse sein dürfte. Es kann doch nicht sein, dass die Schule den Kindern vorgefertigte Informationen aufdrückt, die ihnen nicht entsprechen und die sie innerlich disharmonisch und unglücklich machen, während sie dabei verlernen, ihren eigenen Weg zu finden und ihr eigenes Leben zu leben. Es kann doch nicht sein, dass wir ein Schulsystem aufrecht erhalten, das Menschen heranzüchtet, die schon vor ihrem Schulabgang innerlich abstumpfen und einen massiven Identitätsverlust sowie zahlreiche Persönlichkeitsstörungen aufweisen.

Es ist nachgewiesen, dass der Körper beispielsweise beim Pflegen von Tieren gewisse Glückshormone (etwa Oxytocin, das sogenannte «Kuschelhormon») ausschüttet, was jedes Kind und übrigens auch jeder Erwachsene dringend benötigt. Wenn man sich dabei auch noch bewegt, indem man etwa mit dem Hund spazieren geht, dann schüttet der Körper zusätzlich auch wohltuende und heilsame Endorphine aus. Wir können nicht von unseren Kindern erwarten, dass sie mit der Natur, mit den Menschen und mit unserem Planeten sorgsam umgehen, wenn wir ihnen nicht die Möglichkeit bieten, die Natur kennen und verstehen zu lernen.

Insbesondere die Kinder der neuen Zeit brauchen in ihrem Umfeld eine möglichst hohe und reine Schwingungsfrequenz, um erfüllt zu sein und sich zu ihrem vollen Potenzial zu entfalten. Sie brauchen eine neue Form von Liebe und Empathie, welche alle Lebewesen gleichermaßen umfasst – Steine, Pflanzen, Tiere, Naturwesen, Menschen und auch höherdimensionale Lichtwesen. Sie brauchen einen Freiraum für ihre Lebensfreude, für ihre Spontaneität und Kreativität und für ihren freien kommunikativen Austausch mit allen Lebewesen.

Meine eigene Erfahrung mit meinen beiden Kindern, mit denen ich tagtäglich draußen war, hat gezeigt, dass sie zusätzlichen Sport nicht benötigen, wenn ausreichend freie Bewegung in den Alltag integriert ist. Denn trotz durchaus vorhandenen sportlichen Talenten haben sich beide nie für Wettkämpfe begeistern können. Ihr Bedürfnis, sich im sportlichen Wettkampf zu messen und andere zu besiegen, ist dafür schlichtweg nicht ausgeprägt genug. Vielleicht ist auch dies ein natürlicher Wesenszug von höher schwingenden Menschen.

Ich bin jedenfalls sehr dankbar dafür, dass es mir möglich war, meinen Kindern in einem ländlichen, naturverbundenen Rahmen einen optimalen Start in ihre gegenwärtige Inkarnation zu bieten. Es fehlte ihnen an nichts: reichlich Raum für kreatives Werken und Schaffen, ein großer Garten, die Nähe zum Wald, eigene Tiere und als wichtigstes die Freiheit, sich selbst sein und ihr individuelles Wesen entfalten zu dürfen.

Christina schätzt, dass die meisten Kinder, die nach dem Jahre 2000 geboren worden sind, von Natur aus höher schwingen als ihre Eltern. Wir Eltern sind also aufgefordert, an unserer eigenen Selbstwahrnehmung und Demut zu arbeiten und uns darauf einzustellen, dass wir von unseren Kindern in Zukunft noch viel Wichtiges und Richtiges über die Welt, in der wir leben, lernen können.

Bezüglich unseres gegenwärtigen Schulsystems und meiner Generation zeigt Christina dennoch viel Verständnis. Sie sagt: «Als du jung warst, Mama, verfügtest du nicht über die Möglichkeit eines erweiterten Bewusstseins. Du hast jahrelang brav die Schule besucht und dich danach mehr oder weniger unbewusst für einen Beruf entschieden. Du hast dein Leben voll nach der Matrix der gesellschaftlichen Erwartungen und nach dem rationalen Verstand ausgerichtet und danach funktioniert. Du hattest im Grunde ja auch kaum eine andere Wahl. Viele der heutigen Kinder aber verfügen über ein erweitertes Bewusstsein. Sie wissen ganz genau, was ihnen gut tut und was sie lernen wollen, denn sie sind sich ihrer Lebensaufgabe bewusst. Es steckt ein immenses Potenzial in ihnen, das weit mehr als den rationalen Verstand umfasst und das sich entfalten will. Auch ich funktioniere nicht nur über den rationalen Verstand, der maximal 10 % meiner Hirntätigkeit ausmacht.»

Wie zuvor schon bei Thema «Synästhesie», so empfinde ich Ähnliches auch beim aktuellen Thema «Zukünftiges Schulsystem für höher schwingende Kinder». Ich glaube, unsere Gesellschaft ist gerade erst dabei, sich diesen Themen sowie allgemein den Phänomenen der erweiterten Bewusstseinszustände und der multidimensionalen Wahrnehmungen zu öffnen. Es sind erst rund zwanzig Jahre vergangen, seit solche Phänomene ernsthaft wissenschaftlich erforscht werden, und so dürfen wir uns darauf freuen, welche Erkenntnisse in den kommenden Jahren und Jahrzehnten noch zutage gefördert werden. Was Christina betrifft, so erwähnt sie, dass sie sehr gerne an einem Forschungsprojekt «Schulsystem der Zukunft» mitwirken und sich dafür einsetzen würde, denn die Kinder der neuen Zeit sind ihr ein wichtiges Anliegen.

Bei uns in der Schweiz sind, wie anderswo auch, mittlerweile einige vielversprechende Ansätze in diese Richtung zu finden. Der Wunsch nach dem individuellen sogenannten «Homeschooling» wird immer lauter, und es gibt erfreulicherweise bereits etliche alternative Schulprojekte, die auf einem ganzheitlichen Menschen- und Weltbild aufbauen.*

Es wären hier ausreichend Ressourcen vorhanden, um die Schulen an einzelnen Tagen beispielsweise mit Landwirtschaftsbetrieben, Gemeinschaftsgärten, Zoos, Wald-, Berg- oder Wasserprojekten, Handwerkstätten oder auch mit ganzheitlichen Technologie- und Industriebetrieben zu koppeln. Ebenso könnten die Schülerinnen und Schüler konkret ans soziale Miteinander herangeführt werden, beispielsweise durch Mithilfe in Senioren- oder Pflegeheimen oder durch Mitarbeit in gemeinnützigen Gemeindeprojekten. Kreative Entfaltung durch Musik-, Tanz-, Theater- und Kunstprojekte, aber auch Sport, Yoga- und Meditationsformen könnten angeboten werden, so dass jeder Schüler nach seinen eigenen Bedürfnissen frei wählen kann. Auch verschiedene Sprachen sowie Geistes- und Naturwissenschaften könnten auf freiwilliger Basis freudvoll erlernt werden. Vielen Lehrpersonen käme hierbei zunehmend die Funktion eines Projektleiters oder persönlichen Coachs zu. Motivierte Lehrpersonen im Ruhestand oder andere motivierte Senioren könnten die Schulgruppen ehrenamtlich unterstützen und sie an ihren Erfahrungen und Fertigkeiten teilhaben lassen. Und so weiter, und so fort ...

Wenn man bereit ist, das enge Korsett des dreidimensionalen Denkens und des ausschließlich materiell motivierten Handelns abzustreifen und ein erweitertes Welt- und Menschenbild anzunehmen, dann sind der Fantasie und der Innovationskraft nahezu keine Grenzen gesetzt. Nicht nur das Bildungswesen, sondern jeder gesellschaftliche Bereich – Wissenschaft, Politik, Landwirtschaft, Handel, Handwerk, Kunst usw. – könnte entsprechend angepasst und veredelt werden. Denn falls wir tatsächlich in einem multidimensionalen Kosmos leben und falls jeder Mensch tatsächlich ein inkarniertes Lichtwesen ist, das hierher auf die Erde gekommen ist, um eine bestimmte Lebensaufgabe zu er-

---

* Zum Beispiel: glücksschule.ch. Buchtipp: «Glücksschule – Glücklich leben & freudvoll lernen» von Daniel Hess (2014).

füllen, dann weitet sich der Horizont des Möglichen und Sinn-haften um ein Vielfaches.

Wenn es uns gelingt, achtsam und sorgsam mit diesen neuen Generationen von Kindern und Jugendlichen umzugehen und sie nicht in ihrer Selbstentfaltung zu behindern, dann haben wir als Eltern bereits einen wertvollen Beitrag im Dienste des großen Ganzen geleistet. Wenn es uns überdies auch gelingt, unser eige-nes Bewusstsein dem Lichtvollen zu öffnen und es zuzulassen, dass unsere Frequenz sich erhöht und dass unser Horizont sich weitet, dann erst recht. Dann stehen uns allen höchst freudvolle und friedvolle Zeiten bevor.

23

Ernährung

Immer noch Mitte April 2015. Die beiden Kinder begleiten mich zum Einkaufen. Ich lege einen 500g-Becher mit Bio-Naturjoghurt in den Einkaufswagen, aber Christina trägt ihn wortlos zurück ins Regal und bringt einen anderen Becher, allerdings von genau derselben Sorte.

Auf meinen fragenden Blick hin erklärt sie mir: «Dieser Becher hier enthält mehr Energie, deutlich mehr. Das kann ich übrigens bei jedem Nahrungsmittel sehen. Selbst beim Gemüse ist es oft bedenklich, wie wenig Energie da noch drin ist.» Scherzend fährt sie fort: «Es ist ohnehin bemerkenswert, was hier so alles in den Regalen steht, was die Menschen so alles als ‹Nahrungsmittel› in sich hineinstopfen. Der Großteil des Angebots schadet mehr als er nutzt. Vieles sollte eigentlich verboten werden.»

Da kann ich Christina durchaus Recht geben; dazu braucht man kein Studium in Ernährungswissenschaften und auch keine multidimensionale Wahrnehmung. Als Leistungssportlerin und natürlich auch als Mutter ist die Ernährung für mich immer ein wichtiges Thema gewesen, auch schon vor meiner Ausbildung zur Naturheilpraktikerin, bei der die Ernährungsberatung einen wichtigen Bestandteil ausmacht. Ich habe meine Kinder immer mit viel frischem Gemüse und frischen Früchten sowie maßvoll auch mit hochwertigen Ölen versorgt – alles wenn möglich in Bio-Qualität. Kaum je aßen wir Fertigprodukte und nur ganz selten Fleisch und Milchprodukte. Das erforderliche Calcium bekamen die Kinder substituiert.

Was jedoch den genauen feinstofflichen Energieunterschied bei Nahrungsmitteln betrifft, so sind sowohl Mario als auch ich nicht imstande, ihn zu bemessen. Christina aber hat schon als kleines Mädchen des öfteren ihre Kommentare über Speisen oder

Getränke abgegeben. Einmal sagte sie über ein gewisses braunes Erfrischungsgetränk: «Man könnte ebenso gut einen Giftcocktail trinken.» Sie sprach auch schon namentlich die neurotoxischen Substanzen in Cola, Energydrinks und dergleichen an.

Doch nicht nur auf der energetischen Ebene, sondern auch auf der physischen verfügt Christina über eine ausgeprägt sensible und differenzierte Wahrnehmung. So hat sie nicht selten beim Wassertrinken das Wasser wieder ausgespuckt mit der Erklärung, da seien zu viele Hormone, Schmerzmittel oder Ähnliches drin. Mir war es ein Rätsel, wie sie das im Mund zu spüren vermochte, ganz zu schweigen davon, dass sie dabei zuweilen sogar die jeweiligen pharmazeutischen Präparate erwähnte. Oftmals hat sie dann einen Krug Leitungswasser mit einem Heilstein versetzt, der das Wasser reinigt. Heilsteine sind übrigens eines ihrer Hobbys; in ihrer Wahrnehmung besitzt jeder Stein ein spezifisches Bewusstsein mit einer spezifischen Wirkung. Sie ist einerseits froh darüber, dass hier bei uns auf dem Lande dem Leitungswasser zumindest kein Chlor zugefügt wird, zum anderen hält sie die allgemeine Wasserqualität bei uns in der Schweiz, wenngleich sie weit über dem internationalen Durchschnitt liegt, dennoch nicht für optimal.

Christina schätzt, dass je höher ein Mensch schwingt, er umso größere Mühe mit unseren industriell gefertigten Nahrungsmitteln bekundet. Sie selbst könne aus dem Essen oftmals nicht ausreichend Energie aufnehmen und bediene sich darum ergänzend der kosmischen Energie.

Lichtnahrung

Allmählich wird mir klar, warum Christina als Kleinkind jedes Jahr nach den dunklen Wintermonaten im Sommer regelrecht aufblühte: Sie brauchte Licht! Im Rückblick erkenne ich auch, dass sie offenbar schon damals imstande war, sich teilweise von Licht zu ernähren. In ihren ersten sechseinhalb Lebensjahren gestaltete sich ihre körperliche Nahrungsaufnahme ja ausgesprochen kompliziert und auf künstliche Weise über die PEG-Sonde.

Hierbei bestand die Schwierigkeit nicht nur in der Tatsache, dass sie als extreme Frühgeburt zur Welt gekommen war, sondern auch darin, dass ihre Mundmotorik, das heißt ihr Saug- und Schluckreflex, nicht richtig funktionierte. Generell nahm sie als Kind überraschenderweise nie etwas in den Mund, außer vielleicht gelegentlich mal einen Schnuller. Das ganze Thema Ernährung war für Christina also von Anbeginn an eine Herausforderung – fast so, als seien physische Nahrungsmittel für sie etwas Ungewohntes oder gar Unnatürliches.

Auch heute isst das Mädchen nach wie vor nur sehr kleine Mengen. Vor allem im Sommer benötigt sie ausgesprochen wenig Nahrung. Wenn sie am Tag zuvor ausreichend Lichtnahrung zu sich genommen habe, so erklärt sie, dann bemerke sie schon morgens beim Erwachen, dass sie keinen Hunger haben werde und problemlos ohne Frühstück zur Schule gehen könne. Im Winter hingegen sei dies nahezu unmöglich, da in unseren Breitengraden schlichtweg zu wenig Sonneneinstrahlung vorhanden ist.

Dasselbe gilt auch fürs Trinken. Christina verspürt seit jeher kaum ein Durstgefühl, und ihre tägliche Trinkmenge liegt heute bei etwa 2–4 dl. Als Kleinkind kam sie oft mit wenigen Millilitern Flüssigkeit pro Tag aus, hatte aber trotzdem eine normale Ausscheidung. Angeblich gibt es heutzutage überall auf der Welt bereits eine wachsende Anzahl von Menschen, die sich ausschließlich von Licht ernähren und trotzdem kleine Mengen von Urin und Kot ausscheiden. Denn unser Körper produziert normalerweise pro Tag etwa neun Liter Schleim und Verdauungssäfte, und auch wenn ihm keine physische Nahrung zugeführt wird, wird eine entsprechend reduzierte Menge produziert und dann über Niere und Darm ausgeschieden.

Zum Thema Lichtnahrung sagt Christina: «Ob ein Mensch imstande ist, Lichtnahrung aufzunehmen, hängt von seiner spirituellen Entwicklung ab.»

Ich frage mich, ob Christina wohl bereits bei ihrer dramatischen Geburt und in der ersten Zeit danach einzig und allein durch Lichtnahrung hätte überleben können. Auf diese Frage gibt sie mir eine klare Antwort: «Nein, damals wäre das noch nicht möglich gewesen, denn meine Zellstruktur war noch nicht bereit. Vollständig ist Lichtnahrung für mich erst seit dem Jahr 2013 möglich. Aber wie du siehst, passe ich mich auch in dieser Hinsicht der dritten Dichte an.

Es ist ja generell so, dass ich mein Bewusstsein und meine Schwingungsfrequenz ständig nach unten anzupassen habe, damit ich hier in unserer Gesellschaft überhaupt existieren kann. Vielleicht zu 95 % des Tages halte ich daher lediglich meine sieben Haupt-Chakras aktiviert. Doch je weniger Chakras aktiv sind, desto weniger kann ich mich von Licht ernähren und bin somit auch auf Festnahrung angewiesen. Und wenn ich schon esse, dann genieße ich dieses Essen auch. Dieses ständige Korrigieren nach unten behindert allerdings meine eigene Seelenentwicklung, der ich mich dann eben außerhalb der Schulzeit widme, vor allem nachts. Schon im Kindergarten und in der Grundschule mussten wir jeweils auf Kommando unsere Pausenbrote essen, und wir mussten auch im Schulunterricht kochen und essen. So habe ich mich äußerlich angepasst und mitgespielt. Ich gehe davon aus, dass es später, wenn ich nicht mehr zur Schule gehen werde, für mich einfacher wird.»

Immer mehr wird mir bewusst, wie herausfordernd und einengend es für meine Tochter wohl ist, sich beständig an unsere dreidimensionale Dichte anzupassen und unsere menschlichen Gewohnheiten mitzuspielen. Zu meiner Beruhigung sagt sie dazu: «Kein Problem, Mama, ich habe mich ja selber dafür entschieden.»

Was mich betrifft, so wäre ich ehrlich gesagt froh darüber, wenn wir alle uns von Licht ernähren könnten. Zum einen würde es mir als Mutter das mühsame Einkaufen und Kochen ersparen, so dass wir diese Zeit sinnvoller nutzen könnten. Und zum anderen würden die Menschen auch nicht mehr krank werden durch all die industriellen Nahrungsmittel, die wir tagtäglich in uns hineinstopfen. Zivilisationskrankheiten wie Übergewicht, Essstörungen aller Art, Diabetes, Zahnschäden, Lebensmittelallergien und dergleichen wären kein Thema mehr. Abgesehen davon ist Licht eine Energie, die uns die Sonne gütigerweise kostenlos zur Verfügung stellt.

Christina schwärmt ebenfalls angesichts dieser Aussicht: «Stell dir vor, du bräuchtest dann keine Küche mehr, keine Töpfe, kein Geschirr und kein Besteck, keinen Kühlschrank und auch keinen Gefrierschrank im Keller mehr. Die Abfallberge würden sich weltweit drastisch verkleinern, genauso wie auch ein Großteil des Verkehrs nicht mehr nötig wäre für den Transport der Nahrungsmittel. Zudem fiele auch der ganze riesige Energieverbrauch für die Nahrungszubereitung weg.»

Wie soll man sich ernähren?

Solange es allerdings noch nicht soweit ist, dass ein Großteil der Bevölkerung sich von Licht ernähren kann, stellt sich für jeden Menschen die Frage, wie und wovon er sich am besten ernähren sollte.

Wir wollen mit diesem Buch keine neue «Ernährungsreligion» begründen und verzichten daher darauf, diesbezüglich allgemein verbindliche Leitlinien oder gar Vorschriften zu formulieren. Denn wie man sich ernährt, dies hängt – wie alles andere auch – in erster Linie vom individuellen Bewusstseinsgrad und von der Bewusstseinsausrichtung ab. Allgemein lässt sich lediglich sagen, dass die gesamte Lebensweise und damit auch die Ernährung eines Menschen möglichst *bewusst* und möglichst *authentisch* sein sollte, damit er in innerer Balance ist und sich weiterentwickeln kann. Was jedoch im einzelnen für ihn authentisch und stimmig ist, das spürt jeder Mensch selber, wenn er sich bemüht, auf seine innere Stimme zu hören.

Bewusstere Menschen verzichten heute immer mehr auf den Konsum von Fleisch und von tierischen Produkten, da auch Tiere eine Seele haben. Dies ist gewiss eine erfreuliche Entwicklung. Genau wie viele andere hochsensible Menschen, so spürt auch Christina im Fleisch die Emotionen und das Leiden des getöteten Tieres. Sie ergänzt dazu, dass nicht nur Tiere, sondern auch Pflanzen und sogar andere Festkörper wie etwa ein Wasserhahn oder eine Kaffeemaschine ein gewisses Maß an Bewusstsein aufweisen, mit dem man in Kommunikation treten könne.

Sie erzählt: «Einmal konnte ich in der Kochschule die Peperoni nicht zerschneiden, da sie geschrien hat, sie wolle nicht zerschnitten werden. Ein andermal wollte ein Salatkopf nicht klein gehackt in einer Schüssel landen.»

Wir machen ein Experiment mit einem ganzen Apfel, der laut Christina noch mit vollem Bewusstsein ausgestattet ist. Nachdem ich ihn halbiert habe, sind bereits 90 % seines Bewusstseins verschwunden, und nachdem der Apfel in acht Stücke zerteilt ist, ist er laut Christina leblos und ohne Bewusstsein. Daher sind beispielsweise auch Fertigprodukte oder Flocken leblos.

Christina erklärt: «Bei mir ist es so: Sobald das Essen auf dem Teller ist, höre ich keine Kommentare von Nahrungsmitteln mehr, da diese zu diesem Zeitpunkt meist zerschnitten und gekocht sind. Warum genau ich sie dann nicht mehr verstehe, kann ich nicht sagen. Vielleicht käme es mir sonst vor, als würde ich lebendige Lebewesen essen. Beim Einkaufen allerdings ist diese Wahrnehmung durchaus nützlich.»

Hier liegt auch die Erklärung dafür, warum Christina in ihren ersten sechseinhalb Lebensjahren nie etwas in den Mund nahm, weder Nahrungsmittel noch andere Objekte: In ihrer Wahrnehmung waren alles lebendige Wesen. In diesem Zusammenhang erwähnt sie, dass ihre Seele bis ins Jahr 2007 ohnehin noch nicht richtig in ihrem Körper angekommen war und dass ihr Körper sich damals aus diesem Grunde nur schwer an das materielle Essen gewöhnen konnte. Denn in den höherdimensionalen Sphären ernährte sie sich ausschließlich von Licht.

Christina gibt noch ein paar weitere Hinweise für eine sinnvolle irdische Ernährung: «Je mehr ein Lebensmittel verarbeitet und erhitzt worden ist, je mehr Zusatzstoffe drin sind und je länger es gelagert wurde, desto mehr schwindet seine Qualität. Es wäre daher ratsam und gesund, möglichst pflanzliche und biologisch angebaute Nahrungsmittel möglichst frisch zu verzehren. Also möglichst wenig oder gar keine Fleischprodukte, und auch Milchprodukte nur mäßig.»

Sie erklärt zudem den Zusammenhang der unterschiedlichen Nahrungsmittel mit den Chakras des menschlichen Körpers. So werde etwa das Wurzelchakra insbesondere durch Nahrungsmittel aktiviert, die den Körper erden und ihm Kraft geben. (Beispielsweise Kohlrabi, Kartoffeln und Karotten wirken erdend; Bohnen, Nüsse und Sojaprodukte wirken stabilisierend; Sonnenblumenkerne, Pinienkerne und hochwertige Öle wie Olivenöl oder Rapsöl wirken kräftigend.)

Das Sakralchakra wird aktiviert durch Nahrungsmittel, die den Körper reinigen und den Flüssigkeitshaushalt harmonisieren. (Beispielsweise Äpfel, Melonen, Orangen und Erdbeeren wirken reinigend; Spinat, Gurken und Tomaten entwässern den Körper.)

Das Solarplexuschakra wird aktiviert durch Nahrungsmittel, die den Körper wärmen (z.B. Mais, Dinkel, Fenchel, getrocknete Kräuter, Zimt und generell Gewürze).

Das Herzchakra wird aktiviert durch Nahrungsmittel, die mit Liebe zubereitet worden sind. (Rote Äpfel und Lotussamen gelten dabei als besonders herzöffnend.)

Das Halschakra wird aktiviert durch Nahrungsmittel, die dem Körper Leichtigkeit verleihen (z.B. Fruchtsäfte, Honig oder Hagebutte).

Das Stirnchakra wird aktiviert durch Fasten.

Und das Kronenchakra schließlich wird gemäß dieser Einteilung aktiviert durch kleine Portionen solcher Nahrungsmittel, die den Körper und das Bewusstsein nicht belasten (also vegane Nahrungsmittel wie Obst und Gemüse sowie Säfte und natürlich Wasser).

Diese Thesen kann ich aus der Sicht der Pflanzenheilkunde und der Humoralmedizin durchaus unterstützen. Dort herrscht die Ansicht vor, dass auch Nahrungsmittel entsprechend der Lehre von den vier Elementen im Körper unterschiedliche Wirkungen entfalten. Doch wie bereits erwähnt, steht es nicht in unserer Absicht, anderen Menschen Ernährungsvorschriften zu machen. Wer ausreichend feinfühlig und ehrlich mit sich selbst ist, wird sicherlich erkennen, mit welcher Ernährungsform er sich am besten innerlich weiterentwickeln kann. Was uns betrifft, so ziehen wir eine vegetarisch-vegane Art der Ernährung vor.

24

Heilung

Mitte Mai 2015. Ich werde per Telefon von einer Frau kontaktiert, die über Umwege von Christinas Begabungen erfahren hat und mir die tragische Krankengeschichte ihrer Tochter anvertraut. Ich bin erstaunt über die Offenheit dieser Mutter und erkenne auch den Ernst der Erkrankung.* Später an diesem Tag schildere ich die Situation Christina, ohne dabei das tatsächliche Ausmaß des Leidens oder die Hintergründe der Erkrankung zu erwähnen. Meiner Meinung nach würde Christina dieses Krankheitsbild ohnehin nicht einzuordnen wissen, geschweige denn etwas Konkretes für das Mädchen tun können.

Umso überraschter bin ich, dass Christina unaufgefordert eine ziemlich präzise Diagnose erstellt. Nachdenklich sagt sie: «Das Problem bei diesem Mädchen liegt in der Mentalebene. Dort sehe ich eine Verklumpung, auch wenn das Mädchen jetzt nicht hier in meiner Nähe ist. In dieser Mentalschicht sitzen für gewöhnlich Suchterkrankungen. Du weißt ja, was Süchte sind, Mama. Das Problem hier ist genau in derselben Ebene angesiedelt, etwa so, als wenn jemand drogenabhängig oder magersüchtig ist.»

Einmal mehr wundere ich mich, erstens wie die Vierzehnjährige eine Ferndiagnose über 100 km Entfernung formulieren kann und zweitens warum sie sich überhaupt mit Suchtproblematiken auskennt. Denn bisher haben wir nie über Suchtthemen gesprochen. Und doch hat sie ganz genau erkannt, worin das eigentliche Problem jenes Mädchens besteht, obwohl ich ihre tatsächlich vorhandene Suchterkrankung absichtlich unerwähnt gelassen habe.

---

* Aus Gründen des Persönlichkeitsschutzes werden wir hier keine Einzelheiten bekannt geben und auch einige brisante Fakten weglassen.

Ich gehe davon aus, dass Christina angesichts der Schwere der vorliegenden Erkrankung nicht viel unternehmen kann. Dennoch fühle ich mich verpflichtet, der ausdrücklichen Bitte der verzweifelten Mutter nachzukommen und Christina in deren Namen zu fragen: «Meinst du, du könntest dem Mädchen ein wenig Licht schicken?»

Es fühlt sich ungewohnt und irgendwie seltsam an, dass ich als Mutter meiner Tochter eine solche Bitte vortrage. Doch ihre Antwort lässt meine Zweifel umgehend verstummen.

Ruhig und sachlich erklärt sie: «Mama, wenn ich diesem Mädchen jetzt einfach Licht schicke, dann würde ich damit die ganze Abwärtsspirale noch unterstützen. Um ihr zu helfen, sollte ich mir schon etwas anderes einfallen lassen. Es ist mir nicht erlaubt, ohne das Wissen der betreffenden Person oder gar gegen ihren Willen einzugreifen. Jeder Mensch hat seinen freien Willen, und in diesen freien Willen dürfen wir uns nicht ungebeten einmischen. Das ist ein Gesetz, welches ich nicht brechen werde. Dieses Mädchen ist noch ein unschuldiges Kind, aber irgendwie ist sie von ihrem Seelenweg abgekommen. Keine Sorge, es wird mir schon etwas einfallen, wie ich ihr helfen kann.»

Einige Tage später kommt Christina aufgeregt zu mir und berichtet: «Mama, seit heute hat Elena ein Mädchen bei sich. So etwas ist in den ganzen vierzehn Jahren bisher noch nicht vorgekommen. Das ist so süß! Elena hält an ihrem herzigen Händchen ein Mädchen. Was hat das wohl zu bedeuten?»

Christina beschreibt mir das feinstofflich sichtbare Mädchen an der Hand ihrer verstorbenen Zwillingsschwester, und nach entsprechender Rücksprache stellen wir fest, dass es sich tatsächlich um das erkrankte Mädchen handelt, dessen Mutter Christina um Hilfe gebeten hat.

Ich bin zugleich überrascht und erleichtert. Denn Christina erkennt hier ein deutliches Zeichen dafür, dass das Mädchen nun aus eigenem Willen ihre Hilfe aufsucht – ein klarer, aber auch ein sehr schwieriger Auftrag. Ich kann mir nicht vorstellen, was Christina in Anbetracht des Ausmaßes der Erkrankung nun tun wird, denn ich weiß sehr wohl, dass solche Patienten unbedingt in stationäre Behandlung gehören.

In den nächsten Tagen ist es unübersehbar, wie sehr sich Christina mit dem erkrankten Mädchen befasst, wobei sie ihren Schulalltag mit dem ganzen Drum und Dran wie gewohnt in bester Laune erledigt. Allerdings erkundigt sie sich täglich danach, ob die Mutter des Mädchens wieder angerufen habe. Ich antworte jedes Mal, es sei gewiss besser, die Mutter jetzt nicht zu bedrängen; sie werde sich schon melden, wenn sie es für richtig erachte.

Nach rund zwei Wochen kommt eines Vormittags endlich der erlösende Anruf. Bis zu diesem Zeitpunkt habe ich die ganze Geschichte schon beinahe vergessen. Zudem hatte ich ohnehin keine Erwartungen, dass Christina in dieser äußerst schwierigen Situation irgendetwas bewirken könne. Doch bei diesem Telefonat mit der Mutter des Mädchens läuft es mir jetzt kalt den Rücken hinunter. Denn es ist schier unfassbar, was die Mutter mir schildert.

Dankbar und fast ehrfürchtig berichtet mir die Mutter, dass sich der Gesundheitszustand ihrer Tochter aus unerklärlichen Gründen derart stark verbessert habe, dass das Mädchen mittlerweile wieder als gesund erklärt wurde. Die zahlreichen komplizierten Problematiken seien allesamt auf mysteriöse Weise verschwunden. Die Mutter ist überzeugt davon, dass Christina diese wundersame Heilung bewirkt hat, und sie weiß kaum, wie sie sich bedanken soll. Auch ich bin fassungslos und den Tränen nahe. Wir vereinbaren Stillschweigen darüber.

An diesem Tag warte ich mit großer Spannung darauf, dass Christina von der Schule nach Hause kommt und ich ihr erzählen kann, was sich zugetragen hat. Als sie endlich eintrifft, erwähne ich zunächst noch nichts vom Anruf der Mutter, sondern stelle ihr erst die Frage: «Sag mal, Christina, führt Elena eigentlich noch immer dieses Mädchen an der Hand?»

Christina schaut mich erstaunt an und erwidert fröhlich, als sei es eine völlige Nebensache: «Ach ja, stimmt, Mama. Das habe ich ganz vergessen, dir zu sagen. Elena ist seit etwa drei Tagen wieder alleine unterwegs, das Mädchen ist verschwunden. Als sich das Mädchen von uns verabschiedet hat, zeigte ihr Lächeln deutlich, dass sie nun wieder gesund ist.»

Abermals bekomme ich am ganzen Körper eine Gänsehaut und bin völlig sprachlos. Christina weiß also bereits seit Tagen, dass das Mädchen geheilt ist, hat es aber nicht für wichtig genug befunden, es mir mitzuteilen! Bei Christinas riesigem Realitätshorizont scheint vieles tatsächlich nur eine nicht sonderlich erwähnenswerte Nebensache zu sein.

Ich erzähle, dass heute die Mutter des Mädchens angerufen und die Heilung bestätigt habe, und ich richte Christina den innigen Dank der Mutter aus.

Christina ihrerseits erklärt: «Weißt du, Mama, ich habe hierbei etwas Wichtiges gelernt: Bis anhin konnte ich meine blaue, irdische Heilenergie, die übrigens hinter meinem Magen in Form von Energiekugeln lagert, stets problemlos zum Heilen benutzen. In diesem Fall aber war die gesamte Heilenergie bereits nach einem halben Tag aufgebraucht. Wegen der großen Distanz ging rund die Hälfte der Heilenergie unterwegs verloren, was ohnehin einen unsinnigen Verschleiß dieser wertvollen Energie darstellt. So habe ich herausgefunden, wie ich über meinen Lichtstrahl eine andere Energie, nämlich kosmische Heilenergie, beziehen kann. Diese ist um einiges energetischer als die blaue irdische Heilenergie. Mit dieser viel stärkeren Energie vermochte ich auch die Distanz problemlos zu überwinden. Es wäre allerdings schon einfacher gewesen, wenn das Mädchen direkt hier bei uns gestanden hätte. Aber das war in diesem Fall ja nicht möglich.

Mama, das Beeindruckende für mich persönlich ist: Diese kosmische Energie steht mir offenbar nun grenzenlos zur Verfügung, ohne dass ich dabei geschwächt oder überfordert werde. Aber es war keine leichte Aufgabe, die Energie genau am richtigen Ort zu platzieren. Denn mit dieser hohen Energie muss sehr, sehr bedacht und verantwortungsvoll umgegangen werden. Darum wird diese kosmische Energie auch nur jemandem anvertraut, der ausreichend hoch schwingt und somit auch über das erforderliche Wissen und das erforderliche Verantwortungsbewusstsein verfügt.»

Noch einmal bin ich sprachlos, denn mit diesen Ausführungen hat Christina die Heilung nicht nur bestätigt, sondern auch erklärt. Doch damit nicht genug. Mit leiser Stimme fügt sie noch an: «Mama, in diesem Fall hätte die Schulmedizin tatsächlich keine Chance gehabt.»

Diese wundersame Begebenheit ist für mich schwer zu verdauen. Erst nach etlichen weiteren Telefonaten mit dieser fremden Mutter wird mir allmählich klar, dass ihr Mädchen tatsächlich wieder vollständig gesund ist, was für ihr gesamtes Umfeld ein riesengroßes Rätsel darstellt.

«Ich werde keine Heilerin sein.»

Ein paar Tage später, nachdem ich das Geschehen dieser wundersamen Heilung allmählich verarbeitet habe, mache ich Christina darauf aufmerksam, dass diese nun zur Verfügung stehende kosmische Heilenergie auch ihre beruflichen Perspektiven erweitern könne. Sie weiß sofort, worauf ich hinaus will, und erwidert klar und unmissverständlich: «Vergiss es, Mama. Ich werde bestimmt keine Heilerin sein, und ich möchte auch nie mit diesem Begriff bezeichnet werden.»

«Warum denn nicht? Du könntest doch so viel Gutes tun für die Menschen.»

Christinas Antwort könnte deutlicher nicht sein: *«Ich bin nicht auf dieser Welt, um Wunder zu vollbringen. Ich möchte den Frieden und das göttliche Bewusstsein in jeden einzelnen Menschen zurückbringen. Dann werden die Menschen erkennen, dass sie sich selbst heilen können.»*

Ich verstehe. Und natürlich kann ich meiner Tochter in diesem Punkt auch aus meiner alternativmedizinischen Sicht beipflichten. Es ist bekannt, dass in jedem Menschen irgendwo das Potenzial zur Selbstheilung schlummert.

Christina ergänzt: «Die Selbstheilungskräfte zeigen sich nach und nach im Zuge der individuellen Bewusstseinserweiterung. Je höher die persönliche Schwingungsfrequenz eines Menschen ist, desto mehr werden seine Selbstheilungskräfte aktiviert. Entscheidend ist dabei das Herzchakra, genauer gesagt die bedingungslose Liebe. Wenn sich diese Liebe zu entfalten beginnt, also etwa ab einer Bewusstseinsfrequenz von 500 LOC, dann kann sich auch die Selbstheilung manifestieren.»

Ich erkenne einmal mehr, wie ausbaufähig unser heutiges Medizinsystem noch ist. Es gibt so viele verschiedene Erkrankungen und so viele verschiedene Spezialisten, die nach bestem Wissen versuchen, wirksame Heilmethoden und Heilmittel für alle diese unzähligen Erkrankungen zu finden. Dabei wäre es im Grunde viel einfacher: Die meisten Patienten benötigten in erster Linie einen befähigten Lebenslehrer, eine Art Bewusstseins-Coach, der imstande ist, ihnen die größeren Zusammenhänge aufzuzeigen. Sie benötigten jemanden, der in sich selbst die Harmonie und das innere Heilsein gefunden hat und der aufgrund dieser Qualifikation imstande ist, auch ihnen einen individuellen Weg aufzuzeigen, wie sie in sich Harmonie und Heilsein erwecken können. Dies geschieht hauptsächlich dadurch, dass wir uns zunächst über unsere belastenden Muster und Prägungen bewusst werden und dass wir uns dann in Selbstverantwortung mit ihnen aussöhnen und sie schließlich zum Positiven hin transformieren.

Da mich die Thematik des Heilens auch berufsbedingt sehr interessiert, bitte ich Christina um weitere Ausführungen.

Sie erklärt: «Wenn sich jemand nicht aus eigener Kraft heilen kann, sondern sich von einem energetischen Heiler helfen lässt, dann hängt der Heilerfolg hauptsächlich vom Energiepotenzial des Heilers ab.

Ich unterscheide zwei unterschiedliche Heilenergien. Die erste ist die irdische Heilenergie, die ich bei mir auch als die blaue Energie bezeichne. Diese irdische Energie wird von den Selbstheilungskräften des Heilers produziert. Er kann die Energie bewusst abrufen und auch kleinere Energiereserven herstellen. Wenn die Reserven aufgebraucht sind, benötigt die Energie eine gewisse Zeit, um wieder erneuert zu werden. Wenn der Heiler seinem Patienten mehr Heilenergie zur Verfügung stellt als bei ihm selber vorhanden ist, dann reduzieren sich seine eigenen Selbstheilungskräfte. Im extremsten Falle könnte dies bis zum Tod des Heilers führen. Es ist daher sehr wichtig, dass der Heiler seine eigenen Grenzen kennt und einhält. Hinsichtlich dieser

200

irdischen Heilenergie sind die Heilkräfte also je nach Heiler ganz unterschiedlich hoch. Einfach ausgedrückt: Je höher die persönliche Bewusstseinsschwingung des Heilers, desto höher ist auch seine Heilkraft.»

«Und worin genau besteht der Unterschied zur zweiten Heilenergie?», will ich wissen.

«Die zweite Energie ist die kosmische Heilenergie, die ich für mich auch als die goldene Energie bezeichne. Wie ich schon sagte, kann diese von einem Menschen erst ab einem gewissen Bewusstseinsgrad genutzt werden, vermutlich dann, wenn er ein geöffnetes Kronenchakra hat und in einem Frequenzbereich von mindestens 600 LOC schwingt. Diese goldene kosmische Energie ist unerschöpflich, und da sie auch immens hochenergetisch ist, erfordert es ein entsprechend hohes Bewusstsein und eine hohe ethische Verantwortung, um angemessen damit umzugehen. Bei mir ist es so, dass diese kosmische Energie mithilfe meines Lichtstrahls durch meinen Körper kanalisiert wird. Dies geschieht immer nur bewusst, niemals unbewusst. Die beiden Energien unterscheiden sich in ihrer Wirksamkeit deutlich voneinander. Die kosmische Energie ist rund zehnmal effizienter als die irdische. Ungeachtet dieses Unterschiedes jedoch gelten für mich und für alle, die mit solchen Heilenergien arbeiten, in jedem Fall dieselben ethischen Grundsätze.»

Zwei ethische Grundsätze für Heiler

Natürlich bin ich neugierig zu erfahren, was das für ethische Grundsätze sind, die für alle Heiler verbindlich sein sollten.

Christina antwortet: «Der erste Grundsatz lautet: *Es darf keine Heilung ohne das Wissen des betreffenden Individuums oder gegen seinen Willen erfolgen.* Jeder Mensch verfügt über das Geschenk des freien Willens, und so kann nur er selber darüber entscheiden, ob bei ihm eine Heilung stattfinden soll oder nicht. Der freie Wille jedes Individuums muss unter allen Umständen – nicht nur beim Heilen – stets respektiert werden. Das ist ein göttliches Gesetz, und jeder, der auf der Seite des Guten und

Göttlichen mitwirken möchte, ist aufgefordert, sich an dieses Gesetz zu halten.

Der zweite ethische Grundsatz für Heiler lautet: *Es darf keine Heilung gegen den Seelenplan des betreffenden Menschen erfolgen.* Das heißt: Wenn jemand erkrankt und wenn dieses Kranksein auf seinem Seelenplan steht, dann ist es wichtig, dass dieser Mensch die entsprechende Lernerfahrung auch macht, da er selbst es so gewählt hat. Für mich ist es anhand der jeweiligen Seelenstruktur erkennbar, ob eine bestimmte Erkrankung im Seelenplan eines Menschen steht oder nicht.

Nicht alle Erkrankungen, unter denen Menschen leiden, sind im Seelenplan vorgesehen, und nicht alle haben einen seelischen Ursprung. Oft sind Erkrankungen auch Hinweise oder Warnzeichen, damit der betreffende Mensch in seinem Leben aufmerksamer wird, seine Lernaufgaben erkennt und bereit wird, seine Lebensführung entsprechend seinem Seelenplan zu ändern. Gerade in unserer Zeit geschieht dies ziemlich oft, denn alles ist immer in Bewegung: der Kosmos, unser Planet Erde, die Vegetation und auch wir Menschen. Die Menschen aber tun sich mit Veränderungen bekanntermaßen unterschiedlich schwer. Da unsere Gegenwart einem außergewöhnlich schnellen Wandlungsprozess unterliegt, ist es heutzutage besonders wichtig, nicht in alten Denkschemen zu verharren. Wenn man in veralteten Denk- und Handlungsmustern stecken bleibt, reagiert der Körper mit Unwohlsein und Erkrankungen, um den Menschen wachzurütteln. Statt überholten Glaubenssätzen und festgefahrenen Prägungen zu folgen, sollten die Menschen sich lieber auf die eigene Intuition verlassen.»

Allmählich gewöhne ich mich daran, dass meine vierzehnjährige, zierliche Tochter beinahe täglich solche Vorträge über Bewusstseinsfrequenzen, über kosmische Energien und über göttliche Gesetze hält, als sei dies das Selbstverständlichste auf der Welt. Ich hinterfrage nicht mehr, woher um Himmels willen sie all dieses unfassbare Wissen hat. Es scheint mir völlig zwecklos, dass ich mir darüber den Kopf zerbreche. Viel lieber konzentriere ich mich darauf, ihr aufmerksam zuzuhören und von ihr zu lernen.

Christina referiert munter weiter: «Was mich betrifft, so verlasse ich mich immer auf meine multidimensionale Wahrnehmung, denn diese ist viel präziser als etwa eine ärztlich gestellte Diagnose aus der dreidimensionalen Sicht. Denn ich sehe das Problem, ich höre das Problem, ich fühle das Problem, und ich erhalte in dem Moment auch zusätzliches Wissen darüber. Diese Funktion kann ich dir nicht erklären, denn dafür gibt es keine Wörter in der menschlichen Sprache. Man kann es nur selbst erfahren. So jedenfalls ist meine persönliche, unerklärliche eigene Wahrnehmung.»

«Magst du trotzdem versuchen, mir noch etwas mehr davon zu erzählen?», ermutige ich sie.

Sie fährt fort: «Weißt du, Mama, ich werde immer mal wieder gebeten, andere Menschen in ihren Heilungsprozessen zu unterstützen. Ob es wirklich erforderlich ist, dass ich mich einschalte, erkenne ich an verschiedenen Situationen: Manchmal macht Elena mich darauf aufmerksam, wie erst kürzlich bei dem erkrankten Mädchen. Meistens aber treffe ich jemanden per ‹Zufall›, und wir kommen ins Gespräch. Oder aber die Geistführer einer Person bitten mich um Hilfe. Es gibt auch höhere Lichtwesen aus weiteren Ebenen, die mir manchmal einen Auftrag zuführen. Was ich jedoch nicht mache, ist, dass ich ungefragt einfach jeden Menschen, den ich sehe, automatisch ‹durchscanne›. Denn das würde den individuellen Persönlichkeitsschutz verletzen. Auch dies ist für mich ein sehr wichtiges Gesetz im Umgang mit meinen Begabungen. Diese Begabungen bringen eine große Verantwortung mit sich.»

Das Heilwesen der Zukunft

Fasziniert lausche ich Christinas Ausführungen. Ich selbst habe mich bislang noch kaum mit rein energetischen Heilmethoden befasst. Als angehende Naturheilpraktikerin mit Schwerpunkt «Traditionelle Europäische Naturheilkunde» arbeite ich vor allem alternativmedizinisch sowie komplementärtherapeutisch. Aber ich kann mir gut vorstellen, dass es in Zukunft auch Heiler geben wird, die ohne herkömmliche medizinische Ausbildung auskommen, da sie bereits von Natur aus über eine entsprechend hohe persönliche Schwingung verfügen. Wer weiß, wie viele dieser Heiler bereits mitten unter uns sind, aber noch nicht erkannt wurden, da sie derzeit noch Kinder sind?

Der Weg, den ich in meiner ersten Ausbildung gegangen bin und den ich derzeit gerade wieder gehe, muss ja nicht zwingend der einzig richtige sein. Manchmal frage ich mich schon, warum ich jahrelang in mühseliger Arbeit ein alternativmedizinisches und naturheilkundliches Studium absolviere, nur um irgendwelche Zusammenhänge zwischen Körper, Geist und Seele zu verstehen, während meine kleine Tochter ohne Anstrengung über ihre multidimensionale Sicht deutlich tiefere Einsichten offenbart bekommt. Und sie bekommt nicht nur Einsicht in die größeren Zusammenhänge von Erkrankungen, sondern obendrein auch gleich noch die erforderlichen Heilkräfte mitgeliefert! Als ich sie darauf anspreche, betont sie einmal mehr, dass jeder Mensch zu solcher Wahrnehmung und zu solchen Kräften imstande ist, sofern es ihm gelingt, sein Bewusstsein entsprechend zu erweitern und seine Frequenz zu erhöhen. Diese Aussicht stimmt mich hoffnungsfroh, und ich freue mich darauf, dass der gegenwärtige evolutionäre Wandel bald schon auch immer mehr Heiler hervorbringen wird, die mit dem Göttlichen und Heilsamen in direkter Verbindung stehen.

Hinweise auf diesen Wandel gibt es, wenn man danach Ausschau hält, bereits eine ganze Menge: seriöse Therapeuten im Bereich der sogenannten «Informationsmedizin» oder der «Quantenmedizin»* sowie auch Kinder mit einem erweiterten Bewusstsein, die ihre Begabungen zum Heilen einsetzen und die beispielsweise allein mit Worten zu heilen befähigt sind. Solche Phänomene werden sich in Zukunft immer mehr häufen und die dreidimensionale Wissenschaft und das materialistische Denken wohl vor große Rätsel stellen.

---

* Die sog. «Quantenheilung», die über das Bewusstsein funktioniert, ist vom energetischen Heilen zu unterscheiden. Wir werden später noch ausführlicher auf dieses Thema eingehen.

Christina meint dazu: «In den zukünftigen Generationen wird die Kraft des Bewusstseins zunehmend die bis anhin rein körperlichen Kräfte und Talente ablösen. Viele Kinder befinden sich schon heute auf einer energetisch höher schwingenden Ebene. Und es werden immer mehr dazukommen.»

Laufsport und Yoga

Für heute ist nun aber genug geredet, und ich habe wieder ganz viele neue und schöne Eindrücke zu verdauen. Am besten gelingt mir dies beim Laufen.

Auch ohne Wettkampfziele liebe ich es noch immer, mich zu jeder Jahreszeit fast täglich in der freien Natur zu bewegen. Der Laufsport bietet mir einen willkommenen Ausgleich und ist für mich die natürlichste und effizienteste Sportart, um sowohl physisch als auch psychisch leistungsfähig zu bleiben. Denn unabhängig von Tageszeit, Wetter, Jahreszeit, Lokalität, Infrastruktur und Geldbeutel ist es immer und überall möglich, zu laufen – egal, in welchem Tempo oder mit welcher Intensität. Es gibt Untersuchungen, wonach der menschliche Körper sowohl beim Jogging als auch beim Yoga ausgleichende Glückshormone ausschüttet, und zumindest was das Jogging betrifft, kann ich dies aus eigener Erfahrung bestätigen.

Für Menschen, die in ihrem Berufsleben bereits körperlich stark beansprucht sind, mag das ruhige und bewegungsarme Yoga womöglich besser geeignet sein. Für Menschen aber, die in ihrem Alltag körperlich kaum oder gar nicht gefordert sind, stellt das Laufen in freier Natur mit Sicherheit eine hocheffiziente Bewegungsform dar, die gleich mehrere gesundheitsfördernde Aspekte beinhaltet: regelmäßige tiefe Atmung, Stärkung des Herz-Kreislaufsystems, Entsäuerung durch Abatmung von CO_2, Entgiftung durch Schwitzen, Gelenk- und Knochenstärkung durch mechanische Reize auf die Gelenke, psychische Ausgeglichenheit durch Synchronisierung der beiden Hirnhemisphären, «Lichtkonsum», Auseinandersetzung mit sich selbst und dem eigenen Körper, höhere Lebensqualität, usw.

Der Aufwärtstrend in der Breitensportart Jogging nimmt seit den 1960er-Jahren weiter ungebremst zu, wobei natürlich mehrheitlich der gesundheitsfördernde Aspekt im Vordergrund steht, nicht die sportliche Leistung oder der Effekt auf das Bewusstsein. Wissenschaftlichen Studien zufolge aber wirkt sich regelmäßiger Ausdauersport im aeroben Bereich auch nachweislich fördernd auf die Intelligenz und auf die geistige Wachheit eines Menschen aus. Man könnte daher sagen: Ohne sich vielleicht wirklich darüber bewusst zu sein, streben weltweit unzählige Menschen seit Jahrzehnten nicht nur im Bereich von Yoga und Meditation, sondern auch durch Jogging und andere Ausdauersportarten eine Bewusstseinserweiterung an. Beim Dauerlaufen ist man völlig sich selber ausgesetzt und mit den eigenen Gedanken- und Gefühlswelten konfrontiert. Durch die Synchronisierung beider Hirnhemisphären ist dabei nicht nur einseitig die linke, rationale Hirnhälfte aktiv, sondern auch die rechte, kreative. Wie erwähnt, findet derselbe Effekt auch beim Yoga und bei anderen Methoden statt, die ebenfalls ein Synchronisieren beider Hemisphären erzielen.

Der Maßstab, ob man beim Yoga oder beim Sport die richtige persönliche Intensität gefunden hat, ist denkbar einfach: Wenn eine Endorphinausschüttung stattfindet, wenn also das subjektive Lebensgefühl nach dem Sport oder nach dem Yoga besser ist als vorher, dann hat man alles richtig gemacht. Für Menschen, die körperlich generell unterfordert sind, mögen gelegentlich auch Sportarten mit einzelnen Adrenalin-Kicks im anaeroben Bereich positiv sein, solange man es nicht übertreibt. Und ganz wichtig ist anschließend auch die entsprechende Regeneration, die nochmals viel zur körperlichen und mentalen Gesundheit beiträgt. Also: Bitte keinen Stress nach dem Sport!

25

Liebe

Unser Alltagsgespräch fällt heute unter anderem auf den Begriff «Liebe», und es beginnt ein eindrucksvoller und aufschlussreicher Austausch über Christinas Auffassung dessen, was man «Liebe» nennt.

Die Vierzehnjährige fragt mich kurzerhand: «Mama, was bedeutet für dich Liebe?»

Ich versuche ihr zu erklären, dass man zunächst verschiedene Formen der Liebe unterscheiden könne, wie zum Beispiel Selbstliebe, Freundesliebe, Elternliebe oder partnerschaftliche Liebe. Für mich persönlich sei es grundsätzlich wichtig, die Menschen so zu akzeptieren, wie sie sind und wie sie sich in ihrer jeweiligen Lebenssituation präsentieren. Alle Menschen wirklich zu *lieben,* dies übersteige wohl meine Kraft. Akzeptanz und Respekt stelle für mich jedoch schon mal einen guten Ansatz dar.

Die Antwort meiner Tochter beeindruckt mich einmal mehr: «Das ist genau das, was meine Religionslehrerin auch erzählt hat. Unsere Sprache ist schon seltsam. Wir verfügen auf dieser Welt zwar über einen Begriff wie ‹Liebe› und verwenden ihn auch die ganze Zeit über, doch viele Menschen wissen gar nicht richtig, was Liebe ist. Und dann sind sie auch noch fähig, diesen Begriff zu unterteilen und zu schubladisieren!

In meiner Auffassung gibt es nur eine einzige Liebe. Liebe ist Liebe, und sie ist grenzenlos, bedingungslos, ohne Ende und ohne Unterscheidung. Liebe ist das, was im Universum unbegrenzt vorhanden ist, eine Ursubstanz, die die Basis von allem ist, was ist.

Seltsam unnatürlich erscheint mir die Tatsache, dass die Menschen bestimmte Menschen angeblich lieben, handkehrum aber andere Menschen missachten oder gar hassen. Das ist doch ein

Ding der Unmöglichkeit! Denn echte Liebe beinhaltet nichts anderes als Liebe. Wie soll man gleichzeitig lieben und hassen können?»

Da Christina über ihr Bewusstsein stets mit höheren göttlichen Dimensionen verbunden ist, erlebt sie diese unendliche, allumfassende Liebe permanent und wohl um einiges ausgeprägter als wir – so sehr, dass es gemäß ihren eigenen Angaben unaussprechlich ist. Sie erklärt: «Je dichter die Sphären sind, desto weniger stark kommen Liebe, Weisheit, Frieden und Harmonie zum Ausdruck. Für die Menschen in dieser dritten Dichte scheint die Liebe nur ein klitzeklein wenig vorhanden zu sein. Bereits in der fünften Dichte aber ist alles erfüllt von Liebe.»

Erneut realisiere ich, dass mein menschlicher Verstand nicht in der Lage ist, die Bereiche der höheren kosmischen Sphären zu verstehen oder gar zu beschreiben, da ich sie ja noch nicht bewusst erleben durfte. Was hingegen unsere irdische Sphäre betrifft, so scheint mir das Wort «Liebe» tatsächlich allzu oft missbraucht zu werden. Wie stark dieser Eindruck wohl für diejenigen ist, die bewusst mit den höheren Lichtwelten verbunden sind, kann ich nur erahnen. Offenbar wird die unendliche Liebe in den überirdischen Bereichen unterschiedlich intensiv wahrgenommen. Je weiter das Bewusstsein in lichtere, weniger dichte Ebenen vordringt, desto intensiver wird die Erfahrung von Liebe. Wie könnte man dies mit dem dreidimensionalen menschlichen Verstand in Worte fassen?

Christina führt weiter aus: «Ich liebe alles genau gleich, jedes Lebewesen, einfach alles, was da ist. Dies umfasst nicht nur die Menschen, sondern auch die Erde, die Tiere, die Pflanzen und die Steine. Und ich liebe sie alle nicht nur dann, wenn ich sie gerade sehe oder berühre. Ich liebe sie eigentlich immer.»

Sie lacht bei dieser Aussage, da sie weiß, dass es für mich ziemlich sonderbar klingt. Doch ihr Leben hat diese liebevolle Grundhaltung stets gezeigt: Sie liebt tatsächlich Steine genauso wie Menschen oder Tiere oder wie unseren Planeten selbst. Wie ich schon mehrfach beobachtet habe, verfügt Christina durchaus auch über die jeweiligen Kommunikationsmittel, um sich mit den unterschiedlichen Lebewesen auszutauschen, da aus ihrer

Sicht alles beseelt und belebt und in Kommunikation miteinander ist. So habe ich immer wieder erlebt, dass das Mädchen Steine streichelte, mit ihren zarten Händen über Pflanzen fuhr und auch mir oft auf eine äußerst liebevolle Art und Weise mittels subtilen Berührungen diese umfassende Liebe vermittelte.

In diesem Zusammenhang erinnere ich mich auch an eine Aussage Christinas aus früher Kindheit: «Ich werde ganz bestimmt nie heiraten!»

Heute begründet die Vierzehnjährige ihre damalige Aussage so: «Wir sind nicht dafür geboren worden, unsere Liebe auf bloß einen einzigen Partner oder auf ein paar Kinder zu reduzieren. Das fühlt sich für mich irgendwie unnatürlich an. Und schon gar nicht kann der Begriff ‹Liebe› auf eine ausschließlich materielle, körperliche Ebene bezogen werden. Ich liebe alle und jeden in gleichem Maße. Für mich gibt es nur diese eine, alles umfassende und bedingungslose Liebe.»

Partnerschaft und Familie schließt das Mädchen allerdings inzwischen nicht mehr gänzlich aus, auch wenn es für sie unter den derzeitigen gesellschaftlichen Umständen schwer vorstellbar ist. Aber es sind ja bereits viele junge Menschen inkarniert, die ein erweitertes Bewusstsein haben und die auf einem ähnlichen Weg wie Christina sind. Wer also vermag schon zu sagen, was die Zukunft noch alles für sie bereithalten wird?

In diesem Zusammenhang wird mir nun auch klar, warum Christina nicht gerne Liebesromane liest und sich auch nicht gerne Liebesfilme anschaut. In ihrer Wahrnehmung und Erfahrung ist die wahre Liebe weit umfassender, tiefer und unverwundbarer als sie dort für gewöhnlich dargestellt wird.

Und da wir schon einmal dabei sind, spreche ich gleich noch ein weiteres Thema an, das mich im Zuge des Nachdenkens über Christinas bald bevorstehende Berufswahl beschäftigt: «Christina, könntest du dir vorstellen, später als Nonne in einem Kloster zu leben?»

Auch hinsichtlich dieser Frage herrscht bei ihr völlige Klarheit: «Nein, Mama, ganz bestimmt nicht. Vielleicht ist klösterliche Abgeschiedenheit, in welcher Form auch immer, für einige Menschen nach wie vor der richtige Weg zu einem erweiterten

Bewusstsein und zum Göttlichen. Frühere Generationen benötigten für diesen Weg tatsächlich viel Ruhe oder jahrelanges Meditieren. Für die heutigen Kinder stellt dies jedoch kein Problem dar, denn sie schwingen bereits von Natur aus deutlich höher. Auch ich brauche mit meiner Wahrnehmung nicht abgeschieden von den anderen Menschen zu leben. Das dürfte wohl kaum der Sinn dieser Evolution sein.»

Wieder kann ich sie bestens verstehen. Wie immer auch ihre Zukunft aussehen wird, Christina wird wohl stets in irgendeiner Weise «ganzheitlich» arbeiten, nicht nur auf einem einzelnen, isolierten Gebiet und schon gar nicht in Abgeschiedenheit von den Menschen.

26

Weitere Begabungen offenbaren sich

Röntgenblick

Immer noch Mitte Mai 2015. Heute Abend findet in der Schule eine Aufführung von Marios Klasse statt. Die Halle ist rappelvoll, und Christina sitzt in vollständiger Gelassenheit zusammen mit mir und einigen Bekannten an einem Tisch. Sie fühlt sich mittlerweile unter vielen Menschen sichtlich wohler als noch in früheren Jahren. Heute weiß ich, dass sie schon damals als Kleinkind sämtliche Energiefelder der anwesenden Menschen spürte, aber noch nicht vollständig gelernt hatte, sich davor zu schützen und damit umzugehen.

Hierzu hat sie mir neulich erklärt: «Erst etwa im Alter von elf Jahren habe ich eine energetische Ebene erreicht, auf der die zahlreichen äußeren Fremdenergien keinen Einfluss mehr auf mein persönliches Energieniveau haben. Daher ist es mir inzwischen möglich, einen völlig neutralen Umgang mit allen Lebewesen aus jeglichen Sphären zu pflegen. Dies erforderte jedoch einen Lernprozess meinerseits.»

Während wir bei der Aufführung zusehen und zuhören, wie Mario mit den anderen Kindern auf der Bühne singt, schmunzelt Christina immer wieder. Ich kann allerdings nicht erkennen, weshalb. Plötzlich wendet sie sich zu mir und flüstert in mein Ohr: «Frau Ochsner[*] ist auch hier.»

Frau Ochsner ist eine ihrer Lehrerinnen, die ich aber bisher noch nie persönlich getroffen habe. Daher frage ich: «Ach wirk-

---

[*] Name geändert.

lich? Wo sitzt sie denn?» Christina weist auf die Wand hinter mir. Dort stehen drei Frauen, allesamt mir unbekannt. Ich frage Christina, welche von ihnen Frau Ochsner sei. Die Schülerin schmunzelt und flüstert, da die Vorführung auf der Bühne immer noch läuft: «Du kannst sie nicht sehen, Mama. Frau Ochsner ist hinter dieser Wand in der Küche am Hantieren.»

Kurz darauf endet die Vorführung von Marios Klasse, und ich hätte nun natürlich gerne den Beweis dafür, dass sich diese Frau Ochsner tatsächlich in der Küche hinter der Wand befindet. Christina zerrt mich auf den Flur, von dem aus eine Türe in die Schulküche führt. Und siehe da: Frau Ochsner steht tatsächlich leibhaftig in der Küche und arbeitet.

Christina hat also mal wieder durch die Wand hindurch gesehen. Für sie ist dies inzwischen nichts Besonderes mehr, aber für mich sind solche Phänomene noch immer ziemlich gewöhnungsbedürftig. Doch wenngleich sie diese vielen wunderlichen Begabungen hat, fühle ich mich im Alltag nie von ihr in unangenehmer Weise beobachtet, durchschaut oder kontrolliert. Im Gegenteil, sie versprüht stets eine außergewöhnlich friedliche Energie.

Wir setzen uns nochmals zurück an den Tisch und warten, bis Mario zu uns kommt. Da meint eine ältere Dame wohlwollend zu mir: «Es ist schon unglaublich, wie Christina sich entwickelt hat nach alledem, was sie als Kind durchgemacht hat. Es ist für mich jedes Mal eine wahre Freude, wenn ich sie so sehe mit ihrem Lachen.»

Der Zeitpunkt für diese Aussage hätte nicht vortrefflicher gewählt sein können. Gerade hat Christina mit ihrem Röntgenblick durch eine Wand hindurch geschaut. Im ersten Moment muss nun auch ich ein wenig schmunzeln und bestätige der Dame, wie dankbar wir alle für die wirklich erfreuliche Entwicklung von Christina sind. Ich unterlasse es, ihr zu sagen, *wie sehr* sich das Mädchen entwickelt und welch außergewöhnliche Begabungen sie mittlerweile entfaltet hat. Die Zeit wird es ohnehin früh genug offenbaren.

Feinstofflichkeit

Anfang Juni 2015. Eine neue Herausforderung manifestiert sich. Offensichtlich bekundet Christina in letzter Zeit einige Mühe mit ihrer eigenen Körperstruktur. Sie kippt zwischen dem unsichtbaren Feinstofflichen und dem sichtbaren Grobstofflich-Physischen.

Es passierte heute im Handarbeitsunterricht: Christina war es unmöglich, den Schalter an der Nähmaschine zu betätigen. Ihre Hand war derart feinstofflich, dass sie buchstäblich durch die Nähmaschine hindurch griff. Eine ihrer Schulkolleginnen konnte ihr glücklicherweise dann bei diesem Manöver helfen. Derzeit muss sich die Vierzehnjährige nach eigenen Aussagen ohnehin ständig zusammenreißen, um nicht einfach durch eine geschlossene Türe zu marschieren, ohne diese zuvor zu öffnen.

Christina hat nun also die Fähigkeit, ihre Körperstruktur so zu verändern, dass sie Materie durchbrechen kann. Während sie davon berichtet, wird es selbst mir allmählich unheimlich. Mario verlangt von seiner Schwester eine Demonstration ihrer neuen Begabung. Aber Christina bleibt standhaft und geht nicht auf diese Forderung ein.

Sie kommentiert: «Wenn ich meine Begabungen missbrauche, wie beispielsweise zu Demonstrationszwecken, dann werden sie mir entzogen. So einfach ist das. Es gibt auch für mich klare Regeln: Missbrauch in Gedanken, mit Worten oder durch Taten wird ohne Vorwarnung umgehend mit einem persönlichen Energieverlust geahndet, der meiner Entwicklung schadet und zur Folge haben könnte, dass mir bestimmte Begabungen wieder entzogen werden. Ich werde also sehr entschlossen sein, diese Regeln einzuhalten. Denn schließlich brauche ich meine Begabungen, um meinen Lebensplan zu erfüllen.»

Bisher hat sie es jedes Mal konsequent abgelehnt, wenn jemand sie gebeten hat, eine Kostprobe ihrer Begabungen zu geben oder ein spektakuläres «Kunststück» vorzuführen. Durch ihre heutige Begründung wird mir nun auch klar, warum. Sie hat es schlichtweg nicht nötig, irgendwelche Demonstrationen zu machen oder «Beweise» für ihre Begabungen zu erbringen. Immer wieder betont sie, dass diese Phänomene bloße Nebenerscheinungen ihres wahren Seins seien und einzig dazu dienten, später ihre Aufgaben zu erfüllen.

Mario ist mittlerweile nicht mehr über jeden einzelnen Entwicklungsschritt seiner Schwester orientiert, und das ist für den Moment auch gut so. Die Leidenschaft des Elfeinhalbjährigen ist die Welt der Motoren und der Räder. Hier lebt er seine unbändige Energie und Kreativität aus. Wie bereits erwähnt, ergänzten sich die beiden Geschwister seit jeher: Christina ist die Denkerin und Mario der Praktiker. Mario hat die Fähigkeit, eins zu eins umzusetzen, was er an Mechanik und Technik sieht. Er verfügte schon sehr früh über eigene Ideen und setzte diese auch ohne fremde Hilfe auf höchst kunstfertige Art und Weise in die Tat um. Er ist in der dreidimensionalen Welt alles andere als unbeholfen. Mit etwa acht Jahren brauchte er zum Beispiel für eines seiner Projekte Räder. So stellte er kurzerhand und ohne mein Wissen an den Straßenrand vor unserem Haus eine Tafel mit der Aufschrift: «Ich suche Räder! Mario». Daraufhin brachten ihm etliche Nachbarn gerne, was er sich wünschte. Er weiß sich in jeder Situation selbständig zu helfen.

Seine Motoren pflegt und reinigt der Junge vorbildlich. Vor einiger Zeit bekam er von seinem Vater eine richtige Motormähmaschine geschenkt, um das Gras unseres kleinen Landstückes zu schneiden, auf dem hauptsächlich die Alpakas weiden. Schon einen halben Tag später war diese Maschine zu meinem großen Entsetzen in viele Einzelteile zerlegt. Mario putzte sämtliche Teile fein säuberlich und setzte sie anschließend ohne Bauplan und ohne fremde Hilfe wieder exakt zusammen. (Wochen später sollte von diesem Motormäher der Mähbalken demontiert und das Ganze zu einem Gefährt mit einem angebauten Sitz umgestaltet werden. Im Herbst würde an diese Mähmaschine ein selbst gebauter Schneepflug mit Drehlicht montiert werden, mit dem Mario bereits am frühen Morgen ohne Aufforderung die Einfahrten der Nachbarhäuser von Schnee befreien würde.) Auch Mario ist sichtlich voller Energie, aber ganz anders als Christina. Wir sind gespannt, wohin sein Lebensweg ihn wohl führen wird und welche Begabungen sich bei ihm wohl noch entfalten werden.

«So etwas wie ein Engel»

Christina erzählt von einigen weiteren kleinen Begebenheiten aus ihrem Schulalltag. So geselle sich neuerdings ein Bursche aus der dritten Oberstufe täglich zu ihr, der dafür bekannt sei, dass er sämtliche Mädchen herumkommandiere. Zu ihr sei er jedoch ausgesprochen nett und sehr offen. Er sage Dinge wie: «Nicht wahr, du kommst gar nicht von hier? Du musst wohl so etwas wie ein Engel sein.»

Dieser Oberstufenschüler meine dies völlig ernst und ohne Spott oder Ironie. Wie es scheint, kann er Christinas Aura sehen, ihr spezielles Licht.

«Was hast du ihm geantwortet?», frage ich sie.

«Nichts. Was sollte ich ihm denn darauf antworten? Immer wieder kommt es vor, dass irgendwelche Leute auf mich zukommen und solche Sachen zu mir sagen – neulich beispielsweise an der Postautohaltestelle, oder ein andermal in einem Laden. Darunter sind auch Menschen, die ich gar nicht kenne. Jemand meinte mal zu mir: ‹Lass dich bloß nicht von deinem Weg abbringen.› Als kleines Mädchen habe ich das manchmal als derart sonderbar empfunden, dass ich versucht habe, die Personen zu verfolgen.»

Einmal sei sogar ihre Religionslehrerin nach der Schulstunde auf sie zugekommen und habe ihr eingeschärft, sie solle ihre persönlichen Ansichten auf alle Fälle beibehalten, auch wenn sie damit gelegentlich auf Unverständnis stoße. Denn nur wer nicht im Strom mitschwimme, werde tatsächlich auf diesem Planeten etwas bewegen können. Diese Aussage sei für Christina total unerwartet gewesen. Denn Christina hatte genau diese Religionslehrerin schon das eine oder andere Mal mit ihren weiterführenden Ansichten zu gewissen Bibeltexten konfrontiert und sie dadurch sprachlos bis bleich gemacht. Christina sagt, sie sei mit einigen Hintergründen der biblischen Geschichten vertraut, die im Laufe der Zeit verloren gegangen seien oder absichtlich verschwiegen wurden. Diese seien naturgemäß weder beweisbar noch widerlegbar, weshalb es keinen Sinn ergebe, darüber zu diskutieren.

Ein anderes Mal habe sich in der Schule eine Mitschülerin beim Lehrer erkundigt, ob er persönlich daran glaube, dass jemand mit Pflanzen sprechen könne. Der Lehrer habe dies verneint, woraufhin Christina dazugekommen sei und ihm ausführlich darlegte, dass dies sehr wohl möglich sei, und zwar ganz einfach über die telepathischen Kanäle. Dem Lehrer seien die Worte weg geblieben, erzählt Christina, denn er habe sie überhaupt noch nie so referieren gehört.

«Mehr als nur Sauerstoff»

Jeden Freitagabend besucht Christina das Mädchenturnen. An diesem Abend im Juni 2015 standen die leichtathletischen Disziplinen auf dem Programm, und die Leiterin hatte sich etwas Besonderes einfallen lassen: Jede Disziplin musste einmal sehend und anschließend ein zweites Mal mit verbundenen Augen absolviert werden.

Nach ihrer Rückkehr erzählt Christina, dass der Ballwurf ja bekanntlich nicht gerade zu ihren Stärken zähle und immer ein Desaster sei. Mit viel Humor nimmt sie sich selbst auf die Schippe und berichtet, wie katastrophal schlecht ihre Wurftechnik heute gewesen sei: «Heute flog der Ball zunächst bloß 12 m weit. Danach, mit verbundenen Augen, immerhin 20 m. Aber Mama, das ist doch nicht logisch, nicht mal für mich! Auch im Schnelllauf und im Weitsprung war ich deutlich besser mit verbundenen Augen. Es fühlte sich irgendwie einfacher an als mit offenen Augen.»

Wir wissen ja mittlerweile, dass das Mädchen im Dunkeln zu sehen vermag. Aber warum sie mit verbundenen Augen gewisse körperliche Koordinationen besser ausführen kann, bleibt uns vorerst noch ein Rätsel.

Immer wieder auffällig ist auch ihre Atmung. In der Schule wunderten sich beim 12-Minuten-Lauf die Mitschüler und die Lehrer stets, wie Christina mühelos ihre Runden drehte, ohne je außer Atem zu kommen. Man erklärte es sich damit, dass sie wahrscheinlich von ihrer erfolgreichen Mama das Lauftalent vererbt bekommen habe. Ich für meinen Teil vermute, dass es dafür noch andere Gründe gibt. Denn auch in der Familie habe ich das Mädchen noch nie atemlos gesehen. Schon als kleines Kind, etwa bei Bergwanderungen oder ganz einfach beim Herumrennen zu Hause, lief sie stets ohne tiefere Atmung. Sogar ihr Bruder Mario, der körperlich um einiges robuster und fitter als sie und ein Bewegungsnaturell ist, kommt im Vergleich zu ihr schnell außer Atem. So erkundige ich mich, ob sie sich das erklären könne.

Christina ist um eine Antwort nicht verlegen: «Das liegt wahrscheinlich daran, dass mein Körper mehr als nur Sauerstoff verwerten kann.»

Zeichen der neuen Zeit

Schaut man sich im Fernsehen die Sendungen für Jugendliche an, dann fällt auf, dass es seit einiger Zeit bei vielen von ihnen in der einen oder anderen Form um «Zauberei» und «Hexerei» geht. Es scheint derzeit ein allgemeiner Trend zu sein, dass solche Themen vermehrt das Interesse der jungen Generation finden, was ja auch durchaus erfreulich ist. Im Grunde gehe es dabei, analysiert Christina, um den Einsatz erweiterter geistiger Begabungen: Laserblicke, Telekinese, Teleportation und dergleichen mehr. Aus ihrer Sicht wird dabei allerdings manches nicht richtig dargestellt, und außerdem hält sie prinzipiell nichts davon, dass man solche Begabungen für irgendwelche unbedeutende Alltagsdinge einsetzt.

Doch nicht nur im Fernsehen, sondern überhaupt in allen Medien finden sich, wenn man darauf achtet, immer häufiger Hinweise darauf, dass wir uns tatsächlich in einer spannenden Phase der globalen Horizonterweiterung befinden. Wie Christina immer wieder betont, hat die neue Zeit im Verborgenen längst begonnen, und überall auf der Erde sind Anzeichen dafür zu finden.

In der Tageszeitung lese ich Mitte Juni 2015 beispielsweise, dass bei uns im Kanton St. Gallen von 2014 zu 2015 die Jugendkriminalität wiederum um 17% zurückgegangen sei, was als sehr bemerkenswert gilt. Insgesamt haben sich seit dem Jahr 2010 die Gewaltverbrechen der unter 20-Jährigen (außer im Straßenverkehr) um satte 50% reduziert, Tendenz weiter abnehmend. Ich erkenne an diesen Statistiken ein deutliches Indiz dafür, dass eine neue Generation von Jugendlichen angekommen ist, welche die negativen und destruktiven Muster nicht mehr erträgt und andere, friedlichere Lebensformen anbietet. Dies wird auch durch Christinas Aussage bestätigt, wonach die meisten Kinder, die nach dem Jahre 2000 geboren worden sind, generell höher schwingen.

Die Vertreter des St. Galler Justizdepartements zeigen sich gemäß Zeitungsartikel hoch erfreut über diese Entwicklung, können sich die Zahlen aber nicht wirklich erklären. Man würde angesichts des vielen Leids und der vielen Missstände auf unserem Planeten eher erwarten, dass die Menschen immer wütender und immer gewalttätiger werden, wofür es mit Sicherheit auch Anzeichen und Statistiken gibt. Doch es gibt eben auch die entsprechende Gegenbewegung, und auf der Grundlage von Christinas Einschätzung wird diese friedvolle Gegenbewegung in den kommenden Jahren immer mehr an Gewicht gewinnen und die Waage in die andere Richtung kippen lassen. Die zukünftigen Generationen von Kindern und Jugendlichen werden nochmals deutlich höher schwingen und weitere geistige Begabungen mitbringen, um die kollektive und globale Bewusstseinserweiterung zu unterstützen.

Genau in diesem Bereich sieht Christina auch ihre persönliche Berufung. Sie ist sich über ihr Potenzial durchaus bewusst, und sie weiß auch, dass es noch weiter zunehmen wird.

Sie sagt: *«Ich bin hier, um die Menschen dabei zu unterstützen, ein erweitertes Bewusstsein zu erlangen. Mit ihrem erweiterten Horizont könnten die Menschen selber einsehen, was heutzutage nicht richtig läuft auf diesem Planeten. Dann könnten sie in jedem Lebensbereich neue Lösungen und Perspektiven entwickeln, die langfristig erfolgreich sein werden. Doch die Menschen haben den freien Willen. Es liegt allein in ihrer Entscheidung.»*

Obschon die Berufung Christinas und ihre zukünftigen Lebensaufgaben sich im Großen schon jetzt deutlich abzeichnen, bleibt es für mich als Mutter vorerst noch ein Fragezeichen, welchen konkreten beruflichen Weg das Mädchen in zwei Jahren, wenn sie die Schule beendet, einschlagen soll. Ich bin jedoch zuversichtlich, dass sich die entsprechenden Weichen rechtzeitig stellen werden. In den letzten sechs Monaten hat sich bereits so vieles in unserem Leben verändert – wer also kann schon sagen, wo wir in einem halben oder in einem ganzen Jahr stehen werden?

Wenn mich diese vergangenen sechs Monate eines gelehrt haben, dann ist es dieses: Es ergibt keinen Sinn, das eigene Leben im Detail durchplanen zu wollen, denn es hält für jeden von uns ohnehin immer reichlich Überraschungen bereit. Unsere Zeit des Wandels ist zu schnelllebig, und die bevorstehenden Herausforderungen und Umwälzungen sind zu groß, als dass wir erwarten könnten, dass alles in ruhigen, planbaren, überschaubaren Bahnen verlaufen wird. Hilfreich ist angesichts dieser Evolution ein gesundes Maß an Flexibilität und vor allem ein tiefes Urvertrauen, dass alles einen Sinn hat und dass sich letzten Endes alles zum Guten entwickeln wird.

27

Christinas Lichtsäule

Mitte Juni 2015. Nach wie vor ein Rätsel für uns ist Christinas Lichtsäule – dieser feinstoffliche Lichtstrahl, der von ihrem Schädeldach aus himmelwärts ins Universum hinaufstrahlt und der nur für Hellsichtige erkennbar ist. Diesen weißen Strahl besitzt sie seit ihrer Geburt, wovon ich freilich jahrelang keinen Schimmer hatte, da ich bis heute noch nicht imstande bin, feinstoffliche Energien wahrzunehmen.

Seit dem Ereignis mit der rätselhaften Truhe im April hat sich Christinas Lichtsäule energetisch verstärkt. Mittlerweile gibt es bereits eine beachtliche Anzahl von Kindern und Erwachsenen, die Christina in ihrem Licht und ihrer Aura erkennen. Elena hingegen ist für die allermeisten Menschen unsichtbar, und zwar erstens ihrer hohen Frequenz wegen und zweitens, weil sie selbst zu entscheiden scheint, für wen sie sichtbar ist und für wen nicht.

Als ich heute die beiden Kinder wie gewohnt zu Bett bringe, ist es wie jeden Abend: Zuerst setze ich mich einen Moment an Marios Bett, und wir lassen gemeinsam den Tag Revue passieren und besprechen das Wichtigste für den kommenden Tag. Marios Zimmer gleicht einem «Maschinenraum»: Die Wände sind voller Bilder von Motoren und Landwirtschaftsfahrzeugen, und auch auf den Regalen und am Boden stehen allerlei Maschinen und technische Geräte. Hauptsache, sie haben Räder.

Anschließend begebe ich mich hinüber in Christinas Zimmer, das eher einer Bibliothek gleicht. Auch heute schmunzle ich darüber und finde es großartig, dass beide Kinder offensichtlich ihre Begeisterung und ihre Berufung schon gefunden haben. An diesem Abend spricht mich Christina auf ihren Lichtstrahl an, über den sie offenbar gerade nachgesonnen hat.

Sie sagt leise und gedankenversunken: «Mama, eigentlich ist es schon seltsam: Für jeden, der die Aura eines Menschen sehen und hohe Frequenzen wahrnehmen kann, bin ich wie eine wandelnde Lichtsäule. Sogar wenn jemand in einem Flugzeug Tausende von Metern über mir fliegt, kann er diese Lichtsäule sehen. Wirklich seltsam …»

Ich versuche, die Situation zu relativieren, und stelle einen Vergleich an: «Schau, Christina, auch physisch können wir anhand der körperlichen Merkmale einen anderen Menschen erkennen und einordnen. Wir können erkennen, ob er männlich oder weiblich ist, aus welcher Kultur er kommt, wie alt er ungefähr ist, was für einen Körpermasseindex er hat usw. Dies ist nicht zu vermeiden und auch überhaupt nicht schlimm. Und genauso hast du eben zusätzlich diese feinstoffliche Eigenschaft deiner Lichtsäule, die für manche Menschen erkennbar ist. Auch daran ist nichts Schlechtes. Im Gegenteil, es ist deine ganz persönliche Signatur. Es zeigt, wer du bist – nämlich ein Mensch wie wir alle und doch ein wenig anders.

Die heutige Zeit braucht solche wunderbaren Menschen wie dich, die befähigt sind, die Entwicklung der Menschheit ins Positive zu unterstützen. Zwar sind alle Menschen gleichwertig, egal wie sie grobstofflich und feinstofflich aussehen, doch ihre Begabungen und ihre Aufgaben sind sehr individuell. Bei dir ist es gewiss so, dass diese Lichtsäule in irgendeiner Weise zu deiner Lebensaufgabe dazugehören wird. So wie bei mir mein sportliches Talent im Laufen zu meinem Leben dazugehört. So sind die Menschen nun einmal alle verschieden. Entscheidend ist nur, seine eigenen Begabungen dankbar zu erkennen und sie dann konstruktiv zu entwickeln und zu nutzen. Die Zeit wird zeigen, wie genau du diese wunderliche Lichtsäule im Erfüllen deiner Lebensaufgabe wirst einsetzen können.»

Christina bleibt nachdenklich. Ich habe den Eindruck, als würde ihr erst jetzt in diesem Augenblick so richtig bewusst, welch besondere Lebensaufgabe wohl mit ihrer Lichtsäule verbunden sein wird. Denn selbst unter den medial begabten und energetisch höher schwingenden Menschen ist es durchaus nichts Gewöhnliches, dass jemand bereits mit einem solchen Lichtstrahl geboren wird. Christina spürt, dass mit diesem außergewöhnlichen Geschenk eine große Verpflichtung und Verantwortung einhergeht. Welche Funktion die Lichtsäule im Erfüllen ihrer Lebensaufgabe haben wird, bleibt vorerst noch verhüllt.

Dasselbe gilt auch für die genaue Herkunft Christinas. Schon mehrfach habe ich sie ermuntert, sie möge doch Elena nach ihrer Herkunft befragen, doch bislang erhält Christina keine Antwort auf diese Frage. Wie es aussieht, ist der richtige Zeitpunkt dafür noch nicht gekommen. Noch liegt der Schleier des Vergessens über dieser Information.

Als ich später an diesem Abend alleine in meinem Bett liege, stellt sich für mich einmal mehr die wiederkehrende, grundsätzliche Frage, was das alles letzten Endes zu bedeuten hat. Seit Christinas Geburt und durch ihre gesamte Kindheit hindurch gab es immer wieder sonderbare Begebenheiten und wunderliche Zeichen. Ich spüre deutlich, dass dies noch längst nicht alles war und dass noch sehr viel Neues auf mich und uns alle zukommen wird. Manchmal habe ich den Eindruck, als würde Christina mich in voller Absicht behutsam und nur portionenweise mit kleinen Häppchen ihres Wissens und ihrer Wahrnehmung versorgen – mit immer genau der Menge, die ich gerade verkraften und verdauen kann.

In mir wächst der Wunsch, mein Bewusstsein und meine jetzigen Grenzen so sehr zu erweitern, dass auch ich imstande sein werde, dereinst in die höherdimensionalen Sphären einzutreten und mich mit jenen höherdimensionalen Lichtwesen und Realitäten auszutauschen, die für meine Tochter eine natürliche Selbstverständlichkeit sind. Es mag für mich vielleicht noch ein langer, schwieriger Weg sein, bis ich dorthin gelange, aber dann wiederum: Wofür sonst lohnt es sich zu leben?

28

Das Phantom des Todes

Immer noch Mitte Juni 2015. Bereits zwei Tage später werden die Themen erneut ziemlich anspruchsvoll für mich. Seit Monaten führen Christina und ich viele, viele Gespräche über die unterschiedlichsten Themengebiete.* In dieser ganzen Zeit habe ich es irgendwie nicht für sonderbar gehalten oder es hinterfragt, dass ich ihre Mama bin und Mario ihr Bruder. Doch allmählich beschleicht mich die Neugier, was wohl hinter dieser Tatsache steckt.

Christina spürt dies und thematisiert meine Gedanken, bevor ich sie aussprechen kann: «Mama, weißt du, die meisten Kinder suchen sich ihre Eltern bewusst aus, bevor sie sich bei ihnen inkarnieren. Auch ich durfte mir meine Eltern aussuchen. Es ist also kein Zufall, dass gerade du meine Mutter bist und gerade Elena und Mario meine Geschwister. Auch ihr habt es so gewählt. Für mich war allerdings die Auswahl sehr klein: Ich hatte zwei verschiedene Optionen für meine Eltern, und ich habe mich für euch entschieden.»

Diese überraschenden Worte Christinas berühren und bewe-

---

* Das, was im vorliegenden ersten Band erwähnt wird, ist bei weitem nicht alles. Unsere zahlreichen Gespräche in den Jahren 2015, 2016 und 2017 handeln auch von wissenschaftlichen und philosophischen Themen wie etwa:
Aufbau des feinstofflichen Körpers, die Chakras und ihre Bedeutung, DNA und Zellbewusstsein, Quantenheilung, Technologie und künstliche Intelligenz, Plasma-Energie, weiße und schwarze Löcher im Universum, göttliche Geometrie, kosmische Hierarchie, galaktische Föderationen, Kristallbewusstsein und Christusbewusstsein, Schöpfung und Evolution des Menschen, Atlantis und alte Hochkulturen, Akasha-Chronik, eine neue Gesellschaft des kollektiven Friedens, die fünfdimensionale Zukunft in Freiheit, Wahrheit und Liebe, u.v.m.
Alle diese vielfältigen Themen werden wir in den folgenden Bänden weiter ausführen.

gen mich stark. Mir wird mit einem Mal klar, dass dies alles kein willkürlicher Zufall ist, sondern dass es genau so gewollt und eingefädelt worden ist. Ebenso wird mir klar, dass anscheinend auch ich meine Zustimmung dazu gegeben habe, mich in diesem Leben als Mutter von solch außergewöhnlichen Kindern zur Verfügung zu stellen, obschon ich daran keine bewusste Erinnerung mehr habe. Indem ich den Gedanken weiter verfolge, wird mir schließlich eine dritte Tatsache klar: Auch für mich selbst dürfte dies alles mit einer zusätzlichen Lebensaufgabe verbunden sein, von der ich höchstwahrscheinlich noch keinen blassen Schimmer habe.

Bisher habe ich gedacht, dass meine Lebensaufgabe darin besteht, meinen Kindern eine gute Mutter und den anderen Menschen ein guter Mitmensch zu sein, vielleicht auch im Erreichen des einen oder anderen sportlichen Ziels und darin, durch meinen medizinischen Beruf einen kleinen Beitrag dazu zu leisten, dass die Menschen gesünder und lebensfroher sind. Jetzt aber beginne ich zu ahnen, dass da noch weit mehr auf mich wartet, und es hat wohl mit dem zu tun, worüber Christina und ich uns seit Beginn dieses Jahres austauschen. Nur schon, dass ich beinahe jeden Abend aufschreibe, was ich von Christina tagtäglich lerne, und dass daraus später sogar ein Buch über Christina und Elena entstehen wird, wäre mir bis vor sechs Monaten niemals eingefallen. Und doch sitze ich jetzt hier und tue es. Christinas Energie wird noch viel bewegen, auch in meinem Leben.

Nachdenklich schweife ich in Gedanken zurück in die Vergangenheit. Sind die großen Hürden bereits geschafft, oder stehen sie mir noch bevor? Was sollte ich aus der jahrelangen aufwendigen Pflege Christinas als Kleinkind lernen, als die Medizin sie im Grunde schon längst aufgegeben hatte? War dies für mich schon die große Prüfung, bei der ich irgendein Karma aus meinen letzten Leben abbauen durfte? Oder kommen noch weit größere Prüfungen und Herausforderungen auf mich zu? Wird es leichter werden in Zukunft oder schwerer? Und wohin wird mein Weg mich letzten Endes führen? ... – Wer weiß das schon?

Meine Zukunft will ich eigentlich gar nicht so genau wissen. Manchmal scheint es mir jedoch, als würde Christina meinen bevorstehenden Lebensweg bereits kennen. Ihre entsprechenden subtilen Andeutungen untermalt sie meist humorvoll, indem sie etwa sagt: «Mama, dir wird es bestimmt nie mehr langweilig werden.»

Als ob es mir in meinem bisherigen Leben je langweilig gewesen wäre! Nach meinem Empfinden hatte ich in meinem Leben schon mit ausreichend Aufgaben und Herausforderungen zu kämpfen – als Mutter und Ehefrau, als Spitzensportlerin, als Geschäftsfrau, als Med. Praxisassistentin und als angehende Naturheilpraktikerin. In allen diesen Bereichen durfte ich viele unterschiedliche Menschen kennenlernen und insgesamt eine großartige Lebensschule durchleben, die natürlich auch nicht ohne die eine oder andere Prüfung, ohne den einen oder anderen «Schicksalsschlag» blieb. Aber langweilig war mir bei alledem ganz bestimmt nie. Dennoch lässt Christinas Aussage vermuten, dass es noch eine ganz andere Perspektive auf die kommenden Dinge gibt. Ich nehme mir vor, in dankbarer Vorfreude und in Gelassenheit dem Ungewissen entgegen zu blicken, das auf mich zukommen wird.

Gleichzeitig aber tauchen in mir immer wieder auch gewisse Befürchtungen auf, wie sie auf die eine oder andere Weise wohl jede Mutter kennt. Ich fürchte mich nicht davor, dass meine Tochter einen wahrscheinlich höchst ungewöhnlichen Lebensweg einschlagen und dabei hier und dort auf Unverständnis und Ablehnung stoßen wird. Dies wird sie mit Sicherheit nicht aufhalten. Es ist etwas anderes, das mir Kopfzerbrechen bereitet. Ich habe Bedenken, dass Christina mit ihrem Wissen und ihren Begabungen eines Tages für gewisse unlichte Organisationen und Institutionen eine Bedrohung oder Gefahr darstellen könnte, dass man versuchen könnte, sie entweder auf die dunkle Seite zu ziehen oder aber sie gewaltsam auszuschalten.

Ich beschließe, diese meine Sorgen Christina zu unterbreiten, was mich einiges an Überwindung kostet. Aber Christina versteht meine Bedenken sofort, und ihre Antwort beruhigt und erhellt mich in der Tiefe meines Herzens.

Sie erklärt: «Mach dir keine Sorgen, Mama. Aufgrund meiner Schwingungsfrequenz bin ich nicht an die Gesetze dieser dritten

Dimension gebunden. Es liegt allein in meiner eigenen Entscheidung, wann ich diese Dimension wieder verlasse. Und ich werde die Erde erst wieder verlassen, wenn ich meine Lebensaufgabe erfolgreich erfüllt habe.»

Ich bin sprachlos. Und das ist auch gut so, denn Christina fährt leise, fast unhörbar, fort: «Weißt du, schon dreimal hat man mich vor genau diese Entscheidung gestellt, und ich habe mich jedes Mal für das Leben hier entschieden. Ich habe mich dafür entschieden, wie die anderen Menschen hier auf der Erde zu leben, um den Frieden, die Weisheit und das erweiterte Bewusstsein in diese Welt zu tragen. Mach dir also keine Sorgen. Solange ein Mensch nach seinem Seelenplan handelt, überlebt er alle Widrigkeiten dieser Welt, bis seine Mission erfolgreich erfüllt ist. Die Ausnahme hierbei stellt der Freitod dar. Dieser ist nie in einem Lebensplan vorgesehen, sondern entspricht dem freien Willen eines Menschen, der auf Abwege gekommen ist.»

Jetzt bleibt mir nicht nur die Sprache weg, sondern für einen Moment auch mein Herzschlag – und dies, obwohl mein durchtrainiertes Läuferherz wahrlich an extreme Belastungen gewöhnt ist. Doch Christinas Antwort überzeugt mich, und die Aussicht, dass man ihr nicht gegen ihren Willen Schaden zufügen kann, ist zutiefst beruhigend. Dennoch ist mir bewusst, dass das Erfüllen ihrer Mission bestimmt nicht einfach werden wird.

Dann überlege ich, welche drei Situationen es wohl waren, als Christina vor der Wahl stand, ihren Körper und damit die Erde wieder zu verlassen. Eine Situation war bestimmt bei der Geburt, als sie als extremes Frühchen mit einem Körpergewicht von gerade mal 570 g zur Welt kam. In den anschließenden vier Monaten schwebte sie ständig zwischen Leben und Tod; da hätte es unzählige Möglichkeiten gegeben, diese dreidimensionale Dichte wieder zu verlassen. Vor allem gab es da jenen Moment, als sich Elena dafür entschied, ihren Körper aufzugeben und Christina fortan nicht mehr physisch, sondern metaphysisch zu begleiten.

Ich überlege: Will ich es wirklich wissen? Würde dieses Wissen an der Gegenwart irgend etwas ändern? – Ja, ich will es wissen! Wiederum kostet es mich ein wenig Überwindung, Christina danach zu fragen. Zu meinem Erstaunen antwortet sie, dass alle drei Situationen erst in den Monaten nach dem Tod von Elena waren. Physisch schien Christina in jener Zeit auf der Intensivstation um einiges stabiler zu sein, daher bin ich über diese Aussage ein wenig überrascht. Aber man muss ja nicht immer alles verstehen.

Christina hat schon erwähnt, dass sie bereits damals als Neugeborene in der Isolette die unliebsame Bekanntschaft mit dem Unlicht gemacht hatte, dass aber ihr Licht jederzeit stärker sei als die Macht des Bösen. Wie sagte sie doch: «Das war wohl der erste Moment, in dem das Unlicht dieser Ebene feststellen musste, dass man mich nicht so einfach wieder los wird.»

Heute bin ich glücklich und dankbar, dass es mir möglich war, in jenen ersten Monaten und Jahren all meine Kraft und Zeit dafür zu investieren, dieses Mädchen über die Runden zu bringen. Und ganz bestimmt werde ich auch in Zukunft ihren weiteren Lebensweg unterstützen, genauso wie ich auch Mario in allen seinen Wünschen und Belangen jederzeit unterstützen werde, wohin auch immer diese beiden Lebenswege führen mögen. Christina hat wohl recht: Langeweile wird dabei bestimmt keine aufkommen.

29

Die Namen Elena und Christina

18. Juni 2015. Wir sprechen über die Namen der Zwillinge: Elena bedeutet wörtlich «die Lichtvolle/Strahlende», und Christina bedeutet «Anhängerin/Dienerin/Nachfolgerin Christi». Ich erzähle, dass ich mir vor ihrer Geburt keine expliziten Gedanken über die Bedeutung dieser Namen gemacht hatte und dass sie uns einfach irgendwie stimmig zu sein schienen.

Christina erklärt: «Diese beiden Namen sind sehr spezifisch und keineswegs per Zufall gewählt worden. Man hat sie dir damals sozusagen ‹von da oben› in den Kopf gesetzt».

Wenn dem so ist, dann erklärt dies auch, warum damals diese beiden Mädchennamen unsere klaren Favoriten waren und warum wir uns vor der Geburt nicht auf Jungennamen einigen konnten. Es war offenbar ohne unsere bewusste Kenntnis längst «von da oben» entschieden worden, dass wir zwei Zwillingsmädchen bekommen sollten und wie ihre Namen lauten würden.

Die schon nach acht Wochen verstorbene Elena lebt, wie wir inzwischen wissen, in feinstofflicher Form immerzu an der Seite von Christina, und ihr Körper besteht aus purem goldenem Licht. Christina schwärmt, dieses strahlende Licht von Elena sei heller als das hellste irdische Licht. Wahrlich also ist Elena «die Lichtvolle».

Und was genau hat es mit dem Namen Christina auf sich? Wörtlich heißt er «diejenige, die mit Christus verbunden ist», also eine Anhängerin oder Dienerin oder auch Nachfolgerin Christi. Christina ist auffällig vertraut mit der Geschichte Jesu Christi und scheint mehr über sein Leben und sein Wirken zu wissen als im Bibelunterricht vermittelt wird. Auch ist sie imstande zu erklären, welche Begebenheiten daraus im Laufe der Jahrhunderte falsch überliefert oder falsch interpretiert worden sind. Manchmal kommt es mir vor, als hätte sie einen speziellen Zugang zur Mission und zum Vermächtnis Christi, selbst über dessen irdischen Tod hinaus. Dasselbe gilt übrigens auch für das Leben der heiligen Maria. Überdies besteht auch durch den Tag von Elenas und Christinas Geburt ein offensichtlicher Bezug: Sie kamen exakt in der Osternacht zur Welt, und zwar viele Wochen vor ihrem eigentlichen Geburtstermin.

Christina erklärt hierzu: «Der Zeitpunkt unserer Geburt in der Osternacht vom 15. April 2001 war bewusst so gewählt worden, weil aufgrund der damaligen Planetenkonstellation eine besonders hohe Energie herrschte. Und die Namen Elena und Christina schwingen numerologisch gesehen ebenfalls sehr hoch.»

Ich spüre eine tiefe innere Dankbarkeit und ein Gefühl des Geborgenseins. Ist es nicht wunderschön zu wissen, dass unsere Geschicke liebevoll «von da oben» begleitet und unterstützt werden?

Fröhliche Beerdigungen

Später kommen wir – ich weiß gar nicht mehr, wie und warum – auf das Thema Beerdigungen zu sprechen. Jedenfalls erläutert Christina, dass es nicht empfehlenswert sei, traurige und bedrückende Abschiedszeremonien zu veranstalten, da diese häufig den Verstorbenen bloß hinunterzögen. Die meisten Verstorbenen würden es bevorzugen, dass man zu ihrem Gedenken ein fröhliches Fest mit ihrer Lieblingsbeschäftigung veranstaltet. Für gewöhnlich nehmen Verstorbene in feinstofflicher Form an ihrer eigenen Beerdigung teil und nehmen somit die Schwingungen der Anwesenden durchaus wahr.

Wenn Angehörige ihren verstorbenen Verwandten nicht loslassen können, sondern statt dessen in der Dunkelheit ihrer Trauer und ihres Selbstmitleids versinken, ist damit niemandem geholfen – weder ihnen selbst, noch dem Verstorbenen. Trotz der menschlich verständlichen und durchaus natürlichen Traurigkeit über den Verlust eines geliebten Menschen sollten wir uns darüber im Klaren sein, dass niemand unser Eigentum ist und dass wir nicht das Recht haben, einen anderen Menschen durch unser Festhalten an seiner Weiterreise zu hindern. Wäre es denn nicht viel erbaulicher und viel sinnvoller, wenn bei Abschiedszeremonien ein buntes Fest zu Ehren des Verstorbenen abgehalten würde, mit fröhlicher Musik und mit den besten Wünschen seitens aller Anwesenden, der Verstorbene möge eine vergnügliche und glückliche Weiterreise haben?

Durch die vielen Gespräche mit Christina hat sich mein Verständnis von Tod und Jenseits seit Jahresbeginn grundlegend verändert und durchlichtet. Ich sehe jetzt den Tod nicht mehr als etwas Schlimmes an, denn er ist ganz einfach eine Türe, durch die wir schreiten, um anderswohin zu reisen. In sieben der zehn größten religiösen Traditionen der Menschheit herrscht außerdem die Auffassung vor, dass es so etwas wie eine Seelenwanderung gibt, dass wir also von einem Planeten zum anderen, von einer Inkarnation zur anderen, von einem Lernprozess zum anderen wandern, um Erfahrungen zu sammeln und Erkenntnisse zu gewinnen. In diesem Lichte betrachtet ist der Tod also weder das Ende von allem, noch entscheidet es sich nach dem Tode ein für allemal, ob wir für den Rest der Ewigkeit in den «Himmel» oder in die «Hölle» kommen. Der Tod ist nichts weiter als der Anfang unserer Weiterreise, die uns an Orte und in Umstände führen wird, in denen wir unsere nächsten Lektionen lernen und unsere nächsten Abenteuer erleben können.

Daher wäre es wünschenswert, wenn der Tod eines Menschen mit einem fröhlichen, lichtvollen, erhebenden Abschiedsfest gefeiert würde, wie dies in manchen Kulturen tatsächlich der Brauch ist. Für mich jedenfalls ist diese Vorstellung mittlerweile viel stimmiger.

30

Telepathie, Telekinese
und andere Begabungen

Ende Juni 2015. Heute erkundige ich mich bei Christina, ob sie wisse, mit welchen Entwicklungen wir in Zukunft bei ihr zu rechnen haben werden, also welche Begabungen sich wohl noch entfalten und welche Herausforderungen sich wohl noch stellen werden. Sie antwortet, es sei durchaus realistisch, dass sie beispielsweise imstande sein werde, ihre Schwerkraft «auszuschalten», denn diese sei ebenfalls ein Naturgesetz in der dritten Dichte, dem sie nicht unterworfen sei.

Aha, Christina wird also möglicherweise demnächst ihren Körper levitieren und schweben können. Wenn es sich so verhält wie bei den anderen Begabungen, kann ich davon ausgehen, dass dies unkontrolliert höchstens einmal geschehen wird und dass sie diese Fähigkeit danach niemals zu bloßen Demonstrationszwecken vorführen wird. Also mache ich mir kein Kopfzerbrechen deswegen.

Überhaupt stelle ich fest, dass ich glücklicherweise immer gelassener und immer besser darin werde, die vielen außergewöhnlichen Aspekte meiner Tochter einfach wertungsfrei anzunehmen. Auch wenn nahezu alles, was sie mir in den vergangenen Monaten erzählt und erklärt hat, den Rahmen meines bisherigen dreidimensionalen Weltbildes sprengt und meinen rationalen Verstand gehörig herausfordert, fühle ich in meinem Inneren doch, dass es richtig ist. Ebenso spüre ich, dass auch ich aufgefordert bin, mich in eine bewusstseinserweiternde Richtung zu begeben. Um Christina brauche ich mir keine Sorgen zu machen. Sie wird ihren Weg gehen und mit all ihren Begabungen verantwortungsvoll und zum Wohle der Menschen umzugehen wissen. Wie sie häufig betont, wird die Zahl der Menschen mit einer höheren Schwingungsfrequenz und mit multidimensionalen Fähigkeiten in den kommenden Jahren deutlich ansteigen, so dass solche Phänomene zunehmend weniger außergewöhnlich sein werden.

Sie berichtet in diesem Zusammenhang, dass gerade heute eine ihrer Schulkolleginnen erzählte, sie habe am Wegrand einen verstorbenen Bekannten gesehen. Christina erwähnt dabei, dass dies nicht das erste Mal gewesen sei, sondern dass die beiden Mädchen bereits vor Jahren gelegentlich feinstoffliche Wesen aus dem Jenseits wahrgenommen hätten, nicht nur verstorbene Menschen.

Ich denke bei mir: Wir Eltern tun gut daran, baldmöglichst unser bisheriges Denken zu erweitern und uns darauf vorzubereiten, dass immer mehr Kinder und Jugendliche einen natürlichen Zugang zu Parallelwelten und zu Bewohnern von anderen Sphären haben werden. Es kommen derzeit laufend hochschwingende Seelen auf die Erde, die von Geburt an eine höhere Frequenz in sich tragen und die dafür sorgen werden, dass die globale Schwingungserhöhung unterstützt und vollendet wird. Viele von ihnen sind sich darüber bewusst, dass die Generation ihrer Eltern hinsichtlich der Existenz multidimensionaler Welten und Wesen in großer Unwissenheit gefangen ist, und so respektieren sie diese Unwissenheit und halten ihre Begabungen geheim. Die Gefahr dabei besteht darin, dass manche von ihnen selber an ihren Wahrnehmungen zu zweifeln beginnen, dass sie allzu viele Kompromisse mit den vorherrschenden dreidimensionalen Vorstellungen eingehen und schließlich ihre Frequenz und ihre Begabungen vorübergehend verlieren.

Auch Christina hat erst im Alter von über dreizehn Jahren begonnen, über ihre spezielle Wahrnehmung zu sprechen. Sie vermutet, dass viele andere hochschwingende Seelen ebenfalls damit zuwarten werden, bis sie in die Pubertät kommen. Wir ahnen wohl gar nicht, wie viele außergewöhnliche Kinder bereits jetzt in unseren Kindergärten und Grundschulen unterwegs sind. Für mich jedenfalls ist dies ein großartiger, wunderbarer Hoffnungsschimmer.

Christina erzählt weiter, sie habe heute mit ihrem Lehrer das Gespräch über telepathische Kräfte fortgesetzt. Kürzlich hat sie ihm ja ausführlich dargelegt, dass es sehr wohl möglich sei, über telepathische Kanäle mit Pflanzen zu sprechen. Heute nun sollte sie anlässlich einer fertiggestellten Werkarbeit eine Selbstbeurteilung vornehmen, und sie habe geantwortet, dass sie offensichtlich keinerlei handwerkliches Talent besitze und sich selber für den kleinen Schrank eine ungenügende Note geben würde. Der Lehrer habe daraufhin gemeint, für ihn scheine vieles an Christina ziemlich widersprüchlich zu sein: Gerade neulich habe sie ihm des Langen und Breiten erklärt, wie man mit Pflanzen spreche, und jetzt könne sie nicht einmal einen einfachen Schrank bauen. Christina habe dann dem Lehrer einen weiteren kleinen Vortrag über den Unterschied zwischen geistigen Begabungen und handwerklichem Geschick gehalten. Telepathie sei weder mit dreidimensionalen Fähigkeiten zu vergleichen noch mit dem dreidimensionalen Verstand zu erfassen. Erneut seien dem Lehrer die Worte weg geblieben, denn so habe er die kleine, zierliche Christina definitiv noch nie sprechen gehört.

Wir schmunzeln beide über diese kleinen alltäglichen Begebenheiten. Aber die Erzählung hat auch mein Interesse geweckt, und so bitte ich Christina, mir das Phänomen der Telepathie genauer zu erklären.

Telepathie

Sie beginnt begeistert: «Telepathie beinhaltet nicht einfach nur die Kommunikation durch Gedanken, sondern es gehört auch eine große Verantwortung fürs Leben mit dazu. In der telepathischen Kommunikation unterscheidet man keine Sprachen wie in der verbalen. Die Telepathie *ist* die Sprache. Beispielsweise stehe ich mit jemandem aus dem südamerikanischen Urwald in telepathischem Kontakt. Wahrscheinlich spricht er in seinem äußeren Leben Spanisch oder Portugiesisch, und ich spreche Deutsch. Doch mittels Telepathie verstehen wir uns prima, ohne jegliche Sprachbarrieren.

Die Kommunikation mit Pflanzen und Tieren erfolgt ebenfalls über feinstoffliche telepathische Kanäle. Hier gibt es allerdings so etwas wie unterschiedliche ‹Dialekte›, wenn man dem so sagen kann. Bei Tieren habe ich bisher drei verschiedene ‹Dialekte› festgestellt. So kommt es vor, dass ich in einem dieser Dialekte spreche, aber das Tier in einem anderen Dialekt antwortet, weil es nur diesen anderen Dialekt kennt.»

Gemäß Christina stellt Telepathie im Grunde eine ganz natürliche Fähigkeit dar, die den meisten heutigen Menschen aber irgendwie abhanden gekommen ist.

«Mit wie vielen Wesen stehst du denn aktuell in telepathischem Kontakt?», erkundige ich mich. Christina erklärt, dass es sehr viele unterschiedliche Kontakte seien, und zwar über den ganzen Kosmos verteilt. Wichtig sei für sie, dass sie einen neuen Kontakt – also eine Energie, die sie noch nicht kennt – zunächst abblocke und überprüfe, um sich vor unerwünschten Übergriffen zu schützen. Bedauerlicherweise verfügten nicht alle Telepathen über diese Fähigkeit des Abblockens, weshalb Telepathie durchaus gefährlich sein könne. Sie sei übrigens imstande, über diese Kanäle auch Bilder zu verschicken. Kein Wunder, dass das Mädchen kein Handy braucht!

Christina fährt fort: «Telepathie geschieht über das Bewusstsein. Sie ist also nicht auf den physischen Körper beschränkt, weder auf dessen Standort noch auf dessen Alter. Mein bisher jüngster telepathischer Kontakt war ein dreijähriges Mädchen.» Lachend ergänzt sie: «Das Mädchen legte sogar eine gewisse telepathische Höflichkeit an den Tag und klopfte vorher an. Für gewöhnlich jedoch nehme ich Kontaktaufnahmen über einen telepathischen Übermittlungston wahr und überprüfe dann innert Sekundenbruchteilen die energetische Signatur.»

Auf meine Frage, wie Telepathie denn überhaupt funktioniere, antwortet sie: «Telepathische Kommunikation funktioniert über eine Art kosmisches Netz, das man etwa mit dem Nervensystem in unserem Körper vergleichen könnte. Dieses kosmische Netz aus feinstofflichen Plasmafäden verbindet alles Existierende miteinander. Man könnte es auch als ‹das Gehirn Gottes› bezeichnen.» Sie könne dieses Phänomen auch physikalisch noch detaillierter beschreiben, fügt sie an, aber für den Moment genüge diese Erklärung.

Häufige Begabungen der heutigen Kinder

Ich frage weiter: «Welche weiteren Begabungen außer der Telepathie sind denn bei den heutigen Kindern sonst noch anzutreffen?»

Christina antwortet: «Nebst Telepathie ist auch Radiästhesie für viele Kinder eine normale Grundbegabung. Das heißt, sie nehmen Schwingungsfrequenzen und Strahlen wahr. Sie sehen nicht nur grobstofflich mit den Augen, sondern auch feinstofflich und erkennen sowohl bei Menschen als auch bei Gegenständen deren Energiefeld. Außerdem sehen sie zum Beispiel Materieteilchen oder diverse elektromagnetische Wellen als Farben oder als farbige Striche in der Luft. Viele dieser Kinder können auch im Dunkeln sehen, genau wie ich. Und ebenfalls genau wie ich sind sie sich möglicherweise lange Zeit nicht darüber bewusst, dass ihre Eltern oder Großeltern anders sind und nur grobstofflich sehen können. Einige sind auch gehemmt und getrauen sich nicht, über ihre Wahrnehmungen zu sprechen, da ihr Umfeld sie sonst als sonderbar oder als ‹nicht normal› betrachtet. Dabei ist es doch im Grunde genau umgekehrt.»

Sie fährt fort: «Viele Kinder sind auch imstande, bei Lebensmitteln oder bei Medikamenten die Energie zu spüren und somit genau zu erkennen, ob sie ihnen gut tun oder nicht. Daher weigern sie sich manchmal, gewisse Lebensmittel oder Medikamente einzunehmen, was von den Eltern häufig missverstanden wird. Statt mit schulmedizinischen Methoden könnten diese Kinder – falls überhaupt – mit Informationsmedizin wie zum Beispiel mit Homöopathie oder mit energetischen Therapien behandelt werden. Hochschwingende Menschen sind ohnehin gegen die meisten Umweltgifte und auch gegen Impfungen immun.»

«Gab es denn auch früher schon Menschen mit solchen Begabungen?», möchte ich wissen.

«Ja, aber in früheren Generationen waren diese Menschen oft überfordert mit ihren geistigen Fähigkeiten, und zwar hauptsächlich darum, weil ihr persönliches Energieniveau zu knapp war, um ganz natürlich damit umzugehen. Außerdem waren viele Phänomene noch nicht wissenschaftlich erforscht, und die Betroffenen fanden in ihrem Umfeld und in der Gesellschaft oft kein Verständnis dafür. Heute ist das anders. Die heutigen Kinder sind nicht überfordert mit ihren Begabungen – höchstens ihr Umfeld. Grundsätzlich gilt: Je ‹aufgeräumter› eine Seele ist, je mehr sie mit dem Göttlichen verbunden ist, desto lichtvoller ist ihre Entwicklung und desto lichtvoller sind auch ihre Begegnungen in anderen Sphären. Weitere Merkmale von hochschwingenden Kindern sind übrigens, dass sie nur sehr wenig Nahrung und Schlaf benötigen und nur selten krank werden, da sie über aktivierte Selbstheilungskräfte verfügen.»

Mir fällt auf, dass Christina tatsächlich seit drei Jahren praktisch nie mehr krank war. In den Jahren zuvor lief sie meist den ganzen Winter über mit laufender Nase umher, und im Sommer litt sie häufig an mittelstarkem Heuschnupfen mit Konjunktivitis. Doch ab dem Jahr 2012 war dies alles auf einen Schlag verschwunden, was in Anbetracht ihrer langen Krankengeschichte seit ihrer Geburt schon ziemlich wunderlich ist. Ohnehin scheint das Jahr 2012 vieles verändert zu haben, nicht nur bei ihr, sondern auch in meinem Leben: die Trennung, die Scheidung, der Ausstieg aus dem eigenen Geschäft, der Neuanfang zu dritt usw. Ich bin gespannt, was das laufende und die kommenden Jahre wohl noch bringen werden.

Ein zweites drittes Auge

Zwei Tage später. Christina spielt bei schönstem Sommerwetter und hoch vergnügt mit einem jüngeren Nachbarsmädchen auf der Schaukel. Auch ich sitze draußen im Garten. Nach dem Spiel kommt sie zu mir und erwähnt beiläufig: «Mama, seit Neuestem habe ich ein weiteres drittes Auge.» Die Vierzehnjährige zeigt mir auch genau die entsprechende Stelle am Kopf.

Was soll ich darauf antworten? Ich weiß erst seit kurzem, was genau das dritte Auge ist, und von einem zweiten dritten Auge habe ich bisher noch nie gehört. Am besten ist es wohl, dass ich dieser beiläufigen Bemerkung meiner Tochter ebenfalls keine sonderliche Bedeutung beimesse und sie einfach so akzeptiere.

Auf mein verwundertes Gesicht hin erklärt es mir Christina trotzdem kurz: Einfach gesagt handle es sich dabei um einen zusätzlichen Kanal zur Kommunikation in eine weitere Ebene. Damit ist für sie das Thema schon wieder beendet, und für mich auch. Die Folgen dieses zweiten dritten Auges werden wir sicherlich noch früh genug erleben, genau wie jene der unzähligen weiteren Energiezentren, die bei Christina in Zukunft noch aktiviert werden sollen.

Materialisation

In derselben Woche ereignet sich auf der täglichen Postautofahrt zur Schule eine weitere Sonderbarkeit. Christina sitzt neben demselben Mädchen wie immer, und aus lauter Langeweile bewegt sie rhythmisch einen Fuß hin und her. Dabei bemerkt sie erst gar nicht, dass sie durch diese Bewegungen unbewusst eine Art «Platte» aus feinstofflicher Materie materialisiert hat. Ihre Kollegin kann nämlich plötzlich ihren eigenen Fuß nicht mehr auf den Boden stellen, sondern spürt diesen unsichtbaren Widerstand. Sogar als sie es mit voller Kraft versucht, hält die unsichtbare Platte. Christina berichtet, dass sich diese unbewusst erzeugte Materialisation dann aber nach wenigen Minuten von selbst wieder aufgelöst habe.

Mir wird klar, wie enorm achtsam und sorgfältig dieses Mädchen nicht nur mit ihren Gedanken und Worten, sondern offensichtlich auch mit ihren Bewegungen umzugehen hat, damit ihre Kräfte nicht unkontrolliert Einfluss auf ihr Umfeld nehmen. Denn nicht nur das Wippen ihres Fußes ist imstande, feinstoffliche Materie zu erzeugen, sondern auch ihre Gedanken bergen das Potenzial in sich, sich fein- und grobstofflich zu manifestieren.

Alltagstelepathie

Wiederum einige Tage später fahren Christina und ich abends wie jede Woche zur Bibliothek und treffen dort einen Schüler aus einer anderen Klasse, mit dem Christina bereits früher telepathisch kommuniziert hat. Dies machen die beiden auch heute wieder, und später erzählt sie mir von ihrer kleinen «Konversation». Als sei es das Normalste der Welt, gehen diese Jugendlichen völlig ungezwungen mit Telepathie und mit ähnlichen Begabungen um, von denen die meisten ihrer Eltern kaum eine Ahnung haben. Wie können die Eltern also ihre Kinder wirklich verstehen, solange sie nicht bereit sind, sich diesen Themen ernsthaft zu öffnen und auch Zeit und Aufmerksamkeit in die Erhöhung ihrer eigenen Schwingungsfrequenz zu investieren? Christina erwähnt, dass dieser Junge, was Telepathie betrifft, außerordentlich gut Bescheid wisse – so sehr, dass sogar sie von ihm darüber noch etwas lernen könne. Im alltäglichen Leben, bemerkt sie abschließend, würde sie ihn jedoch nicht ansprechen. Aber mittels Telepathie scheint ihr Umgang mit ihm völlig unbefangen zu sein.

Nächtliche Astralreisen

Von früheren Begebenheiten her weiß ich, dass Christina nur wenige Stunden Schlaf benötigt und daher die Nächte nutzt, um auf Reisen zu gehen und damit auch ihre spirituelle Entwicklung zu fördern. Manchmal frage ich sie, wo sie sich denn in der vergangenen Nacht herumgetrieben habe, und dann erzählt sie mir von den zauberhaftesten Orten. Da sie die Natur über alles liebt, bevorzugt sie etwa Inseln mit Strand und Urwald und ganz vielen Tieren darin – vorausgesetzt, dass es dort warm ist. Ihr derzeitiger Favorit ist Madagaskar.

Ich erkundige mich, wie sie denn zu den jeweiligen Destinationen ihrer nächtlichen Astralreisen komme. Sie erklärt: Meistens schaue sie einfach, ob irgendein feinstoffliches Wesen sich ihr gerade zeigen möchte, was eigentlich immer der Fall sei. Dann unterhalte sie sich mit diesem Wesen und lasse sich von ihm seine Welt zeigen, indem sie gemeinsam dorthin reisen. Verstorbene beispielsweise lieben es, wenn sie jemandem in aller Ausführlichkeit ihre Lebensgeschichte erzählen dürfen und man ihnen interessiert zuhört. Diese Lebensgeschichten seien manchmal langweilig und manchmal spannend, berichtet Christina amüsiert, ohne dabei despektierlich zu sein. Deutlich spannender aber seien die Reisen und die Begegnungen in höheren Sphären.

Auf meine Frage, was denn passieren würde, wenn zum Beispiel unser Haus in Flammen aufginge, während sie sich gerade des Nachts auf Astralreisen befinde, meint Christina lachend: «Ich spüre und weiß, was in den nächsten Stunden passieren wird. In einer solchen Nacht würde ich einfach nicht auf Reisen gehen. Mama, wenn es also vorkommen sollte, dass ich mich weigere, beispielsweise in ein Flugzeug oder einen Zug zu steigen oder dergleichen, dann tut man gut daran, mich ernst zu nehmen.»

Telekinese

In der Woche vor den Sommerferien fordert mich Christina auf, mir im Internet 35 Kurzvideos über die angeblich außergewöhnlichsten telekinetischen Begabungen anzusehen. Die Filme zeigen Phänomene wie: ohne physische Berührung Wasser bewegen (Hydrokinese); sich ohne die Türe zu öffnen ins Auto setzen; durch Wände laufen und dergleichen. Auf meine Frage, ob sie diese Filme für echt halte, antwortet sie: «Ja, mit Ausnahme eines einzigen Films sind meines Erachtens alle echt.»

Natürlich kann ich mir die Frage nicht verkneifen, ob sie selber denn auch über diese Fähigkeiten verfüge. Sie antwortet, dass bei ihr die meisten dieser Begabungen ebenfalls bereits aktiviert seien sowie zudem auch einige andere, die in den Filmen nicht erwähnt würden. Sie habe mir diese Videos jedoch nicht gezeigt, um irgendwelche Fähigkeiten zu demonstrieren, sondern um mir den Begriff der Telekinese näherzubringen.

Was mich an Christina beeindruckt, ist, dass sie aus ihren vielen außergewöhnlichen Begabungen keine große Sache macht, da diese aus ihrer Sicht erstens gar nichts Außergewöhnliches sind und zweitens bloße Nebensächlichkeiten darstellen angesichts einer viel größeren Lebensaufgabe, die sie sich für ihre Inkarnation als Mensch vorgenommen hat. Daher stellt sie ihre Kräfte nicht zur Schau und ist auch sonst im Alltag darum bemüht, dass sie nicht auffallen. Sie weiß, dass ihre Aufgabe nicht darin bestehen wird, paranormale Phänomene vorzuführen, sondern die Menschen dabei zu unterstützen, ihr Bewusstsein und ihr Weltbild zu erweitern und dadurch eine höhere Stufe der Weisheit und des Friedens zu erlangen.

«Eine handwerkliche Superkatastrophe»

Am selben Abend verblüfft uns Mario einmal mehr mit seiner Kreativität. Für seine noch nicht einmal zwölf Jahre ist der Junge ungewöhnlich innovativ. Heute hat er ganz alleine aus einem Motor ein fahrendes Gefährt gebaut. Christina ist erfreut und beobachtet ihren jüngeren Bruder, wie er begeistert mit seinem Gefährt zwischen den Häusern hindurch braust. Lachend sagt sie: «Schau nur: Ich bin eine handwerkliche Superkatastrophe, und mein Bruder ist ein Genie! Das passt doch wunderbar zusammen. Wir ergänzen uns bestens.»

Wir fallen alle in großes Gelächter. Christina, die sich gerne selbst auf die Schippe nimmt, ergänzt: «Es ist schon seltsam: Ich schaffe es nicht, innerhalb von 15 Minuten einen Faden in die Nähmaschine einzufädeln oder im üblichen Tempo eine Karotte zu schälen. Wie es aussieht, sind solche Tätigkeiten auf meinem Lebensweg für mich nicht vorgesehen. Denn dort, wo ich herkomme, braucht man keinen Mund zum Reden oder zum Essen und auch keine Hände zum Arbeiten. Dort benötigt man lediglich die Kraft der Gedanken.»

Handwerklich und künstlerisch ist Christina tatsächlich ziemlich unbegabt, obwohl sie bis zur dritten Klasse im Kinderspital Ergotherapie besucht hat. Wenn sie physische Gegenstände malt, sind es immer nur sehr einfache Zeichnungen. Die Menschen in ihren Bildern haben häufig keine Hände, früher hatten sie auch keine Füße. Noch heute stehen die Menschen in ihren Bildern meistens nicht auf dem Boden, sondern hängen in der Luft, da dies in Christinas Realität größtenteils tatsächlich so ist. Sobald sie abstrakt malt, geht es um einiges besser.

In diesem Zusammenhang sagt sie: «Weißt du, ich habe die unglaublichsten Bilder in den unglaublichsten Farben in meinem Kopf. Nur kennen wir hier auf der Erde gar nicht so viele Farben, dass ich die Bilder beschreiben oder gar malen könnte.» Und wie sie bereits vor einiger Zeit schwärmte: «Irgendwann wird es mir vielleicht gelingen, diese bunten und farbigen Bilder direkt aus meinem Kopf über den Drucker auszudrucken. Dann kannst du sehen, wie ich die Realität wahrnehme.»

Dies nennt man, wie ich herausgefunden habe, Technopathie: die Fähigkeit, technische Geräte mittels geistiger Kräfte zu bedienen. Wenn es so weitergeht, dann ist es gewiss nur eine Frage der Zeit, bis das Mädchen auch diese Begabung manifestieren wird. Generell kann man bei ihr wohl davon ausgehen, dass alles, was sie sich wünscht und denkt und sagt, sich früher oder später materialisieren wird – unter dem Vorbehalt, dass es dem Erfüllen ihrer Lebensaufgabe dient und dass es sich mit ihrer hohen Ethik vereinbaren lässt. Denn aus Respekt vor allen Geschöpfen würde sie sich niemals durch ihre Kräfte einen unlauteren Vorteil verschaffen oder gar gegen den freien Willen der anderen Lebewesen handeln. Und zu diesen anderen Lebewesen gehören bei Christina bekanntlich nicht nur die Menschen, sondern auch die Tiere und die Pflanzen sowie die unzähligen unsichtbaren Wesen, mit denen sie sich in ihrem erweiterten Wahrnehmungsfeld verbunden sieht.

Technopathie

Ein anschauliches Beispiel für die technopathische Kommunikation mit Geräten wird sich bereits in einigen Wochen zutragen: Im Werkunterricht bekommt Christinas Schulklasse den Auftrag, ohne zu messen mit der Maschine ein 20 cm langes Holzstück abzuschneiden. Für gewöhnlich ist Christina ziemlich unbegabt darin, Längen und Distanzen einzuschätzen, da sie diese Fähigkeit nicht für sonderlich wichtig hält. Schon zwei Zentimeter richtig abzuschätzen, bereitet ihr erhebliche Mühe, und das weiß auch ihr Lehrer. Als er Christinas abgesägtes Holzstück kontrolliert und nachmisst, ist es zu seinem großen Erstaunen exakt 20 cm lang. Er fragt sie, wie sie es bloß geschafft habe, das Stück millimetergenau abzuschneiden. Mir ist nicht bekannt, welche Begründung Christina dem Lehrer gegenüber abgegeben hat. Zu Hause erwähnt sie nur schmunzelnd: «Ich habe mich mit dem Lehrer letztlich auf ‹Glück gehabt› geeinigt.»

Tatsächlich aber war es anders. Christina erklärt, dass jede Maschine, die eine Mechanik oder Elektronik beinhalte, auch «lebendig» sei, und daher sei sie in der Lage, mit einem solchen Gerät zu kommunizieren. Normalerweise tue sie dies jedoch nicht, da es ihr den Mitschülern und den Menschen im allgemeinen gegenüber einen unfairen Vorteil verschaffen würde. Heute jedoch sei die Holzschneidemaschine von sich aus hilfsbereit gewesen und habe ihr Empfehlungen gegeben: «Jetzt nach rechts» oder «noch ein Stück nach links» und so weiter. Mithilfe dieser Unterstützung sei es ihr möglich gewesen, das Holzstück auf den Millimeter genau abzuschneiden.

Inzwischen gibt es eine ganze Reihe von weiteren Begebenheiten aus unserem Alltag, die veranschaulichen, wie Christina mit mechanischen oder elektronischen Geräten umzugehen versteht. So erlebte ich beispielsweise, wie Christina allein mit der Kraft ihrer Gedanken an unserem Laptop die Lautsprecherfunktion ein- oder ausstellte. Ich war beim Surfen im Internet auf eine Website gestoßen, die von einer schrecklichen Musik unterlegt war. Noch bevor ich die entsprechenden Tasten zum Ausschalten der Musik betätigen konnte, erledigte dies bereits Christina aus einigen Metern Entfernung. Dann schaltete sie den Ton durch Gedankenkraft wieder ein und wieder aus. Und wie bereits erwähnt, hat sie durch ihre Kommunikation mit den entsprechenden Geräten vor einiger Zeit bemerkt, dass einer der Computer in der Schule defekt war, was den Lehrpersonen nicht aufgefallen war.

Manchmal kann ihre hohe Eigenschwingung allerdings auch zum Problem werden im Umgang mit elektromagnetischen Mechanismen. Wiederum einige Monate später sollte Christina nämlich mit einem Laptop in der Schule massive Schwierigkeiten bekommen, da dieser ihre hohe Energie nicht verträgt und andauernd abstürzt, was selbst die fachkundigsten Lehrer vor Rätsel stellt.

Einmal sind wir in einem Einkaufszentrum mit dem Lift stecken geblieben, und ich bat Christina: «Könntest du vielleicht dafür sorgen, dass der Lift wieder fährt?» Und tatsächlich fuhr der Lift schon nach wenigen Sekunden wieder weiter.

Und mein Auto ist, wie Christina berichtet, übrigens ein Mädchen. Auch mit ihm kann sie sich unterhalten. Dies ist für sie völlig normal und natürlich, denn sie kennt es nicht anders.

Weiterhin unerklärlich bleibt uns allerdings, dass Algebra und allgemein Mathematik ihr in der Schule immer noch große Mühe bereiten. Der Umgang mit Zahlen stellt in der Tat die bislang größte Herausforderung für sie dar. Als behelfsmäßige Begründung erwähnt Christina, dass es Zahlen in dieser Form nur in der dritten Dimension gebe. Auch manche der prähistorischen irdischen Hochkulturen, die fünfdimensionale Grundlagen hatten – wie etwa die Kultur des alten Ägypten oder jene der indigenen Völker in Mittelamerika –, kannten eine andere Form von «heiliger Mathematik». Statt Zahlen benutzten sie Hieroglyphen, Geoglyphen usw. In einigen dieser Kulturen gab es auch kein Geld und somit erst recht kein Erfordernis für Zahlen.

Christina sagt auch, sie sei imstande, gewisse Hieroglyphen und Geoglyphen aus alten Hochkulturen zu entschlüsseln und zu übersetzen. Aber das ist eine andere Geschichte.

31

Schulstufenwechsel 2015

Immer noch Ende Juni 2015. Das laufende Schuljahr neigt sich seinem Ende zu, und mittlerweile steht fest, dass Christina nach einem Jahr Sekundarschule nach den Sommerferien in die Realschule heruntergestuft wird.

Da sich die Schülerin im Unterricht selten bis gar nicht meldet, wird ihr Verhalten von den Lehrern verständlicherweise als «passiv» bewertet, obschon sie den Lektionen stets aufmerksam folgt und ruhig und konzentriert arbeitet. Dennoch widerstrebt es ihr oft, zum Auswendiglernen und Repetieren von Schulstoff gezwungen zu werden, der mit ihrer multidimensionalen Wahrnehmung der Realität einfach nicht übereinstimmt. In den naturwissenschaftlichen Fächern hat sie zwar ausreichend gute Noten, doch sie erkennt in den offiziellen Lehrmeinungen immer wieder auch gewisse Unstimmigkeiten, Irrtümer und Halbwahrheiten. Irgendwann erklärte sie mir gegenüber klar und deutlich: «Von nun an werde ich in den naturwissenschaftlichen Prüfungen jeweils die vom Lehrer gewünschten Erklärungen und Ergebnisse zwar hinschreiben, aber zusätzlich auch noch meine eigene Ansicht. Teilweise sollen wir Dinge lernen, die so einfach nicht stimmen.»

Diese gegenseitigen Herausforderungen, zusammen mit der Tatsache, dass sie auch in Französisch eine ungenügende Note hat, gaben letztlich den Ausschlag für die Herabstufung. In der zweiten Realstufe ist Französisch kein Pflichtfach mehr, so dass diese Fremdsprache für sie nach dem Stufenwechsel wegfallen wird. Christina nimmt die Entscheidung völlig gelassen zur Kenntnis, und für einen Moment will es mir scheinen, als habe sie das Geschehen absichtlich so gesteuert. Die letzten Schultage des alten Schuljahres wird das Mädchen nun also noch zusammen mit dieser Klasse verbringen, danach werden sich die Wege trennen.

In der Woche vor den Sommerferien sollen alle Schüler ein eigenes Ordnerblatt gestalten mit dem Titel «Abschlussklasse 2015», wobei sie hinsichtlich der Gestaltung freie Wahl haben. Erstmals schreibt Christina die Buchstaben nicht auf herkömmliche Weise, sondern als Synästhetin. Was mich betrifft, so sehe ich bloß ein paar verschiedenfarbige Punkte auf ihrem Ordnerblatt. Auch die Lehrerin habe gemeint, Christina solle sich doch bitte die moderne Kunst sparen. Christina aber schmunzelt nur und erklärt mir die ganzen Zeichen. Mir wird einmal mehr bewusst, wie gut dieses Mädchen ihre Begabungen im Griff hat und wie sie dabei zugleich bescheiden bleibt und sich dennoch in ihrer Persönlichkeit nicht einschränken lässt. So hat sie auch kein Bedürfnis, sich vor der Lehrerin für ihr Ordnerblatt zu rechtfertigen. Freie Wahl heißt schließlich freie Wahl.

Obwohl die Lehrerschaft darüber informiert ist, dass Christina Synästhetin ist und außerdem über einige weitere sonderbare Begabungen verfügt, haben der Lehrplan und die angestammten Gepflogenheiten Priorität. Das ist soweit auch verständlich und nachvollziehbar, denn unser Schulsystem ist nun einmal so aufgebaut, und die Lehrer haben im Grunde wenig Spielraum. Glücklicherweise weiß Christina mit diesen Gegebenheiten souverän umzugehen. Außerdem ist ihr völlig klar, dass sie zum Erfüllen ihrer Lebensaufgabe niemals auf Schulnoten oder Diplome angewiesen sein wird.

32

Sommerferien 2015

Juli 2015. Die ersten Tage der großen Sommerferien verlaufen außergewöhnlich ruhig. Es herrscht herrliches Sommerwetter, und Christina und Mario verbringen zusammen mit den Nachbarskindern meist den ganzen Tag im Freien. Mario und seine Kumpels beschäftigen sich hauptsächlich mit Heuen, Mähen und Werken, während Christina manchmal mit zwei anderen Mädchen unterwegs und manchmal auch stundenlang mit sich alleine ist. Dass sie dabei allerdings nicht wirklich alleine ist, wissen wir mittlerweile, denn sie kommuniziert dann mit den Tieren, Pflanzen und Steinen, sie beobachtet die Natur oder spielt mit dem Wasser. Oft jongliert sie auch mit einem kleinen Ball, was für sie eine Art Meditation darstellt.

Im Unterschied zu den vergangenen Wochen offenbaren sich während dieser Ferien bei Christina nicht beinahe täglich irgendwelche neuen Begabungen oder Botschaften. Wir führen allerdings weiterhin interessante Gespräche, und Christina berichtet von einigen Erlebnissen aus der jüngsten Zeit, die sie bislang nicht erwähnt hatte. Denn im Leben der Vierzehnjährigen mit all ihren geöffneten Kanälen und Kommunikationsmitteln tragen sich vermutlich auf den verschiedensten Ebenen jeden Tag unzählige Begebenheiten zu. Ich stelle es mir etwa so vor, als würde sie rund um die Uhr gleichzeitig 40 Bildschirme mit 40 verschiedenen Fernsehprogrammen wahrnehmen, ohne sich dabei auch nur im Geringsten überfordert zu fühlen.

Unsere Gespräche beinhalten jedoch nicht nur kleine Anekdoten aus Christinas Alltagsleben, sondern sie behandeln auch eine Vielzahl an komplexen philosophischen, parapsychologischen und naturwissenschaftlichen Themen. Immer wieder bin ich fasziniert davon, über welche Einsichten und welches erstaunliche Wissen diese junge Frau verfügt. Sie geht dabei derart natürlich und selbstverständlich mit all den vielschichtigen Wissensgebieten um, dass es meinem kritischen Verstand nicht gelingt, ernsthaft an ihren Ausführungen zu zweifeln. Was sie darlegt, scheint mir ganz einfach stimmig und schlüssig zu sein und ist aus meiner Sicht nicht zu widerlegen. Im Gegenteil liegt Christinas große Stärke gerade darin, dass sie imstande ist, einzelne schwierige Themengebiete sinnvoll miteinander zu vernetzen und wie bei einem Puzzle Teilchen um Teilchen passend ineinander zu fügen, so dass für mich dabei allmählich ein verständliches Gesamtbild entsteht. So geleitet sie mich Stück um Stück, Phänomen um Phänomen, Themenkreis um Themenkreis schrittweise aus meinem bisherigen dreidimensionalen Denken hinaus in ein viel größeres, umfassenderes Verständnis der irdischen und kosmischen Wirklichkeiten, die für sie so selbstverständlich sind.[*]

Ein Entschluss mit weitreichenden Folgen

Während Christina mir mit jedem Tag ihre bemerkenswerte Sichtweise der Welt ein Stückchen näherbringt und damit meinen geistigen Horizont um Dimensionen weitet, spüre ich in meinem Inneren ganz deutlich, dass ihre Erklärungen nicht bloß für mich bestimmt sind. Mir wird immer klarer, dass ich diese Ausführungen meiner Tochter stellvertretend für viele Menschen empfange und daher verpflichtet bin, sie aufzuschreiben und weiterzureichen. Es kommt mir vor, als sei ich plötzlich ein Teil

---

[*] Im Verlaufe unserer Arbeit am vorliegenden Buch haben wir entschieden, die meisten dieser philosophischen, parapsychologischen und naturwissenschaftlichen Ausführungen nicht hier in Band 1, sondern in den nachfolgenden Bänden wiederzugeben. Das gleiche gilt auch für einige bemerkenswerte Begebenheiten und Phänomene aus den Jahren 2015 und 2016, deren Schilderung wir aus Platzgründen auf Band 2 verschieben.

Zum Abschluss von Band 1 soll daher im Folgenden vor allem noch Christinas äußeres Leben zwischen Sommer 2015 und heute (Frühling 2017) zusammengefasst werden.

eines für mich noch undurchschaubaren, übergeordneten Planes geworden und als sei ich eingeladen und aufgefordert, diese mir zugedachte Rolle nun demütig anzunehmen und sie nach bestem Wissen und Können zu erfüllen.

Bei alledem spüre ich durchgängig, wie sowohl Christina als auch ich von der unsichtbaren Hand einer liebenden göttlichen Instanz geführt werden, die in unserem äußeren und inneren Leben alles genau zum richtigen Zeitpunkt einfädelt. Ich frage Christina, ob dies womöglich Elena sei, ihre ständig gegenwärtige Zwillingsschwester mit dem Körper aus purem goldenem Licht. Doch Christina meint, es handle sich dabei um nochmals jemand anders.

So reift in diesen Sommerferien in mir der Entschluss, in Zusammenarbeit mit Christina das vorliegende Buch zu schreiben. Dass es allerdings nicht bei bloß einem Buch bleiben würde, sondern dass daraus eine ganze Buchreihe entstehen würde und dass uns dafür noch weitere wertvolle Helfer geschickt würden – dies alles ahne ich zu diesem Zeitpunkt noch nicht. Parallel zu diesem Entschluss werden in mir aber auch Zweifel wach – nicht Zweifel an der Echtheit und Wichtigkeit von Christinas Anliegen, sondern erstens an meiner eigenen Befähigung zur Buchautorin und zweitens an der Bereitschaft der Öffentlichkeit, sich auf jemanden wie Christina einzulassen.

Ich kenne mich zwar in medizinischen Belangen recht gut aus, ich kann auch meisterlich laufen, und ich weiß, wie man erfolgreich ein kleines Geschäft führt und eine Familie über die Runden bringt. Aber das Verfassen eines Buches und die gesamte Welt des Verlagswesens sind für mich völliges Neuland. So bete ich zu jener göttlichen Instanz, die uns wohl schon die ganze Zeit über liebevoll führt, sie möge auch hinsichtlich des bevorstehenden Buchprojekts alles Erforderliche in die Wege leiten. Ich meinerseits bin entschlossen und bereit, meinen Anteil zu erfüllen und mein Bestes für diese große und ungewohnte Aufgabe zu geben.

Und was die Bereitschaft der Öffentlichkeit betrifft, so gebe ich mich auch hier vertrauensvoll in höhere Hände. Mir ist selbstverständlich bewusst, in was für eine Gesellschaft wir dieses Buch entsenden werden. Die Thesen des Buches werden für einen Großteil der Menschen eine massive Herausforderung sein, denn sie stellen das vorherrschende dreidimensionale Weltbild komplett in Frage und erschüttern das materialistische Denken in seinen Grundfesten. Außerdem wird das Buch für Frieden und göttliche Weisheit einstehen, für Wahrhaftigkeit und für den unbedingten Respekt vor dem freien Willen aller Lebewesen. Daher ist zu erwarten, dass es in gewissen Kreisen auf vehemente Ablehnung stoßen, ja wahrscheinlich sogar angefeindet und bekämpft werden wird. Doch davon werden wir uns weder beeindrucken noch aufhalten lassen. Ich bin überzeugt davon, dass Christina sich in jeder Situation zu helfen wissen wird. Und für mich selber sehe ich alles Bevorstehende als einen willkommenen neuen Lernprozess an, für den ich mich anscheinend einst freiwillig entschieden habe.

«Was ist denn daran so schwer zu verstehen?!»

An einem der Ferientage bekommen wir Besuch. Es ist erneut ein wunderschöner Sommertag, und wir genießen es, ihn in unserer ruhigen Gartenoase zu verbringen. Christina unterhält sich mit dem Besuch über das Thema der Reinkarnation und der feinstofflichen Welten, und es ist offensichtlich, dass sie dazu über umfangreiche und präzise Kenntnisse verfügt. Als der Besuch sie zweimal wegen irgendeines Details höherdimensionale Sphären betreffend fragt, erwidert sie lachend: «Was ist denn daran so schwer zu verstehen?!»

Alle brechen in schallendes Gelächter aus. Dieser Ausspruch Christinas wird in die Geschichte unserer Familie eingehen, und auch ich werde ihn später bei den verschiedensten Gelegenheiten immer wieder zitieren. Beispielsweise wenn Christina beim Hausaufgabenmachen mal wieder eine Hürde in Mathematik zu meistern hat, wenn es für mich völlig unlogisch erscheint, warum sich dieses Mädchen mit Zahlen so schwertut, dann werde ich sagen: «Was ist denn daran so schwer zu verstehen?!» Dann werden wir alle gemeinsam lachen und uns wundern, wie es

sein kann, dass Christina scheinbar mit allem souverän umzugehen weiß, außer mit ihren Händen und mit Zahlen.

Die «Geheimnisse» der Dunkelmächte

Später an diesem Tag wird Christina von unserem Besuch gefragt, wo sie denn in der vergangenen Nacht unterwegs gewesen
sei. Christina lacht erneut und beginnt voller Begeisterung zu
erzählen: «Ich war in Ägypten. Sag mal, gibt es denn da auch in
Real so eine Art große Katze oder Löwe oder etwas Ähnliches?
Jedenfalls habe ich diesem Tier meine Hand auf die Pfote gelegt, und dann hat sich ein Tor geöffnet. Innen drin war es total
dunkel.»

Selbst für Christina sei es hinter dem Tor dunkel gewesen,
obschon sie ja für gewöhnlich im Dunkeln sehen kann. Die Öffnung sei groß genug gewesen, dass sie sich hätte hineinbegeben
können, aber sie habe sich nicht getraut. Ich bin mir sicher, dass
sie damit die berühmte Sphinx meint. Einmal mehr zeigt sich,
dass für Christina bei manchem, was sie hier auf der Erde zum
ersten Mal sieht oder erlebt, noch der Fachausdruck oder der
irdische Name fehlt.

Sie berichtet weiter, dass sie mittels Astralreisen schon zu vielen der angeblich «geheimsten Geheimorte» dieser Welt gereist
sei, dass sie aber von diesen Orten nicht sonderlich beeindruckt
sei. Dadurch macht sie erneut deutlich, dass sie zwar um die vermeintlichen Geheimnisse und um die dunklen Machenschaften
der destruktiven Mächte dieser Welt weiß, dass sie ihre Aufgabe
aber nicht darin sieht, diese Machenschaften aufzudecken, anzuklagen oder zu bekämpfen. Sie verurteilt die unlichten Wesen
auch nicht für ihr Tun, sondern sie nimmt deren Anwesenheit
einfach gelassen und urteilsfrei als unumgängliche Tatsache hin.
In dieser dritten Dimension gebe es nun einmal sowohl das Licht
als auch das Unlicht, und beides habe vorläufig noch gleichermaßen die Berechtigung, auf der Erde zu wirken. Es obliege
nicht den starken Lichtmächten, die Dunkelmächte aggressiv zu
bekämpfen oder gewaltsam zu vertreiben. Der bevorstehende

Wandel und der Machtwechsel hin zum Licht werde sich vielmehr dann vollziehen, wenn die Bevölkerung wirklich dazu bereit sei. Dann werden sich auch die Regierungen ändern und sich tatsächlich für Demokratie und für Frieden einsetzen.

Das materielle Machtmittel Geld

Aus Christinas Sicht sind außerkörperliche Erfahrungen und Astralreisen oder ihre Kommunikation mit höherdimensionalen Wesen völlig normal, und es ist ihr Wunsch, von anderen auch entsprechend behandelt zu werden. Sie mag es nicht, wenn man sie als etwas Besonderes darstellt oder behandelt. Auch ich bemühe mich, alle diese für mich immer noch ungewohnten Aspekte meiner Tochter als Selbstverständlichkeit anzunehmen. Doch um ehrlich zu sein: Manchmal gelingt mir dies besser, und manchmal ist es auch für mich eine ziemliche Herausforderung. Zu meinem eigenen Erstaunen aber spüre ich inmitten dieser inneren Turbulenzen meist eine sonderbare Ruhe und Gefasstheit, eine Ahnung von Erkennen und von Einverstandensein, wofür ich zutiefst dankbar bin.

Auch unsere Mutter-Kind-Beziehung ist durch Christinas «Anderssein» im Alltag überhaupt nicht in Frage gestellt. Obschon ihr Bewusstsein in weitaus höheren Frequenzen schwingt als meines und obschon sie mir in unzählbar vielen Belangen weit voraus ist, akzeptiert sie ihre Rolle als Tochter und erfüllt sie in vorbildlicher Weise. Dies erleichtert es auch mir, meinerseits die vorgesehene Mutterrolle verantwortungsvoll und liebevoll zu erfüllen. Allgemein gilt ja – unabhängig von der jeweiligen Bewusstseinsfrequenz eines Kindes –, dass wir als Eltern nicht das Recht haben zu bestimmen, was unser Kind denken oder fühlen, was es sagen oder wie es handeln soll. So sehe ich meine Aufgabe derzeit vornehmlich darin, die Geschehnisse mit wacher Aufmerksamkeit zu verfolgen und sie allabendlich möglichst getreu und unverfälscht aufzuschreiben.

Auch wenn ich weiß, dass es im Grunde keinerlei Anlass gibt, mir Sorgen zu machen, beschleicht mich – wie wohl jede Mutter – doch gelegentlich eine kleine Unsicherheit. Ich frage mich dann: Wie wird das alles mit Christina weitergehen? Was wird da wohl in den kommenden Jahren noch auf unsere Familie zukommen? Und werde ich imstande sein, alle meine Herausforderungen zu meistern?

In diesem Zusammenhang fällt mir wieder Christinas frühere Aussage ein: «Ich werde nie ein Handy oder Geld brauchen, und ich werde auch nie ein Auto lenken.» Die Sache mit dem Handy ist mittlerweile geklärt, denn ihre Kommunikation läuft hauptsächlich über telepathische Kanäle. Und was Autos betrifft, so besteht tatsächlich keine Notwendigkeit, dass sie später den Führerschein macht und selbst Autos lenkt. Es gibt ja genügend andere Menschen, die dies bereits tun; nicht zuletzt ihr Bruder Mario ist schon ganz erpicht darauf, alle möglichen Fahrzeuge nicht nur zu lenken, sondern auch zu bauen. Mario gegenüber hat Christina schon mehrfach erwähnt, dass er aufgefordert sei, auch die Möglichkeit von Fahrzeugen ohne Räder und ohne herkömmlichen Treibstoff in Betracht zu ziehen. Aus ihrer Sicht muten unsere Autos und Räderfahrzeuge eher «steinzeitlich» an, denn sie kennt Fortbewegungsmittel, die mit der freien Energie des Raumes funktionieren.

Wie aber soll ich Christinas Aussage deuten, dass sie niemals Geld brauchen werde? Nach allem, was ich weiß, ist es schlichtweg ein Ding der Unmöglichkeit, in unserer materialistischen und geldfixierten Gesellschaft ohne eigene finanzielle Mittel zu überleben. Die Tatsache, dass das Geld weltweit das Machtmittel Nummer eins darstellt, ist uns allen bekannt. Ebenfalls bekannt ist auch die traurige Tatsache, wie ungleich das Geld unter den Menschen verteilt ist: Die reichsten 1 % der Menschen besitzen mehr als die restlichen 99 % zusammengenommen, und diese Kluft zwischen den Reichsten und dem Rest der Welt vergrößert sich mit jedem Jahr mehr. Allein die acht vermögendsten Superreichen besitzen etwa gleich viel Geld wie die halbe Menschheit, und es sieht nicht danach aus, dass sich an diesen Zuständen in absehbarer Zeit etwas ändern wird. Oder etwa doch?

Für Christina hat das Geld noch nie einen hohen Stellenwert gehabt. Ihr Taschengeld verschenkt sie meistens an ihren Bruder,

der sich davon Werkzeuge und ähnliches kauft. Aber sie ist alles andere als naiv, und so ist ihr sehr wohl bewusst, dass diese Welt momentan vom Geld regiert wird und dass sich die allermeisten Menschen zeitlebens hauptsächlich mit Geldverdienen abmühen müssen. Auch Christina wird, so denke ich mir, früher oder später darauf angewiesen sein, sich irgendwie ihren Lebensunterhalt zu verdienen. Zu meinem Entsetzen kommt mir dabei kurz der Gedanke, dass sie sich möglicherweise entscheiden könnte, bereits vor Erreichen des Erwachsenenalters diese dritte Dimension wieder zu verlassen. Dies aber würde, so beruhige ich mich umgehend selbst, keinerlei Sinn ergeben. Diese Seele ist doch nicht von weither eigens hier zu uns in diese Dichte gekommen und hat diese ganzen Strapazen ihrer Geburt und frühen Kindheit im Kinderspital und mit der PEG-Sonde auf sich genommen, um sich sofort wieder zu verabschieden. Außerdem hat sie ja erst kürzlich betont, dass sie erst dann gehen werde, wenn ihre Mission erfolgreich erfüllt sei.

Nochmals also: Wie soll ich Christinas Aussage deuten, dass sie später kein Geld brauchen werde? Ist die Aussage etwa symbolisch gemeint, will sie mir damit etwas ganz anderes sagen? Ich spreche sie darauf an, und ihre Antwort lautet kurz und bündig: «Dieses materielle Machtmittel Geld existiert nur in dieser dritten Dichte. In allen anderen Dimensionen braucht es das nicht.»

Ich kann mir durchaus vorstellen, dass höherdimensionale Zivilisationen völlig ohne Geld auskommen und statt dessen bessere Mittel gefunden haben, um ihr Zusammenleben zu organisieren. Die Frage aber bleibt, ob es der jetzigen Menschheit auf der Erde gelingen wird, sich derart rasch in Richtung fünfte Dimension zu entwickeln, dass das Geld tatsächlich bald keine Bedeutung mehr haben wird. Wer weiß, vielleicht wird es für Christina auch eine kurze Zwischenphase geben, in der sie doch ein wenig mit Geld zu tun haben wird, bevor es dann wieder überflüssig wird. Oder vielleicht ist sie auch irgendwie in der Lage, sich alles, wofür man Geld braucht, ohne Geld zu beschaffen. Ich weiß es nicht, und es hilft auch nichts, darüber zu spekulieren. Die Zukunft wird es ja ohnehin offenbaren.

33

Wesen des Unlichts

Mitte August 2015. Ursprünglich wollte ich es vermeiden, in diesem Buch den negativen Energien und destruktiven Dunkelmächten Platz einzuräumen. Doch anscheinend werde ich nicht gänzlich darum herum kommen, dieses Thema zu erwähnen. Denn erstens gehört die Dualität von Licht und Unlicht nun einmal zur Realität in unseren Dimensionen und sollte nicht übersehen werden, und zweitens ist auch stark damit zu rechnen, dass durch das zukünftige Wirken Christinas die Mächte des Unlichts aufgescheucht werden und sich bemerkbar machen werden.

Die Dualität von Licht und Unlicht

Wie bereits in Kapitel 12 («Licht und Unlicht») ausgeführt, positioniert sich Christina ganz klar auf der Seite des Lichts, also auf der Seite derjenigen Wesen, die das Göttliche und Lichtvolle anerkennen und sich selbst als ein Diener dieses Göttlichen verstehen. Merkmale dieser Licht-Mentalität sind beispielsweise: Anerkennung und Bejahung der göttlichen Absolutheit; unbedingter Respekt vor dem freien Willen aller anderen Geschöpfe; konstruktives und harmonierendes Zusammenwirken im freundschaftlichen Austausch mit allen Wesen; bedingungsloses Unterstützen der anderen durch Rat, Ermutigung und das Appellieren an die eigenen Stärken; bewusster Verzicht auf Manipulation, Feindbilddenken, aggressive Gewalt und auf das Spielen mit Angst. Das Motto der Lichtwesen lautet: *«Dein Wille geschehe!»*, und zwar bezogen sowohl auf den Austausch mit anderen Lebewesen als in höchster Instanz auch auf Gott. Im Gegensatz dazu lautet das Motto der Wesen des Unlichts: «*Mein* Wille geschehe!»;

ohne Respekt und ohne Rücksicht sind sie bereit, zum Erreichen ihrer eigenen Ziele andere Lebewesen zu manipulieren, auszunutzen, zu übervorteilen oder sie auch gewaltsam aus dem Weg zu räumen.

Wesen, die sich für die Mentalität des Unlichts entschieden haben, halten sich in zahlreichen kosmischen Dimensionen auf, so auch in unserer dritten Dichte der Erde und in den irdischen Parallelwelten. Das heißt, wir finden sie sowohl als Menschen inkarniert (und zwar meistens dort, wohin die Spuren der Macht und des Geldes führen) als auch in den erdnahen Sphären der Verstorbenen und anderen feinstofflichen Wesen. Gerade unsere irdischen Ebenen bilden kosmisch gesehen eine Art Schule, um hier zu lernen, zwischen dem Licht und dem Unlicht zu unterscheiden, und sich dann bewusst für die eine oder die andere Seite zu entscheiden.

Man könnte diese Dualität von Licht und Unlicht auch als «das Gute und das Böse» oder als «das Negative und das Positive» bezeichnen. Hierbei ist es jedoch wichtig zu betonen, dass solche Bezeichnungen unsererseits nicht wertend gemeint sind, sondern lediglich beschreibend. Denn echte Lichtwesen erkennen zwar sehr wohl den Unterschied zwischen diesen beiden Mentalitäten und Lebensentwürfen, doch weil sie sich nicht in den freien Willen anderer einmischen – auch nicht in den freien Willen der Wesen des Unlichts –, respektieren sie auch den Entscheid einer Seele, dem Bösen zu folgen, ohne diese Seele deswegen zu bewerten oder zu verurteilen.

So sind die Bezeichnungen «das Gute und das Böse» oder «das Negative und das Positive» hier eben nicht wertend zu verstehen, sondern vielmehr ganz einfach nach ihrer ursprünglichen wörtlichen Bedeutung.* Ein Wesen mit negativer Mentalität ist

---

* Von der etymologischen Wortherkunft der deutschen Sprache her heißt «das Gute» wörtlich: «das, was [mit dem göttlichen Willen] zusammenpasst und daher tauglich und konstruktiv ist», während «das Böse» wörtlich bedeutet: «das, was stolz, prahlerisch und übermütig ist».

In ähnlicher Weise heißt «das Positive» wörtlich: «das, was sich [an göttliche Gesetze] hält», während «das Negative» wörtlich bedeutet: «das, was [göttliche Gesetze] verneint und ablehnt».

demnach ein Wesen, das sich mithilfe seines freien Willens dafür entschieden hat, kein Diener des großen Ganzen und der bestehenden göttlichen Ordnung zu sein. Ein solches «Negativwesen» ist aber deshalb nicht schlechter oder geringer als ein «Positivwesen», sondern es befindet sich derzeit lediglich auf dem entgegengesetzten, vom Lichte abgewandten Weg. Wir möchten dies hier klarstellen, um nicht überflüssigerweise dem destruktiven Feindbilddenken oder dem Verurteilen anderer Lebewesen Vorschub zu leisten. Auch manipulative Negativwesen, die Böses tun, sollten aus göttlicher Perspektive betrachtet nicht diffamiert werden.

Mögliche Bezeichnungen der Dualität von Licht und Unlicht sind etwa:

das Gute — das Böse
das Positive — das Negative
im Licht — im Unlicht (getrennt vom Licht)
dem Licht zugewandt — vom Licht abgewandt
gottzugewandt — gottabgewandt
göttlich — ungöttlich, widergöttlich

Das Licht des Göttlichen ist im gesamten Kosmos immerzu gegenwärtig, und es steht jedem Geschöpf frei zu entscheiden, sich ihm zuzuwenden und in konstruktiver Weise mit ihm zusammenzuwirken. Damit wird deutlich, dass die Wesen des Unlichts nicht auf ewig vom Licht getrennt sein müssen, sondern dass sie sich jederzeit auch umentscheiden können und, statt sich vom Licht des Göttlichen abzuwenden, sich wieder diesem Licht zuwenden können. Gerade deswegen ist es wichtig, sie nicht zu verurteilen oder zu verdammen, sondern ihnen die Türe zum Licht stets offen zu halten, ohne jedoch mit ihnen in Resonanz zu gehen.

Die Wesen des Unlichts befinden sich in einer bedauernswerten Lage. Sie führen ein Dasein in konstanter, peinigender Angst und in einem konstanten Bewusstsein des Mangels. Da sie sich freiwillig von der göttlichen Quelle abgewandt haben, die ihnen unaufhörlich und unter allen Umständen Schutz, Zuflucht und

Energie schenken könnte, befinden sie sich immerfort in Angst und Sorge um ihr Überleben und versuchen, sich eigene Quellen der Energie zu verschaffen oder zu erschaffen. Dabei haben sie keine Skrupel, für ihre eigenen Zwecke auch die Energien anderer Lebewesen anzuzapfen, indem sie andere manipulieren, ausnutzen und missbrauchen.

Dies alles tun sie allerdings nicht aus abgrundtiefer Bosheit, sondern aus schierer Verzweiflung und aus der ihnen innewohnenden, schmerzhaften Existenzangst. Aus ihrer Sicht ist das Dasein in dieser Welt nicht etwa ein endloses Fest der Freude im liebevollen Austausch mit den anderen Dienern des Lichts, sondern ein fortwährender, erbitterter Kampf ums Überleben, in dem letztlich jeder auf sich alleine gestellt ist und für sich selber kämpfen muss. Durch diese unlichte, gottferne Mentalität stehen die Negativwesen ununterbrochen unter einem selbst erzeugten Druck und Zwang, und der Konkurrenzkampf gegeneinander und der Kampf ums eigene Überleben bestimmt ihr Dasein. Und weil sie innerlich derart weit vom Frieden und von der Harmonie entfernt sind, gelingt es ihnen auch nicht, in ihrem äußeren Leben und Zusammenleben nachhaltig Frieden zu schaffen. Somit befinden sie sich beständig nicht nur in Angst, Misstrauen und Missgunst, sondern auch im inneren und äußeren Krieg gegen alle anderen.

Christina nennt die Wesen des Unlichts auch «Schattengestalten», und wie bereits erwähnt, betont sie stets, dass in Wahrheit alle Geschöpfe das Licht des Göttlichen in sich tragen, egal wie destruktiv sie sich gerade verhalten mögen. Sie sagt: «Einige haben einfach vergessen, dass sie Licht sind.»

In den erdnahen Sphären der verstorbenen Menschen und anderer feinstofflicher Lebewesen irren zahlreiche Wesen des Unlichts umher. Wie alle Menschen mit einer erweiterten Wahrnehmung, so trifft auch Christina dort beständig auf solche Schattengestalten. Da sie sich aber gegenüber negativen Energien abzugrenzen weiß, erzeugt deren Anwesenheit bei ihr keine Angst und keine Beklommenheit. Sie erkennt, in welch misslicher Lage sich diese tiefschwingenden, verzweifelten Gestalten befinden, und sie begegnet ihnen in wohlwollender Freundlichkeit.

Andere mediale Menschen aber, vor allem auch Kinder, die feinstoffliche Wahrnehmungen haben, lassen sich gelegentlich von den Schattengestalten erschrecken und Furcht einflößen. Sie nennen sie dann beispielsweise Kinderräuber, Verfolger, Vampire, Dämonen usw. Diese unglückseligen Schattengestalten versuchen in feinstofflicher Weise, über die Aura der Menschen an deren Energien heranzukommen, und zu diesem Zweck erzeugen sie gerne Angst und Schrecken, da diese Bewusstseinszustände mächtige Energien freisetzen.

Aber es gibt auch Wesen des Unlichts, die weniger «harmlos» und bedeutend mächtiger und einflussreicher sind. Christina erklärt: «Manche Schattenwesen sind sehr intelligent und gerissen. Sie geben sich als Propheten des Guten aus und täuschen so ein falsches Licht vor, um die Menschen in die Irre zu führen und vom echten Licht fernzuhalten. Solche Dunkelwesen erkennt man daran, dass sie behaupten, es gebe das Böse nicht. Dadurch verraten sie sich und lassen erkennen, dass sie nicht wirklich im Licht sind. Denn in unseren Dimensionen gibt es immer parallel sowohl das Licht als auch das Unlicht, sowohl das Gute als auch das Böse. Und es geht hier darum zu lernen, das eine von dem anderen zu unterscheiden.»

Christinas Jahre der Prüfungen

Christina berichtet mir heute davon, dass sie auf der feinstofflichen Ebene schon äußerst intensive Konfrontationen mit jenen starken Mächten des Bösen erlebt habe, die schon seit längerer Zeit auf der Erde versuchen, die Menschheit zu unterwerfen und zu beherrschen. Zugleich aber weiß sie zu berichten, dass der Einfluss dieser Mächte gegenwärtig massiv abnimmt. Sie sagt, seit dem Jahr 2012 seien rund die Hälfte der feinstofflichen Schattenwesen verschwunden, da sie die zunehmend höheren Lichtschwingungen auf unserem Planeten schlichtweg nicht aushalten. Im Gegenzug dazu finden immer mehr hohe Lichtwesen Lebensraum auf unserem Planeten, indem sie sich hier inkarnieren.

Als Kind habe Christina diese feinstofflichen, dunklen Gestalten häufig gesehen, anfänglich vor allem abends und nachts, wenn sie nach draußen schaute. Während sie dies sagt, wird mir mit einem Mal klar, warum das kleine Mädchen damals ständig Stühle an die Fenster schob, um hinauszublicken. Sie schaute sich nicht bloß die Sterne am Nachthimmel an, sondern sie sah auch diese riesigen Dunkelwesen, die versuchten, ihr Angst zu machen und sie wieder von diesem Planeten zu vertreiben.

In den Jahren 2010 bis 2012, so erzählt Christina weiter, haben diese unwillkommenen «Besuche» bei ihr merklich zugenommen. Ganze Legionen von Schattenwesen, meist in rot-schwarzen oder grauen Farbtönen, seien aufmarschiert, um ihr Angst zu machen und sie zu bedrohen. Auch tagsüber haben sie während jener Zeit das Mädchen auf Schritt und Tritt verfolgt und es immer wieder umzingelt. Doch Christina habe nie Angst verspürt. Im Gegenteil, sie sei dann jeweils einfach unerschrocken auf die Gestalten zugegangen, so dass diese ihrerseits vor ihr zurückgewichen seien.

Sie fügt hinzu: «Wenn diese Schattengestalten auftauchten, war stets auch Elena zugegen mit ihrem hellen Licht. In jenen Jahren erschien Elena allerdings nur immer draußen, nie im Haus drinnen. Während ich nachts nach ihr suchte, wurde ich gleichzeitig massivst mit dem Bösen konfrontiert. Dadurch habe ich gelernt, aus eigener Kraft das Licht vom Unlicht zu unterscheiden und mich am Licht zu orientieren.»

Dann berichtet sie weiter: «Diese Energien des Bösen habe ich jeweils deutlich gespürt, noch bevor ich sie gesehen habe. Und obwohl diese Schattenwesen sehr intelligent und gerissen und auf eine teuflische Weise genial sind, besitzen sie doch eines nicht: Weisheit. Mit Weisheit kann man sie entmachten. Mir ist schon als kleines Kind bewusst gewesen, dass ich mich eines Tages dieser Dunkelheit würde stellen müssen. Auch Jesus hatte sich dem Bösen zu stellen, nämlich als er damals für vierzig Tage alleine in die Wüste ging, um zu fasten und zu meditieren. Dort wurde er von dem Bösen in Versuchung gebracht, und dies war eine wichtige Erfahrung in seiner Entwicklung. In ähnlicher Weise war es auch für mich entscheidend, in jenen beiden Jahren von 2010 bis 2012 diese Erfahrungen zu machen und mich ohne jegliche Unterstützung dem Unlichten zu stellen.»

Damals war Christina zwischen neun und elf Jahre alt. Ich kann es kaum fassen, was für Konfrontationen und Prüfungen das kleine Mädchen zwei volle Jahre lang durchlebte, ohne dass ich auch nur einen blassen Schimmer davon hatte. Offenbar aber ist es ihr gelungen, allein mit ihrer Weisheit und ihrem inneren Frieden den fortwährenden Angriffen und Versuchungen der Dunkelmächte zu widerstehen.

Sie beschreibt mir in der Folge noch einige Episoden aus jener Zeit, die derart gruselig und furchterregend sind, dass ich sie hier nicht wiedergeben möchte. Es ist mir einmal mehr ein Rätsel, wie ein Kind von zehn Jahren mit solchen Horrorszenarien zurecht kommen konnte. Aber Christina ist eben kein gewöhnliches Kind, das wird auch hier deutlich. Aus ihren Schilderungen spüre ich heraus, dass sie mir die schlimmsten Einzelheiten und das ganze Ausmaß der Belästigungen erspart, da ich wohl kaum damit umgehen könnte. Manchmal habe sie sich schon gefragt, wie ich als ihre Mutter denn bei diesem infernalischen Lärm in der Nacht noch schlafen konnte. Denn viele Begebenheiten spielten sich direkt in unserem Haus ab. Später sei ihr bewusst geworden, dass der Lärm ja feinstofflich und für Menschen ohne erweiterte Wahrnehmung gar nicht zu vernehmen war.

Eine weitere Sache ergibt jetzt plötzlich einen Sinn für mich: Im Flur des Obergeschosses war auf Wunsch von Christina nachts jahrelang immer das Licht eingeschaltet geblieben, ausnahmslos jede Nacht – bis zum Jahr 2012. Danach brauchte sie es nicht mehr.

«Hast du denn wirklich niemals Angst vor diesen Schattengestalten gehabt?», frage ich nochmals nach.

«Nein. Obschon sie echt alles versucht haben, um mir Angst einzujagen. Denn Angstschwingungen sind die Nahrung der unlichten Wesen. Da sie das Positive und Lichtvolle meiden, müssen sie sich ihre Energie von dort holen, wo die Menschen tief schwingen und negative Energien aussenden.»

Seit dem Jahr 2012 sei, so beruhigt mich Christina, zum Glück die schlimmste Zeit vorbei – nicht nur für sie selbst, sondern auch global gesehen. Aufgrund der fortwährenden planetaren Schwingungserhöhung seien die Dunkelwesen dabei, ihren Einfluss immer mehr einzubüßen und massenweise den Planeten zu verlassen. Außerdem sei es aufgrund der abnehmenden physikalischen Dichte auf der Erde neuen Dunkelwesen nicht mehr möglich, hier als Menschen zu inkarnieren, da ihre tiefschwingende Energie hier nicht mehr lebensfähig sei. Anders ausgedrückt: Je höher die kollektive göttliche Bewusstseinsenergie auf der Erde, desto weniger können niedere, destruktive Energien hier Lebensraum finden. Das ist doch mal eine gute Nachricht!

Christina berichtet auch, dass seit 2012, nachdem sie ihre zweijährigen Prüfungen offensichtlich erfolgreich bestanden habe, Elena immer und überall an ihrer Seite sei, nicht nur draußen und vor dem Fenster, sondern auch im Haus drinnen. Das sei einfach wundervoll!

Die Ohnmacht der Mächtigen und das höhere Prinzip der Liebe

Ich frage weiter: «Aber es macht den Anschein, als seien trotzdem noch sehr viele Dunkelwesen auf der Erde, die hier ihr Unwesen treiben und die gezielt Angst und Schrecken verbreiten. Sie sind ja nicht nur in den feinstofflichen Ebenen zu finden, sondern auch ganz konkret in den diversen Machtsystemen der Wirtschaft, der Politik, des Militärs, der Religionen usw. Angesichts der aktuellen Medienberichterstattungen könnte man meinen, dass das Böse und Destruktive derzeit immer stärker präsent ist und immer mehr Menschen in seinen Bann zieht. Oder täusche ich mich da?»

Christina bestätigt: «Ja, das täuscht, denn es handelt sich im Grunde bloß um eine sehr kleine, aber ziemlich mächtige Minderheit. Sie sind jetzt unter Druck geraten aufgrund der zunehmenden Schwingungserhöhung auf der Erde. Diese dunklen Machthaber sind darüber informiert worden, dass die Erde einen Prozess der Schwingungserhöhung durchmachen wird, und so sind sie nun an allen Ecken und Enden ihren Existenz-ängsten ausgesetzt. Ihre Angst davor, ihre Machtposition und damit ihre Energiequelle zu verlieren, ist massiv größer als beispielsweise die Angst der unwissenden Bevölkerung vor Terror, Krieg und Chaos. Die Dunkelmächte wissen schon seit längerem, was mit diesem Planeten geschehen wird, und sie haben in der Vergangenheit alles versucht, um die Schwingung tief zu halten. Dies taten sie vor allem dadurch, dass sie immer wieder Angst und Schrecken verbreitet und geschürt haben, um auf diese Weise der kollektiven Bewusstseinserweiterung entgegenzuwirken. Und nun, da sie spüren, dass ihre Zeit bald abgelaufen sein wird, reagiert diese massiv unter Druck stehende, autokratische Minderheit noch heftiger denn je.

Über diese größeren Zusammenhänge scheinen sich viele Menschen nicht bewusst zu sein. Daher meinen manche, dass man den herrschenden Dunkelmächten mit Gegengewalt, mit Verurteilung, Sanktionen und Gegenschlägen begegnen sollte. Doch auf diese Weise wird es nur Verlierer auf beiden Seiten geben. Viel besser wäre es, sie nicht als Feinde zu betrachten und sich somit nicht auf ihr Energieniveau hinunter zu begeben, sondern ihnen in einer neutralen Haltung konstruktive Perspektiven anzubieten, so dass auch sie die Möglichkeit zur Transformation haben.»

Immer wieder bin ich erstaunt über die große Weisheit und Liebe, die meine Tochter in sich trägt. Obschon sie genau erkennt, welche dunklen Machtspiele hinter den Kulissen unserer Gesellschaft gespielt werden, und obschon sie selbst jahrelang aufs Massivste von Dunkelwesen belästigt und angegriffen worden ist, hegt sie ihnen gegenüber keinen Groll und keine Feindseligkeit.

In einem späteren Text erklärt Christina das höhere Prinzip der Liebe mit folgenden Worten: «Menschen oder auch ganze Völker, die ein Defizit an Liebe haben, werden anfällig für Angst und Gewalt. Sie stehen unselbständig, chaotisch und selbstsüchtig in ihrem Leben. Dadurch laden sie machthungrige, manipulative Wesen geradezu ein, denn diese ernähren sich von Angstschwingungen. In Bezug auf eine ganze Nation bedeutet das, dass die kollektive Lieblosigkeit unter den Menschen dazu führt, dass machthungrige Dunkelwesen die Regierungen übernehmen und ein Chaos regulieren können, welches Aufgrund der Abwesenheit der selbstorganisierenden Kraft der Liebe entstanden ist.

So wie man Lebenskraft als Liebe erfährt, so wird das Nichtverbundensein mit Allem als Ego, Angst und Hass erfahren. Die Machthungrigen ernähren sich aus solchen Ängsten. Eine Regierung ohne Liebe wird somit nie frei, gerecht und idealistisch sein können. Bevölkerungen, die zu ängstlich, zu selbstsüchtig und zu chaotisch sind, um auf eigenen Beinen zu stehen, laden undemokratische Regierungen dazu ein, das Volk gewaltsam zu regieren und so einen Käfig zu erschaffen für all jene, die ihren Verstand verloren haben. Solange ein Mensch oder eine Bevölkerung mehr Angst als Liebe in sich trägt, wird Demokratie, egal wie fair und richtig sie erscheinen mag, immer nur dazu benutzt werden, die Massen zu hypnotisieren. Autokratische Mächte arbeiten hinter den Kulissen dieser Welt. Ihre Medien lenken bewusst Ärger und Ängste auf die Menschen, obwohl die Feinde, von denen man ihnen erzählt, nur erfunden sind.

Wenn die Gier und die Sucht nach Macht und Ruhm dominieren, wird das Ego verehrt und die Ausgestaltung des Bewusstseins der Liebe unterbunden. Solche Systeme werden sich selbst zerstören. Echte Veränderung muss jetzt von außerhalb des Systems kommen. Echte Veränderung muss von den Menschen der neuen Zeit kommen. Denn lügende und betrügende dunkle Regierungen können der Kraft eines wirklich liebenden Menschen nicht standhalten. Diese Liebeskraft kommt aus der Seele, und sie ist die Grundlage einer jeden gewaltfreien Revolution. Die Liebe ist die größte Kraft im Universum – sowohl in der Natur als auch in jedem einzelnen Menschen. Und um wahre Freiheit und Gleichheit unter den Menschen zu erreichen, ist eine Bevölkerung notwendig, die im Einklang mit den göttlichen Gesetzen und dem göttlichen Willen lebt, in welchem die Liebe die Basis von allem ist, was ist.»

Christina referiert weiter, und ich höre ihr beeindruckt weiter zu. Sie sagt: «Sobald bei einem Menschen eine Bewusstseinserweiterung stattfindet und sein drittes Auge aktiviert wird – wie dies heute bei ganz vielen Menschen geschieht –, wird er nebst dem vielen Schönen auch diese feinstofflichen Schattengestalten wahrnehmen. Dann besteht sein Lernprozess darin, wie er auf ihre Anwesenheit reagiert. Wird er konstruktiv und liebevoll mit seinen erweiterten Wahrnehmungen umgehen, oder wird er Angst bekommen und sich aus dieser Ebene wieder zurückziehen? *Die Menschen können sich gewiss sein: Natürlich gibt es diese unlichten Schattenwesen, aber immer und überall ist auch das Gute und Lichtvolle gegenwärtig, an dem sie sich orientieren können. Jede Seele hat jederzeit die Wahl zwischen dem Unlicht und dem Licht.*»

Christina erläutert weiter, dass es also vom individuellen Energieniveau eines Menschen abhängig sei, wie er mit der Anwesenheit von Licht und Unlicht in dieser Dimension umgeht. Und dieses individuelle Energieniveau lässt sich mithilfe des freien Willens ja verändern. Erwachsenen gibt sie den Rat, möglichst authentisch sich selbst zu sein, sich also weder durch eigene Ego-Muster noch durch Manipulationen von außen beeinflussen zu lassen. Auch sollten sie nicht mit ihrer Vergangenheit hadern oder sich für Dinge verurteilen, die sie früher getan oder nicht getan haben. Wenn man auf diese Weise im Einklang mit sich selbst ist und sich von unnötigem Ballast befreit, steht der Bewusstseinserweiterung nichts mehr im Wege.

Für die Kinder der neuen Zeit sei es deutlich einfacher, ihr Energieniveau zu erhöhen, da ihr Bewusstsein noch nicht von so vielen destruktiven Mustern sabotiert werde, die sich im Laufe einer Biografie ansammeln. So sei ihre Frequenz von Natur aus höher, und daher sei für viele der heutigen Kinder die multidimensionale Wahrnehmung völlig natürlich.

Lichtvolles Verhalten im Alltag

Später denke ich darüber nach, was Christina mir heute dargelegt hat. Ich habe zwar keinen Einblick in die höherdimensionalen Gefechte der Schattenwesen, die offenbar ständig in den feinstofflichen Sphären ausgetragen werden, aber auch in meinem dreidimensionalen Leben existiert die Dualität von Licht und Unlicht. Auch hier habe ich die Möglichkeit, meine Unterscheidungskraft zu schulen und mich dann in vollem Bewusstsein freiwillig am Licht zu orientieren. Auch hier kann ich erkennen und anerkennen, dass ich Licht bin und mich nicht vom Unlicht in Angst und Panik versetzen lassen muss. Auch hier kann ich jederzeit wählen, ob ich charakterlichen Unzulänglichkeiten oder fehlerhaften Entscheidungen und Abwegen bei mir selbst oder bei anderen Menschen Gewicht gebe oder nicht. Auch hier kann ich Verständnis, Vergebung und Liebe üben und mich von destruktivem Feindbilddenken und von sinnlosem Verurteilen distanzieren.

Insbesondere den Eltern von hochschwingenden Kindern möchte ich heute sagen: Auch wenn die Konfrontation mit der Seite des Unlichts bei weitem nicht immer derart intensiv abläuft wie in Christinas Fall, so ist doch damit zu rechnen, dass auch Ihre Kinder solchen Herausforderungen begegnen werden. Versuchen Sie daher bitte unter allen Umständen, Verständnis für Ihre Kinder zu haben. Wenn Ihre Töchter oder Ihre Söhne von dunklen Gestalten erzählen, die sie nachts heimsuchen, dann nehmen Sie dies bitte ernst und unterstützen Sie Ihre Kinder dabei, das Lichte und das Unlichte angstfrei unterscheiden zu lernen. Leben Sie an ihrem eigenen Beispiel vor, was Liebe, Weisheit und innerer Frieden bedeuten und wie man sich mithilfe dieser Tugenden vor der Angst und vor den Angriffen der Schattenwesen bewahren kann.

Es ist bekannt, dass hochschwingende Seelen sich häufig dafür entscheiden, in schwierige Lebenssituationen hineingeboren zu werden und sich besonderen Herausforderungen zu stellen. Aber ebenso ist zu beobachten, dass manche dieser Seelen, wenn sie dann in ihrer Inkarnation angekommen sind und sich ihren Lernprozessen ausgesetzt sehen, Gefahr laufen zu vergessen. Die feinstofflichen Dunkelmächte setzen alles daran, gerade solche Kinder anzugreifen, zu schwächen und von ihrem Lebensplan abzubringen, und deshalb ist es besonders wichtig, dass die Kinder der neuen Zeit seitens ihrer Eltern und Lehrer Verständnis und Unterstützung erhalten.

Aus zahlreichen Gesprächen mit solchen Kindern weiß Christina, dass ganz viele unter ihnen die feinstofflichen Schattengestalten wahrnehmen können und unterschiedliche Bezeichnungen dafür haben. Viele trauen sich jedoch nicht, mit ihren Eltern darüber zu sprechen, und leiden unter dieser geistigen Isolation innerhalb der eigenen Familie. Da sie hoch schwingen, nehmen diese Kinder natürlich auch zugleich das Lichte und Schöne wahr und orientieren sich natürlicherweise daran. Und doch wäre es sowohl für die Kinder als auch für die Erwachsenen wünschenswert und auch bedeutend leichter und freudvoller, wenn mehr Offenheit und Verständnis gelebt würde.

Dasselbe gilt auch für den Umgang von uns Erwachsenen untereinander. Angesichts der Frequenzerhöhung, in der sich unser Planet nunmehr befindet, und angesichts der bevorstehenden gesellschaftlichen Veränderungen, die sich im Zuge dessen ereignen werden, sind wir aufgefordert, auch unser persönliches Verhalten zu überdenken. Sind wir bereit, die «Mängel» und «Fehler», die andere unserer Ansicht nach haben, wohlwollend zu akzeptieren? Sind wir bereit, ihre «Fehlentscheidungen» und «Fehltritte», die sie unserer Meinung nach gemacht haben, nicht zu verurteilen? Gelingt es uns, darauf weder mit Empörung zu reagieren noch mit Strafen, Sanktionen oder Gegenaktionen? Und ebenso wichtig: Wie gehen wir mit unseren eigenen Mängeln und Fehltritten um? Gelingt es uns, auch uns selbst nicht zu verurteilen und nicht zu bestrafen?

Denn Verurteilung, Empörung, Abscheu, Verachtung, Rachegelüste, Feindbilddenken, Hass, Zorn, Neid, Missgunst, Habgier und dergleichen sind – genau wie die Angst – starke negative Energien, die nicht nur unsere eigene Frequenzerhöhung massiv blockieren, sondern auch die Nahrung der unlichten Schattengestalten darstellen. Wollen wir wirklich diese tief schwingenden, destruktiven Wesen auf diese Weise mit unserem eigenen Bewusstsein füttern, nähren und stärken?

Hochschwingende und bewusstseinserhöhende Energien sind im Unterschied dazu beispielsweise: das Verstehen, das Verzeihen (ganz wichtig!) und das gegenseitige Unterstützen. Statt andere schlecht zu machen, um uns dadurch vermeintlich ein wenig besser zu fühlen, könnten wir anderen bewusst die Hand reichen und ihnen die Chance bieten, sich ebenfalls zum Positiven hin zu transformieren. Wenn man sich gegenseitig versteht, verzeiht und unterstützt, dann entsteht eine für alle Parteien hochenergetische «Win-win-Situation». Dies ist deutlich erfüllender und konstruktiver als das gegenseitige Verurteilen und Runterziehen.

Wir sind nicht dazu berufen, andere Menschen oder auch höherdimensionale Wesen für ihre Missetaten anzuklagen und zu bestrafen, denn hierfür sind bereits entsprechende kosmische Instanzen zuständig, beispielsweise das kosmische Gesetz der Kausalität. Gemäß diesem Gesetz von Ursache und Wirkung (in der östlichen Philosophie auch Karma genannt) wird jedes Wesen genau das ernten, was es gesät hat. Schon der Volksmund weiß: «Wie man in den Wald hinein ruft, so schallt es heraus.» / «Wie man sich bettet, so liegt man.» / «Wer anderen eine Grube gräbt, fällt selbst hinein.» Oder wie es Christina einst ausdrückte: «Jeder Schuss, den sie abgeben, wird auf sie zurückfallen – entweder in diesem oder in einem nächsten Leben.»

Wir brauchen uns also keine Gedanken darüber zu machen, wie wir die Wesen des Unlichts, die ganz offensichtlich Böses tun und die weltweit gröbste Verwirrung und Zerstörung verursachen, zur Rechenschaft ziehen und bestrafen sollen. Dies ist nicht unsere Aufgabe, denn darum werden sich die gerechten kosmischen Gesetze kümmern. Unsere Aufgabe ist es vielmehr, angesichts von Negativität, Gewalt und Zerstörung ausreichend Gegengewicht in die andere Waagschale zu legen, so dass die Waage kippt und das Positive die Oberhand gewinnt. Wenn wir wirklich auf der Seite des Lichts stehen wollen, dann besteht unsere Aufgabe darin, anstelle von Hass verzeihende Liebe zu setzen, anstelle von Dummheit tiefe Weisheit, anstelle von Hochmut echte Demut und anstelle von äußerem Zwang inneren Frieden. Je mehr uns dies gelingt, desto weniger wird es in der Gesellschaft Platz haben für Angst und Manipulation, für Ausbeutung und Missbrauch, für Aggression und Gewissenlosigkeit, für Verfolgung und Unterdrückung. Es liegt in unseren Händen, all diesem ein Ende zu bereiten – aber nicht indem wir die feindseligen Schwingungen des Unlichten übernehmen, sondern nur dadurch, dass wir uns entschlossen und konsequent am Licht orientieren.

Der schwarze Fisch

Etwas später am selben Tag empfängt Christina ein weiteres feinstoffliches Bild. Aufgeregt kommt sie zu mir ins Obergeschoss gerannt, wo ich gerade dabei bin, das Badezimmer zu reinigen.

«Mama, da ist ein schwarzer Fisch, der im Wasser schwimmt!», ruft sie und fährt dann fort: «Ich habe allerdings keine Ahnung, was dieses Bild bedeutet.»

Auch für mich ist dieses Bild wiederum ein Rätsel. Ich kann nicht erkennen, zu welchem Ereignis aus unserem Leben diese Botschaft passt oder was sie uns mitteilen soll. Aus Erfahrung aber weiß ich, dass die Auflösung des Rätsels nicht lange auf sich warten lassen wird und dass Christina wohl auch in diesem Fall schon bald eine schlüssige Erklärung nachgereicht bekommen wird.

Tatsächlich kommt die Auflösung schon am darauffolgenden Samstagmorgen. Christina erklärt: «Mama, ich habe jetzt die Lösung für das Bild vom schwarzen Fisch. Heute habe ich ein weiteres Bild empfangen, und darauf sehe ich den schwarzen Fisch jetzt gestrandet und leblos auf Sand liegen. Die Bedeutung ist, dass wieder etwas Böses und Destruktives gefallen ist. Es könnte sogar ein Zeichen dafür sein, dass das Unlicht nun definitiv die Macht auf der Erde abgibt.»

34

Kleine Alltagsbegebenheiten

Anfang September 2015. Nach diesen aufregenden Monaten stehen für mich erneut Semesterprüfungen an. Ich frage mich in diesen Tagen erstmals, ob ich den Beruf der Naturheilpraktikerin überhaupt jemals ausüben werde. Nach wie vor bin ich rundum fasziniert von den alternativmedizinischen Themen und auch entschlossen, diese acht Semester durchzuziehen und erfolgreich abzuschließen. Ich habe nun schon mehr als die Hälfte meiner vierjährigen Ausbildung absolviert, und es würde keinerlei Sinn ergeben, jetzt abzubrechen.

Dennoch ist in den vergangenen Monaten derart viel geschehen in meinem Leben, mit derart vielen inneren Prozessen und Veränderungen, dass ich schlichtweg nicht weiß, was die Zukunft sonst noch an Überraschungen für mich bereithalten wird. Wo werde ich im Frühling 2017 stehen, wenn die Ausbildung abgeschlossen sein wird? Werde ich die Arbeit in meiner Praxis aufnehmen, oder werden sich bis dann ganz neue Aufgabenbereiche für mich eröffnet haben? Werde ich das geplante Buchprojekt über Christina realisieren können, und falls ja, wie und mit wem? – Fragen über Fragen, auf die ich die Antwort heute noch nicht kenne.

Doch mittlerweile habe ich gelernt, von der Erwartung loszulassen, dass das turbulente Leben auf diesem Planeten Erde bis ins Detail planbar sei. Ich habe gelernt, dass trotz meines freien Willens manches auf meinem Weg vorbestimmt zu sein scheint und dass ich meinem Lebensplan letztlich nicht ausweichen kann. So gebe ich mich damit zufrieden, dass sich mir die Antworten auf meine vielen Fragen erst durch den Lauf der Zeit offenbaren werden. Eines bleibt allerdings weiterhin gewiss: Langeweile wird sicherlich keine aufkommen.

Im vorliegenden Kapitel werde ich einige kleine Begebenheiten schildern, die illustrieren sollen, wie die erweiterten Wahrnehmungen und die Begabungen Christinas sich in unserem alltäglichen Zusammenleben zeigen. Wenn man – so wie ich als ihre Mutter – mit Christina zusammen wohnt und viel Zeit mit ihr zubringt, dann passieren ständig außergewöhnliche Dinge, die ich hier gar nicht alle wiedergeben kann. Einige Beispiele aber möchte ich nachstehend gerne teilen.

Das rätselhafte Gänseblümchen

Mitte August 2015. Christina erzählt, sie habe heute ausnahmsweise mal eine gute Kommunikation mit einer Blume erlebt. Für gewöhnlich sagt sie nämlich, dass die Gespräche mit Pflanzen recht einseitig und eintönig seien. So haben beispielsweise unlängst zwei meiner neuen Pflanzen auf dem Gartensitzplatz aus unerfindlichen Gründen miteinander Streit gehabt, so dass ich ihre Töpfe umplatzieren musste, um dadurch den Streit einigermaßen zu beheben. Christina meinte dann amüsiert: «Sei froh, Mama, dass du dir das alles nicht anhören musst. Das Geplauder von Pflanzen ist meistens nicht besonders hochstehend.»

Heute aber sei die Pflanzenkommunikation anders und sogar ziemlich wunderlich gewesen. Da war ein Gänseblümchen an der Haltestelle des Postautos, und dieses Blümchen habe zu Christina gesagt: «Falls du mich irgendwann wiedersiehst, steht eine wichtige Entscheidung an. Bitte denk daran.» – Das war schon alles.

Christina analysiert: «Mama, ich bin nun vierzehn Jahre alt, aber noch nie hat eine Blume so sinnvolle Äußerungen von sich gegeben. Es war bestimmt eine Botschaft.»

Im Moment wissen wir nicht, was wir davon halten sollen. Doch Christina wird diesem Gänseblümchen mit Sicherheit in irgendeinem Zusammenhang wieder begegnen.[*]

---

[*] Dieses kleine Rätsel hat sich bis zum Zeitpunkt der Veröffentlichung dieses Buches (Sommer 2017) noch nicht aufgelöst.

Telepathische Kinder überall

Anfang September 2015. An diesem Mittwochnachmittag ist nach mehrmaligem Verschieben Familien-Einkaufen angesagt. Sowohl für die beiden Kinder als auch für mich ist «Shoppen» nicht gerade eine Tätigkeit, der wir viel Freude abgewinnen können, und daher versuchen wir stets, uns davor zu drücken und es möglichst lange vor uns herzuschieben. Doch jetzt kommen wir nicht mehr darum herum. Denn in gut drei Wochen steht in der Familie eine Hochzeit an, und dafür brauchen wir alle noch passende Kleider und Schuhe. Wir nehmen uns aber vor, dass die ganze Geschichte maximal zwei Stunden dauern soll.

Als wir im Kaufhaus die Rolltreppe hochkommen, erblicken wir ein etwa siebenjähriges Mädchen, das in der Kinderabteilung wartend auf einem kniehohen Kleiderregal sitzt. Auch sie sieht uns und staunt vor allem Christina an. Während wir von der Rolltreppe in die Mädchenabteilung einschwenken, sagt Christina aufgeregt: «Mama, das Mädchen dort kann Telepathie, und sie hat mich gefragt, von welchem Stern ich denn komme.» Jetzt drehe ich mich nochmals um und schaue mir das wartende Mädchen genauer an, das immer noch staunend zu uns herüberblickt.

Schon wieder ein Kind, das ganz natürlich telepathisch kommunizieren kann, denke ich bei mir. Christinas Aussage bestätigt sich immer mehr, wonach in unseren Kindergärten und Schulen bereits unzählige hochschwingende Kinder sitzen – mit Begabungen, die unser ganzes Schulsystem auf den Kopf stellen werden.

Botschaften von oben

Mitte September 2015. Wie fast jeden Abend, komme ich auch heute zu Christina ins Zimmer, nachdem ich Mario bereits eine gute Nacht gewünscht habe. Es ist bald 21:00 Uhr, doch sie hat noch viel zu erzählen und sprudelt voll los.

Plötzlich hält sie inne und sagt: «Mama, es wird nun wirklich allmählich Zeit, dass du dir ein Diktiergerät zulegst. Die Botschaften von da oben kommen, wie du merkst, jeweils ziemlich schnell. Und weißt du, die da oben sagen nicht gerne alles zweimal.»

Das Mädchen lacht, und auch ich freue mich über ihren liebenswerten Humor, in dem doch so viel Klarheit und Weisheit mitschwingen.

In diesem Zusammenhang erkundige ich mich bei Christina, ob eigentlich ihre drei Geistführer noch immer dieselben seien, denn nach meinem Empfinden haben sich die Botschaften im Laufe der Zeit verändert. Es seien noch dieselben, antwortet Christina, und ergänzt: «Die drei haben es oft lustig da oben, da sie anscheinend im Moment etwas mehr über mich wissen als ich selbst. Die Herkunft meiner drei Berater ist unterschiedlich, sie kommen aus verschiedenen kosmischen Sphären, und deshalb sind sie sich manchmal auch nicht ganz einig beim Beraten. In solchen Fällen verlasse ich mich dann jeweils auf meine allergrößte Vertrauensperson, nämlich Elena. Bei ihr bin ich immer sicher.»

Aufzeichnungen von früher

Ende September 2015. Als ich heute nach dem Elternabend gegen 21:00 Uhr nach Hause komme, liegen beide Kinder in ihrem Bett und lesen.

Christina zeigt mir aufgeregt einen ganzen Stapel schriftlicher Aufzeichnungen, die sie vor drei bis vier Jahren auf ihrem Schrank versteckt hat. Sie habe sie lange Zeit vergessen und jetzt wieder entdeckt, erklärt sie. Es handelt sich um verschiedenfarbige Blätter mit Niederschriften von Eingebungen, welche die damals Zehn- bis Elfjährige empfangen hat. Christina fragt sich heute selbst, warum sie damals wohl derart von der Wichtigkeit dieser Botschaften überzeugt gewesen sei, dass sie sie aufgeschrieben und dann versteckt habe.

Was das Verstecken betrifft, so war dies gewiss eine richtige Entscheidung. Denn wenn ich damals diese Aufzeichnungen zu Gesicht bekommen hätte, wäre Christina bei mir mit Sicherheit auf einiges Unverständnis gestoßen. Vor drei oder vier Jahren hatte ich ja noch keine Ahnung davon, dass meine Tochter in einer konstanten Verbindung zu höherdimensionalen Welten und Wesen steht. Auch wäre sie selber zu jener Zeit möglicherweise noch nicht so wie jetzt in der Lage gewesen, mir meine vielen Fragen zu diesen vielschichtigen Themen zu beantworten.

Christina meint, während sie die Aufzeichnungen durchblättert, lachend: «Anscheinend habe ich während all dieser Jahre auch in den anderen Ebenen gelernt.» Heute könne sie vieles von dem, was sie damals empfangen und aufgeschrieben habe, besser einordnen und natürlich auch um zahlreiche weitere Aspekte ergänzen.

Wir schauen uns die Blätter genauer an. Auf einigen wird die Entstehung der Planeten und die Evolution der Menschheit beschrieben. Für jede menschliche Zivilisation der Vergangenheit gibt es ein anderes Blatt Papier, jeweils vorne und hinten vollständig beschriftet und auch kunstvoll mit einer Schere ausgeschnitten. Die Blätter erinnern an uralte Steintafeln, die ein kostbares Geheimnis bergen.

Ich erinnere mich, dass Christina in jenen Jahren stets Papier und Schreibstifte mit sich trug, wo immer wir gerade waren – auch draußen in der Natur, im Auto usw. Ich ließ sie damals einfach gewähren, meistens ohne danach zu fragen, was sie denn gerade am Schreiben sei. Ich fand nichts Negatives daran, dass sie sich ständig irgendwelche Notizen machte, wenngleich ich oft nicht nachzuvollziehen vermochte, was sie da eigentlich tat. Es war augenscheinlich ein starkes natürliches Bedürfnis für sie, und da sie dabei unser alltägliches Leben nicht vernachlässigte, sah ich keinen Grund einzuschreiten. Dinge aufzuschreiben schien mir auf alle Fälle sinnvoller zu sein als viele der typischen Mädchensachen, mit denen andere Kinder ihre Freizeit ausfüllten.

Manchmal gab sie mir damals einige der Texte zu lesen, und ich hielt sie für erstaunlich gute Fantasiegeschichten, wenn man berücksichtigt, dass die Autorin gerade mal zehn Jahre alt war. Immer, wenn es mir dann doch zu viel wurde, weil sich die unzähligen vollgeschriebenen Blätter überall im Haus, gefühlt auf jedem Möbelstück und in jeder Ecke stapelten, vernichtete ich wieder einen Packen Papier – meist mit ihrer Zustimmung, seltener auch ohne. Aus diesem Grunde hat sie damals wohl auch einige anscheinend besonders wichtige Aufzeichnungen vor mir gerettet, indem sie sie in ihrem Zimmer versteckte.

Mittlerweile ist mir selbstverständlich klar geworden, dass es sich dabei keineswegs um erfundene Fantasiegeschichten handelte, sondern dass dies einer der Wege war, wie Christina während ihrer Kindheit von Wesen aus den höherdimensionalen Sphären geschult und vorbereitet wurde.

Christinas Hörvermögen

Mitte Oktober 2015. Wenn Christina will, dann ist sie befähigt, die Gedanken der Menschen zu hören. Doch aufgrund ihres Respektes vor dem freien Willen und vor der Privatsphäre eines jeden Menschen wendet sie diese Begabung in der Regel nicht an. Sie hat uns nie den Eindruck vermittelt, dass sie uns beobachte oder belausche.

Heute wollen wir ihr Hörvermögen testen und verwenden dazu einen der Online-Gehörtests, die man im Internet finden kann. Das Ergebnis: Christina nimmt ab einer Frequenz von 10 Hertz akustische Signale klar wahr. Ihre Obergrenze ließ sich allerdings nicht feststellen, da die Tests nur bis 22 000 Hertz reichen, welche sie noch problemlos zu hören vermochte. Bei Mario und mir liegt das Hörvermögen gemäß diesem Test im durchschnittlichen Bereich.

Ein beeindruckendes Beispiel für Christinas außergewöhnliches Gehör ist folgende Begebenheit aus dem vergangenen Monat: Eines frühen Nachmittags sitzt sie wie gewöhnlich im Postauto, das sie zur Schule bringt. Plötzlich hört sie Schüsse und hat den Eindruck, als würden diese Schüsse direkt neben ihr abgefeuert. Da sie selbst nie eine Uhr trägt, schaut sie auf die Uhr im Postauto und merkt sich den Zeitpunkt. Sie ist sicher, dass es sich bei diesen Schüssen um einen Mord handelt. Am nächsten Tag lesen wir in der Zeitung, dass sich exakt zu

dieser Uhrzeit tatsächlich ein Mord durch Schüsse ereignet hat
– allerdings rund zehn Kilometer von der Postautostrecke entfernt.

Eine beruhigende Erkenntnis

Mitte Oktober 2015. Heute teilt mir Christina mit, dass sie so-
eben eine neue Begabung festgestellt habe: Bei Menschen, deren Energie sie kenne, könne sie ganz genau spüren, wenn sie in
Gefahr kommen.

Ich frage mich, ob diese Fähigkeit wohl jetzt aktiviert worden
ist, weil ihr Umfeld diesen Schutz möglicherweise demnächst
braucht, oder ob es einfach eine weitere Begabung ohne direkten Bezug zur Aktualität ist. Jedenfalls ist es eine sehr beruhigen-
de Erkenntnis, dass ich mir nicht nur um Christina keine Sorgen
zu machen brauche, sondern auch nicht um die Menschen in
ihrem nächsten Umfeld.

Warum bist du hier?

August 2015. Ich frage Christina ganz direkt, warum sie sich
eigentlich dafür entschieden habe, ausgerechnet auf diesen Planeten Erde zu kommen. Ihre Antwort berührt und bewegt mich
sehr: *«Ich bin hier, weil ich die Menschen liebe. Ganz einfach,
weil ich sie alle zusammen liebe.»*

*   *   *

Auf eine ähnliche Frage erklärt mir Christina im Oktober 2015:
«Weißt du, Mama, diese hohen kosmischen Dimensionen sind
schon sehr eindrücklich. Dort herrschen Freiheit und Frieden
pur. Dafür gibt es gar keine irdischen Wörter, und es ist für den
menschlichen Verstand auch überhaupt nicht fassbar. Aber mit
der Zeit, und damit meine ich Jahrtausende, wird es da oben
doch irgendwie langweilig. Alles, was man braucht, fällt einem

buchstäblich aus dem Kosmos zu, und es fehlt an Herausforderungen.»

Ich erwidere: «Tja, in deinem Leben hier wird es dir nun ganz bestimmt nicht an Herausforderungen mangeln.» Und mir wahrscheinlich auch nicht, füge ich in Gedanken noch hinzu.

*   *   *

März 2015. Manchmal hat Christina Heimweh, aber nicht ein irdisches Heimweh. Eines Abends, am Vorabend ihrer Abreise ins Skilager, sprechen wir an ihrem Bett darüber. Sie sagt nachdenklich: «Wenn ich Heimweh habe, dann nach da oben.»

Natürlich geben mir als Mama diese Worte einen kleinen Stich ins Herz, doch zugleich kann ich die Gefühle meiner Tochter durchaus nachvollziehen. Christina hat sich aus einer weit entfernten, lichterfüllten Ebene freiwillig hierher in die «Steinzeit», in den «kosmischen Kindergarten» begeben, und da ist es nur verständlich, dass sie sich hin und wieder nach ihrem Zuhause sehnt. Sie beruhigt mich jedoch gleich, indem sie mir versichert, dass ich mir deswegen keine Sorgen zu machen brauche. Sie werde sich nicht einfach plötzlich auflösen und wieder verschwinden.

Sie sagt: *«Ich bin hier als Mensch mit einer reich erfüllten Seele geboren worden – mit einer Aufgabe, auf die ich während langer Zeit vorbereitet wurde. Doch wenn man dann nach dieser langen Vorbereitungszeit endlich hier ist, wirkt hier doch alles ziemlich steinzeitlich. Aber eines weiß ich mit Sicherheit: Ich werde erst von hier weggehen, wenn ich meine Lebensaufgabe erfüllt habe.»*

Einmal mehr frage ich mich: Worin genau besteht die Lebensaufgabe dieser zahlreichen hochschwingenden Seelen, die derzeit hierher auf die Erde kommen? Höchstwahrscheinlich hat es tatsächlich damit zu tun, dass sich dieser Planet, Mutter Erde, dazu entschlossen hat, seine eigene Frequenz zu erhöhen und somit auch der Menschheit einen nächsten Evolutionsschritt zu ermöglichen. Und um diesen Prozess mit ihrer lichtvollen Schwingung aktiv zu unterstützen, haben sich aus den höheren

Sphären etliche Seelen freiwillig gemeldet, die sozusagen ein Herz für Menschen haben.

Christina erwähnt auch, dass es ihr trotz der intensiven Vorbereitung auf ihre Mission anfangs sehr schwer gefallen sei, sich mit ihrem höherdimensionalen Bewusstsein an den dreidimensionalen menschlichen Körper zu gewöhnen. Ja, Christina, das weiß ich nur allzu gut, denn ich habe diese Schwierigkeiten während deiner ersten zehn Jahre aufs Intensivste miterlebt, angefangen schon mit der Schwangerschaft.

Durch diese äußerst schwierigen und fordernden ersten Jahre hat mir Christina die Möglichkeit geboten, meine eigenen karmischen Belastungen weiter abzubauen und so in meiner persönlichen Entwicklung voran zu kommen. Manchmal während jener vielen Jahre, in denen das Mädchen Tag und Nacht medizinisch vorsorgt werden musste, wusste ich am Abend nicht, wie ich die kommende Nacht und den nächsten Tag überstehen sollte. Doch irgendwie gelang es mir trotzdem immer. Im Rückblick kann ich sagen: Dies alles war eine zwar recht harte, aber letztlich doch sehr wirksame Schulung meiner Geduld und Zuversicht, meiner Hingabebereitschaft und meiner Fähigkeit, in allem auch das Schöne und Gute zu sehen.

Unsichtbarkeit

Mitte Oktober 2015. Wie immer, wenn ich montags meine Fachschule besuche, waren Christina und Mario heute fremdbetreut, und ausnahmsweise waren heute dort auch noch andere Kinder zu Gast. Am Abend sitzen wir alle drei zu Hause zusammen, und ganz nebenbei erwähnt Christina, dass sie wieder eine neue Begabung bei sich entdeckt habe. Ich bin neugierig und frage nach, und so erzählt sie folgende Begebenheit.

Nach dem Mittagessen haben die fünf Kinder Verstecken gespielt, und Christina habe dabei eine kleine Vorratskammer neben der Küche aufgesucht. Dieser Raum war allerdings bloß etwa zwei Quadratmeter groß und voller Regale, so dass sie sich darin nicht wirklich verstecken konnte. Doch war es bereits zu spät, um ein anderes Versteck zu suchen, so dass sie einfach in jener kleinen Kammer direkt hinter der Türe stehen blieb, sicher, sie würde wohl sofort entdeckt werden. Dann aber sei etwas Seltsames geschehen: In ihrer «Not» habe sie deutlich gespürt, dass sich ihre Körperstruktur wie von selbst dem Hintergrund anpasste und somit für das menschliche Auge nicht mehr sichtbar war – wie bei einem Chamäleon. Derjenige, der die anderen suchen musste, habe die Tür zur Vorratskammer geöffnet, um nachzusehen, ob sich eines der Kinder womöglich hier versteckt hielt. Christina stand nun direkt vor seiner Nase, doch er habe sie nicht gesehen und die Türe zum kleinen Raum wieder geschlossen. Kurz darauf sei Christina aus der Kammer hervorgekommen und plötzlich hinter dem Jungen in der Küche gestanden, der sich diesen Vorfall überhaupt nicht zu erklären vermochte. Christina aber wusste in dem Moment sehr wohl, was sich ereignet hatte.

Irgendwie bin ich gar nicht überrascht. Ich hatte geahnt, dass es früher oder später soweit kommen würde. Denn seit einiger Zeit schon fühlt sich Christina selbst für ihre Verhältnisse außergewöhnlich leicht und «durchsichtig», und es war nur eine Frage der Zeit, bis sie die Fähigkeit des Unsichtbarseins entfalten würde. Auch wenn es heute eine eher harmlose «Gefahrensituation» war, war sie anscheinend doch ausreichend, um die Begabung zu manifestieren. Auch diese Erkenntnis ist für mich höchst beruhigend.

Es gab in jüngster Zeit auch andere Begebenheiten, in denen Christinas Körper derart feinstofflich wurde, dass er kurzzeitig für das dreidimensionale Auge nicht mehr sichtbar war, und zwar ohne dass sie selbst sich darüber bewusst war. In der Schule beispielsweise steht sie dann urplötzlich wieder sichtbar vor ihren Kolleginnen, die dann natürlich meist erschrecken. Oder sie betritt den Raum und steht vor einem Lehrer, ohne dass dieser ihr Kommen bemerkt hat. Erst wenn sie zu sprechen beginnt, wird sie plötzlich für den Lehrer sichtbar. Christina erklärt mir, dass es sich in solchen Fällen um eine Frequenzverschiebung ihrerseits handle, die sie im Moment noch nicht vollständig kontrollieren könne. Sie bemerke es schlichtweg nicht.

Christina erzählt diese Dinge mit einer Selbstverständlichkeit, die sich allmählich auch auf mich überträgt. Ich spüre, wie ich angesichts dieser Phänomene zusehends gelassener werde und wie es mir immer weniger Kummer bereitet, dass ich keine Ahnung davon habe, wie sich dies alles noch weiterentwickeln und wohin es uns führen wird. Wir leben im Hier und Jetzt und sollten jeden Tag so annehmen und genießen, wie er sich präsentiert. Sich um die Zukunft zu sorgen und Angst vor dem Kommenden zu haben, ist im Grunde immer eine Energieverschwendung.

In Wirklichkeit hat sich an unserem normalen Alltag nichts geändert. Unser äußeres Umfeld, das Haus, das Dorf, die Umgebung sind nach wie vor dieselben, ich bin immer noch ich, Mario ist immer noch Mario, und seine Schwester Christina hat sich in den vergangenen Monaten einfach ein klein wenig weiterentwickelt. Abgesehen davon aber ist eigentlich alles beim Alten geblieben.

Was sich allerdings fundamental verändert hat, ist mein eigenes Bewusstsein, mein Weltbild, meine Denkweise und mein Blickwinkel auf die Realität. Ich erkenne die Richtigkeit dessen, was man das Karma-Gesetz von Ursache und Wirkung nennt, ich erkenne den Unterschied zwischen dem Weg des Lichts und jenem des Unlichts und ich erkenne, dass jeder einzelne Mensch auf diesem Planeten Erde eine individuelle Lebensaufgabe, eine Bestimmung, einen Lebensplan zu erfüllen hat. Ich versuche, mit jedem Tag bewusster, intensiver, angstfreier und auch ohne ständige Bewertung der anderen zu leben. Ich bin bereit, die Verantwortung für mein jetziges Leben und für mein zukünftiges Schicksal zu übernehmen, da ich mir darüber bewusst bin, dass ich meine eigene Realität und mein eigenes Glück und Unglück stets selbst erschaffe. All dies fühlt sich richtig gut an, und sowohl der innere als auch der äußere Stress reduzieren sich spürbar mit jedem Schritt. Ich achte auch darauf, dass ich die Menschen in meinem Umfeld nicht mehr nach meinem Willen zu verändern versuche, sondern dass ich sie einfach so akzeptiere, wie sie nun einmal sind. Die einzige Person, die ich wirklich zu verändern vermag und bei der ich auch das Recht dazu habe, bin ich selber.

Von Christina habe ich erfahren, dass das neue Zeitalter wohl noch einige weitere technologische Erfindungen hervorbringen wird, dass es aber in erster Linie darum gehen wird, dass jeder Mensch in seiner ganz persönlichen inneren Entwicklung und Potenzialentfaltung vorankommt. Die Menschen sind jetzt aufgefordert, sich immer mehr für das Lichtvolle und Göttliche zu öffnen. Wenn ich sehe, wie viele der heutigen Kinder und Erwachsenen bereits auf diesem Wege sind, dann wächst in mir die Überzeugung, dass sich alles doch noch in eine konstruktive Richtung entwickeln wird. Vielleicht ist genau das ja das ersehnte Licht im dunklen Tunnel der Gegenwart.

Hin und wieder frage ich Christina, was denn wohl meine Bestimmung und Lebensaufgabe sei. Sie bestätigt mir jedes Mal, dass mit Sicherheit ein Teil meiner Bestimmung darin bestehe, dieses Buch zu verfassen und ihre Lichtbotschaften niederzuschreiben und weiterzureichen. Dies sei für mich überdies ein wichtiger persönlicher Lernprozess, im Verlaufe dessen sich mein Potenzial Schritt um Schritt entfalten könne. Auch mein eigener innerer Impuls, dieses Buch zu schreiben, ist derart stark, dass es wohl einfach richtig sein muss. Und wenngleich wir wissen, dass es noch eine ganze Weile dauern wird, bis das Buch fertig geschrieben ist und erscheinen kann, freut sich Christina schon jetzt darauf und ist sich der Konsequenzen bewusst, die es auslösen wird.

35

Gespräche mit Christina

Erste Phase: August 2015. Christina ist imstande, stundenlange Gespräche zu führen, ohne zu ermüden. Da sie die Menschen liebt, liebt sie es auch, sich mit den unterschiedlichsten Menschen auszutauschen. Sie unterhält sich gerne mit Kindern und Erwachsenen jeden Alters und völlig unabhängig von ihrer Herkunft, ihrem sozialen Status oder ihrer Bildung. Sie spricht über Alltagssorgen und über das Jenseits, über höherdimensionale Realitäten und über die globalen Herausforderungen der heutigen Zeit. Sie kennt keine Berührungsängste, sondern freut sich stets über Menschen, die bereit sind, ihren Horizont zu weiten. Wenn sie von jemandem um Rat gefragt wird, dann durchleuchtet sie die Problematik aus einem ganzheitlichen Blickwinkel heraus und gibt nicht selten überraschende Hinweise. Mit ihren vierzehn Jahren verfügt sie nach den üblichen Maßstäben kaum über nennenswerte Lebenserfahrung, ebenso wenig verfügt sie über eine hochstehende akademische Schulbildung. Dennoch versetzt sie ihre Gesprächspartner mit ihrem Durchblick, ihrer Klarheit, ihrer Vorurteilslosigkeit und ihrer Empathie immer wieder in Erstaunen.

   Es kommen zum Beispiel Menschen zu ihr, die sich mit dem Tod und dem Leben danach beschäftigen; die unter einem unerfüllten Kinderwunsch leiden; die auf ihrem Lebensweg in einer vermeintlichen Sackgasse stecken; die vor schwierigen Lebensentscheidungen stehen; die Kommunikationsprobleme mit ihren Kindern (oder Eltern) haben, usw. Dann widmet sich Christina jeweils mit Aufmerksamkeit und Anteilnahme ihrem Gegenüber und versucht, das Wesen der betreffenden Person so genau wie möglich zu erkennen. So gelingt es ihr, auf sympathische und meist humorvolle Art und Weise sogar herausfordernde und unangenehme Punkte bewusst zu machen, ohne der anderen Person Anlass zu Verweigerung, Kritik oder gar zu Schuldgefühlen zu geben. Vielmehr verhilft sie zu neuen Perspektiven, neuen Erkenntnissen und damit auch zum selbstverantwortlichen Finden von Lösungen. Ihr herzliches Lachen wirkt dabei auf die Besucher immer wieder äußerst ansteckend und befreiend. Ein Gesprächspartner sagte einst: «Wenn Christina spricht, dann geht ganz einfach die Sonne auf.»

Oft kommt es vor, dass sie schon vor einer Sitzung eine Idee hat, was für den kommenden Besucher wohl am passendsten sein könnte. Dann setzt sie sich an den Laptop und verfasst innert weniger Minuten eine kurze Anleitung für die betreffende Person, manchmal auch mit konkreten Aufgabenstellungen. Sie liebt es auch, einfach Fragen aus allen möglichen Wissensbereichen zu beantworten.

Was sie jedoch immer wieder klarstellt, ist, dass sie ihre Aufgabe nicht darin sieht, als Heilerin tätig zu sein und anderen ihre physischen oder psychischen Beschwerden wegzunehmen. Ihr Ansatz ist ein anderer: Sie ermutigt die Menschen darin, die Verantwortung für ihr Leben selbst zu übernehmen und dadurch nach und nach ihre Selbstheilungskräfte zu aktivieren. Dennoch gibt sie gelegentlich Hinweise auf verborgene Ursachen von Problemen, die übrigens durchaus auch aus früheren Inkarnationen herrühren können. So hat sie beispielsweise über meine unerklärliche Höhenangst gesagt, sie rühre von Erlebnissen aus einem früheren Leben her.

Obschon Christina auf diese Weise alles andere als menschenscheu ist, verhält sie sich in der Schule meistens bewusst zurückhaltend. Ihre früheren Lehrer hielten sie für ein eher verschlossenes und stilles Mädchen, denn, so erklärt Christina, sie hätten mit ihrem wahren Wesen und ihrem multidimensionalen Wissen kaum umgehen können. Der neue Klassenlehrer hingegen verstehe sie viel besser. Er wisse um ihre besonderen Kenntnisse und respektiere auch, dass sie vor ihrer Schulklasse keine Vorträge halten möchte.

Am liebsten mag sie philosophische Fachgespräche, die nicht selten mehrere Stunden dauern. Das bislang längste Gespräch war mit einem Religionswissenschaftler und ging über acht Stunden mit nur einer halben Stunde Mittagspause. Während ich allein vom Zuhören schon völlig ermüdet aus jener Sitzung ging, war Christina längst noch nicht müde und hätte über jedes der angesprochenen Themen noch weiter diskutieren können.

Christina zeigt sich in ihren Gesprächen – sei es nun über persönliche Anliegen oder über sachliche Themen – stets freundlich, entgegenkommend und authentisch. Sie äußert sich nur dann kritisch oder sogar abweisend, wenn jemand versucht, sie zu etwas zu zwingen, das nicht konstruktiv und nicht im Sinne des göttlichen Planes ist.

Zweite Phase: November 2015. Die vielen Gespräche zwischen Christina und mir kosten mich in unserem Alltag einiges an Zeit und Energie, die ich jedoch gerne investiere. Abends sitze ich dann oft noch stundenlang am Laptop und schreibe die entsprechenden Erkenntnisse für unser geplantes Buch auf. Was allerdings zunehmend zu einer Belastung wird, sind Christinas zusätzliche Privatgespräche, die ich, da Christina noch minderjährig ist, stets begleite. Wenngleich sie für mich durchaus interessant und lehrreich sind, fehlt uns beiden schlichtweg die Zeit dafür.

So beschließen wir, dass Christina in Zukunft keine privaten Sitzungen mehr durchführen wird, da diese in den meisten Fällen pro Person zwei Stunden oder mehr beanspruchen. Obwohl Christina sich in den vergangenen Monaten durchaus hilfreich den zahlreichen vielschichtigen Einzelschicksalen widmete, wird uns beiden bewusst: Christinas Lebensaufgabe wird nicht darin bestehen, ihr Wissen in Einzelsitzungen weiterzugeben und Einzelschicksale zu begleiten. Sie wird sich auch nicht auf eine bestimmte Form der Tätigkeit oder auf ein bestimmtes Themengebiet beschränken lassen, sondern wird stets versuchen, die größeren Zusammenhänge aufzuzeigen und den Menschen als Gesamtheit Hilfe und Unterstützung zu schenken.

Mittlerweile bin ich der festen Überzeugung, dass es keine Zufälle gibt und dass das Leben eines jeden Menschen von höherer göttlicher Hand liebevoll begleitet wird. Daher bin ich sicher, dass auch Christina ihren Weg gehen wird, und überlasse die Zukunftsplanung und die einzelnen Weichenstellungen weitestgehend dieser weisen göttlichen Führung.

In diesem Zusammenhang ermuntert mich meine Tochter immer wieder, endlich meinen ängstlichen und kontrollfreudigen Verstand loszulassen und mich vertrauensvoll dem Fluss des Lebens zu schenken. Sie sagt: «Alles wird von oben geregelt werden, und zwar viel konstruktiver als du es mit deinem menschlichen Verstand regeln könntest.»

So vertraue ich darauf, dass wir zum richtigen Zeitpunkt auf die richtigen Menschen sowie auf unsere nächsten Lernaufgaben treffen werden – auch hinsichtlich unseres Buchprojekts, über dessen konkrete Realisierung ich mir nach wie vor überhaupt nicht im Klaren bin. Da wir einen freien Willen haben, stehen wir natürlich in jeder Lebenssituation auch immer vor der Wahl, ob wir die Begegnungen und Herausforderungen, die für uns eingefädelt werden, tatsächlich als solche erkennen und annehmen wollen oder nicht. Wir können uns auch dafür entscheiden, ihnen auszuweichen und den Weg des vermeintlich geringsten Widerstandes zu gehen. Dies wird jedoch früher oder später dazu führen, dass wir die schmerzhafte Erfahrung machen werden, dass wir uns letztlich vor unserem Lebensplan, zu dem wir vor der Inkarnation ja eingewilligt haben, nicht drücken können.

Christina sagt hierzu: «Keine Sorge, Mama, man bekommt immer eine zweite Chance. Oder eine dritte, vierte, und so weiter.»

36

Die Frage nach der Berufswahl

Herbst 2015. Da wir wissen, dass Christina in zwei Jahren, genau gesagt im Sommer 2017, ihre Schulzeit beenden wird, beschäftigt uns natürlich auch die Frage nach ihrer Berufswahl. Wenngleich wir beide innerlich spüren, dass die Entscheidung über eine bestimmte Berufsausbildung für Christina keinerlei Einfluss auf das Erfüllen ihrer Lebensaufgabe haben wird, fühle ich mich als verantwortungsvolle Mutter dennoch verpflichtet, mir Gedanken darüber zu machen.

Was Christina betrifft, so ist sie der klaren Überzeugung, dass sie nicht im herkömmlichen Sinne einen Beruf erlernen werde. Sie kenne zwar im Moment die Einzelheiten ihrer späteren Tätigkeitsfelder noch nicht, aber sie sei bereit für alles, was da kommen möge. Das übergeordnete Ziel ihrer Inkarnation hat sie ja bereits so beschrieben: «Ich will den Menschen das Licht und den Frieden zurückbringen.» Dies klingt allerdings weniger nach einem Beruf als vielmehr nach einer Berufung, und es wird sich zeigen, in welcher Form sie sie erfüllen wird.

Sie sagt in diesem Zusammenhang auch: *«Viele Menschen haben vergessen, dass jeder einzelne von uns ein göttliches Wesen ist. Jeder Mensch ist ein Licht, und nur alle zusammen ergeben wir ein großes Licht. Jedes Lebewesen trägt den göttlichen Funken in sich, und jeder von uns ist sozusagen ein Stück vom ganz großen Licht. Die Schöpfung wäre nicht vollkommen, wenn auch nur eines dieser Lichter fehlen würde. Das ist es, was ich den Menschen mitteilen möchte.»*

Bei Mario scheint die Sache mit der späteren Berufswahl eindeutiger zu sein. Er weiß jetzt schon, mit kaum zwölf Jahren, dass er nach der Schule den Beruf des Landmaschinentechnikers erlernen und nebenbei dreißig Ziegen bewirtschaften wird.

Ich wage es nicht, daran zu zweifeln, denn ich bin mir bewusst darüber, dass jeder von uns in seinem Leben eine bestimmte Aufgabe, eine Bestimmung und Berufung hat, und man darf sich glücklich schätzen, wenn man bereits in frühem Alter diese Berufung kennt und anstrebt.

Im Grunde spielt es keine Rolle, welcher äußeren Tätigkeit man nachgeht, wie viel Geld man damit verdient oder wie angesehen diese Tätigkeit im jeweiligen gesellschaftlichen Umfeld gerade ist – wenn sie der eigenen Bestimmung (in der östlichen Philosophie auch Dharma genannt) entspricht, dann wird man erfüllt und glücklich werden. Umgekehrt gilt dasselbe: Wenn eine Tätigkeit nicht der eigenen Bestimmung entspricht, dann kann sie noch so prestigeträchtig und noch so einträglich sein – man wird damit weder erfüllt noch glücklich sein.

Bei Christina liegt die Schwierigkeit darin, dass das Bringen von Licht und von Frieden kein klassischer Ausbildungsberuf ist. Wir wollen dennoch eine Liste von möglichen Berufsbezeichnungen erstellen, die einen geeigneten Rahmen für das Erfüllen dieser Mission bilden könnten. Den Beruf «Heilerin» hat sie ja bereits ausgeschlossen, denn sie kann sich nicht vorstellen, irgendwo in einer Praxis zu sitzen und Tag für Tag die Probleme einzelner Menschen zu behandeln. Dasselbe gilt auch für «Psychologin» oder «Psychotherapeutin», und die Zusammenarbeit mit den Machtstrukturen des gegenwärtigen Systems (Polizei, Militär, Geheimdienste usw.) kommt für sie ebenso wenig in Frage. Eher schon gefallen ihr Bezeichnungen wie etwa «Philosophin» oder auch «Buchautorin».

Wir sind uns einig, dass Christina wahrscheinlich erst mit der Veröffentlichung unseres Buches beginnen wird, ihre Lebensaufgabe und Berufung im äußeren Leben anzupacken. Die Vorbereitungen dafür laufen natürlich hinter den Kulissen der dreidimensionalen Bühne schon seit sehr langer Zeit. Sie schätzt daher, dass das Buch irgendwann vor dem Jahre 2018 erscheinen wird, denn ab 2018, so sagt sie, werde sie mit dem Erfüllen ihrer Aufgaben beginnen.

Ein Buch ist eine gut geeignete und vor allem auch eine unaufdringliche und nachhaltige Möglichkeit, den Menschen Licht und

Frieden anzubieten und näherzubringen. Vor allem wünscht sich Christina, dass das Buch später möglichst viele Eltern von Kindern mit erweitertem Bewusstsein ansprechen möge und natürlich auch die betreffenden Kinder selbst. Denn diesen Kindern der neuen Zeit gehört die Zukunft, und es werden diese Kinder sein, die die globale Schwingungserhöhung voranbringen und die Menschheit auf eine nächste Stufe erheben werden.

Die sieben Regenbogenfarben

Mitte September 2015. Heute Abend empfängt Christina erneut ein feinstoffliches Bild. Es zeigt ein weißes Schloss mit insgesamt sieben verschiedenfarbigen Flaggen, die im Wind wehen. Das weiße Schloss deutet Christina als Symbol für ihre friedliche, sichere «Festung» hier in der Schweiz. Was aber haben die sieben Flaggen in sieben verschiedenen Regenbogenfarben zu bedeuten? Handelt es sich hierbei um eine weitere zukunftsweisende Botschaft für Christina? Ist bei ihr wiederum ein Entwicklungsprozess abgeschlossen?

Denn uns fällt auf, dass dieses Bild eine ähnliche Symbolik beinhaltet wie ein anderes Phänomen, das sie bereits vor Monaten einst nebenbei erwähnt hat. Nämlich: Wenn Christina heute in den Spiegel schaut, dann erkennt sie hinter sich feinstofflich sieben weitere Personen, die je in einer anderen Farbe leuchten, aber für Christina noch nicht wirklich identifizierbar sind. Es sind, so sagt sie, jedenfalls nicht ihre Geistführer und auch nicht ihre Schutzengel, sondern andere Wesenheiten. Am Anfang sei für eine lange Zeit nur eine einzige Person da gewesen, und zwar in Gelb. Dann seien in den vergangenen drei Jahren weitere Personen hinzugekommen, so dass es seit einigen Wochen nunmehr sieben seien.

Diese sieben Personen stehen jetzt auch neu formiert hinter Christina, nämlich nicht mehr hintereinander in einer Reihe, sondern in der Formation eines Regenbogens. Dies heiße wohl, dass die Gruppe jetzt vollständig sei und dass keine weiteren Personen mehr dazukommen werden, vermutet Christina. Doch nicht nur die Anordnung gleicht einem Regenbogen, sondern auch die Farben der Wesen selbst entsprechen genau den sieben Regenbogenfarben. Christina erklärt, dass jede Farbe aus kosmischer Sicht gesehen bestimmte Strahlaspekte enthalte, welche bei ihr, so verstehe sie das Symbol, nun vollständig aktiviert seien. Christina deutet den Regenbogen außerdem auch als ein Symbol für Frieden.

Schnuppertage

Ende September 2015. Wie alle ihre Mitschüler im Alter von vierzehn oder fünfzehn Jahren, so hat auch Christina in diesem Herbst drei «Schnuppertage» zu absolvieren und dabei in verschiedene Berufe hineinzuschnuppern, die für sie möglicherweise später in Frage kommen.

Vorgestern verbrachte sie einen Tag in einer Landarztpraxis. Sie erzählte, dass sie sich vieles angeschaut und dabei auch beobachtet habe, dass manche Behandlungen bedauerlicherweise an den falschen Körperstellen durchgeführt wurden oder dass manche Patienten noch weitere Probleme in sich trugen, von welchen weder der Arzt noch der betreffende Patient etwas wussten. Mit solchen Anmerkungen wolle sie jedoch keineswegs die Arbeit des Arztes abwerten, sondern lediglich den Unterschied zwischen einer dreidimensionalen und einer multidimensionalen Sichtweise illustrieren. Der Tag in der Arztpraxis habe ihr alles in allem sehr gut gefallen. Dennoch wolle sie diesen Beruf nicht erlernen.

Gestern verbrachte sie einen Tag in einer Tierklinik. Da eine ihrer Begabungen ja die Kommunikation mit Tieren ist, freute sie sich bereits im Vorfeld darauf, einen ganzen Tag lang mit Tieren zusammen sein zu dürfen. Auch an diesem Abend kam sie begeistert zurück, aber auch diesen Beruf möchte sie später nicht ausüben. Das Kommunizieren mit Tieren ist für Christina genauso selbstverständlich wie das Atmen und wie die vielen anderen Begabungen, die sie in ihre Inkarnation mitgebracht hat oder die ihr nun nach und nach geschenkt werden. Sie habe sich jedoch, so erzählte sie, während ihres Schnuppertages in der Tierklinik diese Begabung nicht anmerken lassen. Die Tierärzte seien wirklich mit Herz und Seele bei der Sache gewesen, aber genau wie am Vortag in der Landarztpraxis, so seien bei den Tieren oft noch andere Probleme vorhanden gewesen, die bedauerlicherweise nicht erkannt und daher auch nicht diagnostiziert oder behandelt worden seien.

Die Tragödie des Tages sei ein älterer Mann gewesen, der notfallmäßig mit einer angeblich vergifteten Katze in die Klinik gestürmt kam. Die Katze habe geschrien: «Die Andere, die Andere!» Natürlich verstand nur Christina das Anliegen der aufgeregten Katze, und die Ärzte fanden beim besten Willen keine Vergiftung und auch sonst keine Erkrankung. In ihrer Verzweiflung habe die Katze sogar um sich gebissen, so dass man sie schließlich betäubt habe. Nur die Katze und Christina wussten, dass der Mann noch eine andere Katze zu Hause hatte und versehentlich die falsche mitgebracht hatte. Obschon der Mann irgendwann im Verlaufe des Gesprächs mit den Ärzten sogar nebenbei erwähnte, dass er noch eine zweite Katze besitze, kam niemand vom Klinikpersonal auf die Idee, er könnte womöglich das falsche Tier gebracht haben. Die tatsächlich kranke Katze lag vermutlich schwer leidend zu Hause oder war möglicherweise sogar bereits gestorben. Auf meine Frage, warum sie denn den Ärzten gegenüber nichts gesagt habe, antwortete Christina, sie habe sich nicht getraut.

Den dritten und letzten Schnuppertag verbrachte Christina heute in einem Pflegeheim. Als sie am Abend nach Hause kommt, zeigt sie keinerlei Ermüdungserscheinungen, sondern berichtet voller Begeisterung von den Erlebnissen des Tages. Allerdings komme auch eine solche Berufsausbildung für sie nicht in Frage.

Während des Zähneputzens empfängt sie am Abend ein weiteres feinstoffliches Bild: Wieder zeigt es das weiße Schloss, die sichere Festung, aber dieses Mal stehen nicht die sieben wehenden Flaggen im Fokus, sondern der große Balkon mit seinen weißen Geländersäulen. Christina deutet den Balkon als Symbol für eine Plattform zum Sprechen. Das Bild könne demnach bedeuten, dass sie nunmehr bereit sei und demnächst beginnen werde, zu den Menschen zu sprechen. Die sichere Festung symbolisiere dabei nicht nur die Schweiz als Ausgangspunkt ihrer Lehrtätigkeit, sondern auch den göttlichen Schutz, unter dem sie – genau wie alle Diener des Lichts – stehe.

37

Das Rätsel um Elena

Anfang Oktober 2015. Die seit mittlerweile über 14 Jahre andauernde konstante Anwesenheit von Christinas verstorbener Zwillingsschwester Elena war uns bis jetzt immer ein ungelöstes Rätsel. Denn Elena wird von Christina nicht als «gewöhnliche» Verstorbene wahrgenommen und unterscheidet sich durch ihre Ausstrahlung um Dimensionen von jenen. Ihre Frequenz sei derart hoch, dass sogar Christina sie nicht zuordnen könne, obschon sie sonst in der Lage ist, unzählige höherdimensionale Ebenen und Frequenzen wahrzunehmen und voneinander zu unterscheiden.

Wir haben bisher nur wenige Menschen getroffen, die Elena überhaupt wahrnehmen können, hauptsächlich besonders hochschwingende Kinder. Außer Christina kennen wir lediglich zwei weitere Kinder, die Elena seit jeher gesehen und auch mit ihr gespielt haben. Auch vereinzelte Erwachsene können Elena manchmal spüren. Abgesehen von wenigen Ausnahmen, spricht Elena kaum zu uns, und doch ist sie allgegenwärtig mit ihrer Ausstrahlung aus purem goldenem Licht.

Christina sagt: «Ich kenne so viele unterschiedliche Zivilisationen aus anderen Dimensionen, und ich habe schon so viele Himmelswesen, Engel und Erzengel kennengelernt, die alle ein enorm hohes Energieniveau haben. Aber die Frequenz von Elena stammt aus einer ganz anderen Ebene. Elena ist sehr, sehr weise. Ihr Licht ist nicht kristallweiß wie meines, sondern goldgelb.»

Schon vor Wochen erwähnte Christina, dass sie seit Jahren am Nachthimmel einen Stern sehe und sich vollkommen sicher sei, dass Elena genau von jenem Stern stamme. Dieser Stern sei physikalisch gesehen nicht ein roter oder blauer Stern, sondern vielmehr eine gelbe Sonne wie die unsere. Obschon es am Himmel unzählbar viele Sterne gebe, könne sie diesen speziellen Stern jeweils sofort erkennen, außer zu gewissen Jahreszeiten. Christina hat mir diesen Stern einmal gezeigt, doch was mich betrifft, so würde ich ihn unter den Millionen von Sternen gewiss nicht wiedererkennen, denn für mich sah er aus wie alle anderen Sterne, nämlich einfach wie ein winziger gelber Punkt am Sternenhimmel. Dieser «Elena-Stern», so erklärt sie, sei für Menschen auch mit Lichtgeschwindigkeit niemals erreichbar. Dafür bräuchte es schon eine Energie, die schneller sei als die Lichtgeschwindigkeit.

In letzter Zeit hat sich Christina einmal mehr eingehend mit dem Rätsel um Elena befasst, und heute nun berichtet sie mir aufgeregt: «Mama, ich weiß jetzt etwas mehr über Elena. Sie hat eine Schwingungsfrequenz, die wohl aus der gleichen Quelle stammt wie jene des Sonnengottes Helios. Dadurch lässt sich vielleicht auch ihr außergewöhnliches Licht erklären.»

Sie erzählt weiter, dass Elena und sie nicht zum ersten Mal Geschwister seien und dass Elena ihr unlängst ihre gemeinsamen Eltern aus einer anderen Dimension gezeigt habe. Möglicherweise also stamme sie, Christina, ursprünglich ebenfalls aus jener erwähnten Ebene. Für mich als ihre Mama ist dies für einen Augenblick mal wieder eine schwer verdauliche Information. Der Gedanke, dass da noch irgendwo im Universum eine andere Mutter oder viele andere Mütter von Christina sein sollen, ist etwas befremdend. Doch dann besinne ich mich wieder und erkenne, dass es auch irgendwie schön und befreiend ist zu wissen, wie wir im Lichte der Seelenwanderung alle über unzählige Ketten von früheren Aufenthaltsorten und Inkarnationen miteinander verbunden sind. So bin ich froh und dankbar dafür, dass Elena und Christina sich für dieses Mal gerade mich als ihre Mama ausgesucht haben.

Christina erwähnt auch, dass Elena und sie während einer früheren gemeinsamen Inkarnation von gegnerischen Mächten gewaltsam getrennt worden seien. Vielleicht war auch dies ein Grund dafür, warum Elena sich dieses Mal entschieden hat, ihre Inkarnation bereits nach acht Wochen wieder zu beenden und fortan ohne dreidimensionalen Körper an Christinas Seite zu bleiben. Denn auf diese Weise ist es unmöglich, die beiden Schwestern voneinander zu trennen. So sind sie jetzt im wörtlichen Sinne unzertrennlich.

Aber wer Elena ist, warum sie aus purem goldenem Licht besteht und worin genau ihre Aufgabe besteht, wissen wir nach wie vor nicht. Es sollte noch fast ein Jahr dauern, bis wir hierzu eine nächste Information erhalten würden.[*]

---

[*] Dies werden wir in Band 2 weiter ausführen.

38

Beruf und Berufung

Februar 2016. Einmal mehr wird das Thema der Berufswahl aktuell. Christina hat sich in den vergangenen Monaten neu auch mit Technologie, Kybernetik und künstlicher Intelligenz befasst und ein gewisses Interesse an diesen Bereichen gezeigt.[*] Auf meine Frage, auf welchem der zahlreichen philosophischen, parapsychologischen, naturwissenschaftlichen oder technologischen Gebiete, mit denen sie sich bisher beschäftigte, sie später am liebsten arbeiten würde, folgt eine klare Antwort: «Auf allen. Nur auf einem einzelnen Gebiet zu wirken, wäre doch langweilig und würde nicht meiner Bestimmung entsprechen.»

Für ein akademisches Studium im herkömmlichen Sinne gibt es allerdings mindestens zwei Hindernisse: Erstens verfügt Christina nicht über die offiziell erforderlichen schulischen Qualifikationen, die ihr Zugang zu einem Studium beispielsweise der Psychologie oder der Quantenphysik gewähren würden. Und zweitens würde sie sich ohnehin nicht einem Studium aussetzen wollen, in welchem sie gezwungen wäre, ihre multidimensionale Wahrnehmung zurückzuhalten und eine bloß dreidimensionale Sichtweise einzunehmen, von der sie doch weiß, wie unvollständig und mangelhaft sie ist.

Manchmal kommt es Christina so vor, als würde man bei ihr von «da oben» her absichtlich die Mathematik verdeckt halten, damit sie nicht in Versuchung kommt, ein Physikstudium zu beginnen. Denn sie verspürt eine starke Faszination für physikalische Zukunftsthemen wie etwa freie Energie oder Plasma-Technologie und wünscht sich, später mit Experten auf diesen Gebieten zusammenzuarbeiten. Auch ohne mathematische Berechnun-

---

[*] Die Einzelheiten hierzu werden ebenfalls in Band 2 zu lesen sein.

gen ist sie beispielsweise allein durch ihre Wahrnehmung imstande, kleinste Materieteilchen im Universum zu identifizieren und deren komplexes Verhalten zu beschreiben. Sie geht davon aus, dass die Nutzung der freien Energie die Menschen aus der Sackgasse der destruktiven Energiegewinnung befreien werde. Auch die klassische Medizin und die Alternativmedizin würden, so sagt sie, durch die Heilkraft der Plasma-Energie von Grund auf revolutioniert werden können.

Doch anscheinend werden solche physikalischen, technischen und medizinischen Themenbereiche nicht zum Kern ihrer zukünftigen Aufgaben gehören. Studiengänge aber, in denen man lernen kann, der Menschheit Frieden zu bringen und sie in einem Transformationsprozess des Bewusstseins zu unterstützen, werden an unseren Schulen und Hochschulen bedauerlicherweise noch nicht angeboten.

Trotzdem vereinbaren wir einen Termin mit dem Berufsberater, und zu unserer großen Überraschung und Freude scheint er zu erkennen, dass Christina ein außergewöhnliches Wesen ist. Daher verzichtet er darauf, ihre Schulnoten zu überprüfen, sondern fragt statt dessen nach Christinas persönlichen Vorlieben und bevorzugten Wissensgebieten. Wir nennen einige mögliche Berufsfelder wie etwa freischaffende Referentin, Buchautorin, Philosophin, spirituelle Psychologin, Schulsystemreformerin usw. Der Berufsberater meint dann, am besten sei es, wenn wir für diejenigen Themen, in denen Christina noch etwas Bestimmtes erlernen möchte, gezielt passende Lehrer und Dozenten suchten. Zum Abschluss des Gesprächs bemerkt er: «Es gibt übrigens auch freischaffende Dozenten an Universitäten, die selber nie eine Uni besucht haben.» So gehen wir mit einem sehr positiven Gefühl aus dieser Beratung.

Auch wenn wir die konkreten Einzelheiten hinsichtlich ihres späteren Wirkens und ihrer Aufgaben noch nicht kennen, sind wir überzeugt davon, dass Christina ihren Platz in unserer Welt finden und Schritt für Schritt ihre Lebensaufgabe erkennen und erfüllen wird. Für den Moment besteht der Plan darin, dass sie bis zum Sommer 2017 erst einmal die Oberstufenschule beendet und dann eventuell an einer Akademie eine zweijährige Ausbildung in Transpersonaler Psychologie absolviert. Neben einer solchen Ausbildung würde ihr noch genügend Freiraum für weitere Projekte bleiben, wie beispielsweise: andere hochschwingende Menschen treffen, Reisen unternehmen, ein Lichtnetz aufbauen, Bücher schreiben, Frieden und Weisheit vermitteln und so weiter.

Monate später wird sie eine genauso einfache wie passende Bezeichnung für ihre Lieblingsbeschäftigung finden: *«Ich weiß jetzt, wie ich meine berufliche Tätigkeit nennen werde. Meine Berufung ist es, zu leben. Leben und lieben sind gleichbedeutend, denn wir alle sind geboren, um glücklich zu sein. Warum tun die meisten Menschen es bloß nicht?»*

Forscher vermuten, dass in unserer schnelllebigen Zeit bereits in 20 Jahren rund 50 % der heutigen Berufe verschwunden sein werden. Laut Christina wird dies nicht nur auf die technologische Entwicklung oder auf den Einsatz von künstlicher Intelligenz zurückzuführen sein, sondern auch auf die multidimensionalen Begabungen der Kinder der neuen Zeit. Bereits heute sind etliche Fälle von Kindern mit höchst außergewöhnlichen Begabungen bekannt, und es werden immer mehr. So soll es heute schon Zwölfjährige geben, die an Universitäten unterrichten; oder Neunjährige mit drei verschiedenen Hochschulabschlüssen; oder Kinder, die allein mit der Kraft ihrer Gedanken heilen oder feinstoffliche Operationen durchführen können; oder Elfjährige, die an angesehenen Musikhochschulen studieren und Opern komponieren und Orchester dirigieren; oder Kinder und Jugendliche, die es sich entschlossen zur Lebensaufgabe gemacht haben, die Umwelt zu schützen oder sich weltweit für die Menschenrechte einzusetzen. Und so weiter. Wir dürfen uns darauf einstellen, dass solche vielversprechenden Phänomene in Zukunft immer mehr zunehmen werden.

All diesen Menschen der neuen Zeit ist bewusst, dass sie nicht auf diese Erde gekommen sind, um weiterhin einem System zu dienen, das auf Neid, Habgier, Manipulation, Lügen, Irreführung, Ungerechtigkeit und Existenzangst aufgebaut ist. Sie sind hier, um Lebensfreude und Göttlichkeit zu zelebrieren. Sie sind hier, um das herrschende destruktive System abzulösen und gemeinsam eine neue Form des Zusammenlebens zu erschaffen, die auf gegenseitigem Respekt, auf Demut, Liebe, Weisheit und Frieden gründet.

39

2016: Ein Netzwerk
des Lichts entsteht

Sommer 2016. In den vergangenen zwölf Monaten haben wir zahlreiche Menschen getroffen, die sich unserer Zeit der Transformation bewusst sind, und nach und nach entsteht ein Netzwerk aus lichtvollen Kontakten. Christina baut sich zudem auch noch ein weltweites feinstoffliches Netzwerk aus telepathischen Verbindungen zu anderen hochschwingenden Menschen auf. Sie sagt: *«Die Lichter sind weltweit alle schon da. Es braucht nur noch jemand, der die On-Taste drückt.»*

Zunehmend kommt es vor, dass Christina zu Familien gerufen wird, um deren «sonderbare Kinder» und ihre «speziellen Verhaltensweisen» in Augenschein zu nehmen. Sie mag diese Aufgabe sehr, denn auf diese Weise kann sie sich mit Gleichgesinnten vernetzen. Auch für mich ist der Austausch mit Kindern mit erweiterten Wahrnehmungen und Bewusstseinszuständen ein deutliches Indiz dafür, dass wir uns als Menschheit tatsächlich derzeit in einem globalen Wandel hin zum Positiven und Lichtvollen befinden.

In meinen Gesprächen mit betroffenen Eltern zeigt sich immer wieder dieselbe Tatsache: Viele der heutigen Kinder sind von ihrer Bewusstseinsfrequenz her zwar hochbegabt, aber sie sind nicht daran interessiert, in der Schule gute Noten zu erzielen. Statt dessen verfügen sie über andere auffällige Befähigungen. Manche zum Beispiel sind handwerklich oder künstlerisch äußerst begabt, andere sind überdurchschnittlich empathisch und sozial, andere haben eine außergewöhnliche Verbindung zu Tieren oder Pflanzen und wiederum andere sind in der Lage, auch in höchst komplexen Themenbereichen den Überblick zu behalten, usw. Vielen dieser Kinder ist das derzeitige Schulsystem mit seinen dreidimensionalen Lehrplänen und seinem einseitig-rationalen Benotungssystem innerlich zuwider, so dass sie keinen Antrieb verspüren, sich in dieses System zu fügen. Lieber gehen sie ihren besonderen Begabungen nach, da sie sich dabei glücklich, zufrieden und wertvoll fühlen. Bedauerlicherweise ist viel zu vielen ihrer Eltern noch nicht wirklich bewusst, dass diese Kinder eine höhere Schwingungsfrequenz in sich tragen und aus diesem Grunde völlig anders denken, anders fühlen, anders sprechen und anders handeln als die Generation ihrer Eltern und Großeltern.

Gerade sehr junge Kinder im Vorschulalter weisen ein teilweise enorm hohes Bewusstseinsniveau auf, mit dem ihre Eltern oft überfordert sind oder angesichts dessen sie gar nicht zu erkennen vermögen, worum es sich überhaupt handelt. In manchen Fällen wird möglicherweise eine sogenannte «Hochbegabung» diagnostiziert, was allerdings oft auch keine konkrete Verbesserung darstellt, denn die Symptome der Überforderung und des Unverständnisses seitens des Umfeldes werden allein durch diese Diagnose noch nicht überwunden. Was es vielmehr zu erkennen gilt, ist, dass solche Kinder in erster Linie unser Verständnis sowie unsere eigene Bereitschaft bräuchten, uns auf die Existenz höherdimensionaler Wirklichkeiten einzulassen. Solche Kinder brauchen keine guten Ratschläge aus der Sicht unserer eigenen Weltanschauungen und Lebenserfahrungen, denn sie tragen bereits ein Weltbild und einen Erkenntnisschatz in sich, der unseren in vielerlei Hinsicht übertrifft. Als Eltern solcher Kinder sind wir nicht in erster Linie aufgefordert, sie über unsere Wertvorstellungen und Überzeugungen zu belehren. Es genügt schon, wenn wir ihnen ein liebevolles, verständnisvolles Umfeld schenken und wenn möglich sogar bereit sind, ihnen aufmerksam zuzuhören und von ihnen zu lernen.

Diese Kinder der neuen Zeit gleichen kostbaren Rohdiamanten, die aus höherdimensionalen Ebenen stammen und die auch während ihres Hierseins von ebendiesen höherdimensionalen Ebenen aus behutsam weiter unterstützt und geschliffen werden, um ihre Lebensaufgaben auf der Erde zu erfüllen. Das mindeste, das wir als Eltern tun können, ist, dass wir diesem Prozess nicht durch unsere Engstirnigkeit im Wege stehen. Im besseren Falle unterstützen wir ihn aktiv, und im idealen Falle schließen wir uns ihm ebenfalls an.

40

Das Buchprojekt

Erste Phase: ab Ende Dezember 2015. Bis jetzt wissen in unserem persönlichen Umfeld nur wenige Menschen, dass Christina und ich seit drei Monaten dabei sind, ein Buch zu schreiben. Das Manuskript ist mittlerweile schon ziemlich umfangreich geworden, so dass wir nun beginnen wollen, den nächsten Schritt einzuleiten und nach einem Verlag Ausschau zu halten. Da ich mich in der Verlagswelt nicht auskenne, bitte ich Christina, mir dabei behilflich zu sein. Der erste Verlag, den wir kontaktieren, will das Manuskript zwar prüfen, aber der zuständige Lektor wird noch längere Zeit ausfallen, was mich verunsichert und dazu veranlasst, mich weiter umzuschauen.

Wir sind uns darüber im Klaren, dass es hierbei nicht nur ums Organisatorische und Geschäftliche geht, das heißt nicht einfach darum, jemanden zu finden, der das Buch drucken lassen und auf den Markt bringen wird. Ein Buch mit derart außergewöhnlichen und erhabenen Themen und mit dieser hohen Schwingungsfrequenz bräuchte auch einen Lektor, der von seinem Bewusstsein her mit dem Inhalt des Buches in Einklang steht, sowie einen Verlag, der ein ähnliches Weltbild mit uns teilt und der sich ebenfalls klar auf der Seite des Lichts und des Göttlichen positioniert hat. Wird es möglich sein, überhaupt solch jemanden zu finden?

Falls ich an Zufall glauben würde, dann würde ich sagen: Wie durch Zufall treffen wir einen guten Freund, der sich in spiritueller Philosophie auskennt und der uns einen wertvollen Hinweis gibt. So werden wir auf den Govinda-Verlag und auf dessen Inhaber Ronald Zürrer aufmerksam. Beim Recherchieren über Ronald Zürrer erfahre ich, dass er nicht bloß der Inhaber des Govinda-Verlages ist, sondern auch selbst ein namhafter und erfahrener Religionsphilosoph, Buchautor und Dozent, der sich schon sein ganzes Leben lang mit genau jenen Themen beschäftigt, von denen Christina spricht. Für seine Arbeit in der Reinkarnationsforschung wurde er im Jahre 2006 sogar mit dem «Schweizerpreis für Parapsychologie» ausgezeichnet.

Dies alles klingt sehr seriös und vielversprechend, und so biete ich ihm («zufällig» genau an seinem Geburtstag) per E-Mail unser Manuskript an. Nach einigem Briefwechsel treffen wir ihn knapp drei Wochen später («zufällig» genau an meinem Geburtstag) zum ersten Mal. Zuvor hat er Christina explizit die Erlaubnis erteilt, sich in sein Bewusstsein einzuschwingen, um auf diese Weise zu überprüfen, ob er ausreichend vertrauenswürdig sei. Das ist er auf alle Fälle, und so freuen wir uns, ihn zu einem Besuch bei uns zu Hause zu begrüßen. Dabei lernt er nicht nur Christina und mich, sondern auch Mario kennen. Der Besuch ist sehr stimmig für alle Beteiligten, und irgendwie haben wir das Gefühl, dass wir durch eine höhere Fügung mit einem «alten Bekannten» und Seelenverwandten zusammengeführt worden sind.

Nach einigen weiteren Besuchen mit langen Fachgesprächen vereinbaren wir eine Zusammenarbeit und unterschreiben im März 2016 einen entsprechenden Verlagsvertrag. Ronald ist auch Germanist und hat selber schon Dutzende von Büchern lektoriert, und so bietet er uns an, nicht nur als Verleger, sondern auch als Lektor persönlich an unserem Buchprojekt mitzuwirken. Außergewöhnlich für die Verlagsbranche und höchst erfreulich ist zudem, dass wir entscheiden dürfen, welches Format das Buch haben wird, welche Schriftart verwendet wird und wie der Einband gestaltet werden soll. Alles in allem fühle ich mich sehr gut aufgehoben und bin voller Vorfreude, dass unser Buch nun schon bald erscheinen wird.

Nach Beendigung anderer Projekte beginnt Ronald im Mai 2016 mit dem Lektorat, und so entstehen nach und nach die ersten paar druckfertigen Kapitel. Doch scheint aus verschiedenen Gründen die Zeit für eine Veröffentlichung unseres Buches noch nicht reif zu sein. Oder ich bin es noch nicht, denn es steht für mich zunächst noch ein weiterer Lernprozess an: Geduld und

Vertrauen. Wie ich im Nachhinein erkennen werde, befinde ich mich in dieser ersten Phase im Frühjahr 2016 noch zu sehr in einer Erwartungshaltung, die wahrscheinlich von meiner früheren Geschäftstätigkeit herrührt. Mein Verstand dominiert und versucht alles zu kontrollieren, und genau daran scheitere ich. Ich werde ungeduldig und fordere die möglichst rasche Veröffentlichung des Buches, während Ronald größeres Gewicht auf die inhaltliche und sprachliche Qualität legt und dazu rät, das Projekt von jeglichem Zeitdruck zu befreien. So wird die Harmonie zwischen uns gestört, und Christina und ich beschließen schweren Herzens, die Zusammenarbeit mit dem für uns wohl prädestiniertesten Verleger zu beenden.

Christina erklärt hierzu: «Unter diesen Voraussetzungen können wir das Buch jetzt nicht veröffentlichen. Das Buch wird erst dann erscheinen, wenn der richtige Zeitpunkt gekommen sein wird und wenn alle Beteiligten wirklich bereit dafür sind. Dann werden auch die da oben ihr Einverständnis geben.»

In Ordnung, dann scheint im Moment ganz einfach noch nicht der richtige Zeitpunkt für eine Veröffentlichung zu sein. Dies gilt es für mich zu akzeptieren, und so lege ich das Manuskript für viele Wochen beiseite. Auch wenn ich darüber ein wenig traurig bin und nicht weiß, wie es mit dem Projekt weitergehen wird, fühlt sich diese ungeplante Pause unerklärlicherweise aber dennoch irgendwie richtig an.

Hilfe aus dem Quantenfeld

Zweite Phase: ab Anfang Oktober 2016. In den Herbstferien bekommt Christina nochmals eine ganze Menge tieferer Erläuterungen zu vielen der in unserem Manuskript beschriebenen Themen mitgeteilt. Wir nutzen die Ferienzeit, um das Manuskript wieder hervor zu holen und es gemeinsam zu überarbeiten und zu ergänzen. Ihre Begeisterung für das Buchprojekt ist nicht zu übersehen, wobei sie allerdings betont, es sei vorerst meine Aufgabe, das Buch zu schreiben. Sie werde mir aber für alle Sachthemen gerne die erforderlichen Fakten liefern.

Durch diese neuerliche Arbeit am Manuskript wird mir klar, warum unser Buch nicht wie ursprünglich gehofft schon im Sommer 2016 den Weg in die Öffentlichkeit finden sollte. Christina und «die da oben» haben mittlerweile die Themen durch eine Vielzahl von neuen Informationen und Erklärungen nochmals auf eine ganz neue Ebene angehoben, so dass der Text jetzt vollständiger und schlüssiger geworden ist. Als ich sie darauf anspreche, bestätigt sie meine Vermutung und ergänzt lächelnd: «Das ist aber noch lange nicht alles, Mama. Da werden noch viel mehr Informationen kommen.»

Was meine persönliche Entwicklung angeht, so habe ich den Eindruck, dass ich in den vergangenen Monaten erfreulicherweise nicht nur mehr Geduld und Vertrauen entfaltet habe, sondern dass ich allmählich auch immer vertrauter mit all den höherdimensionalen Themen werde und sie mehr und mehr einordnen kann. Als die ganze Sache vor bald zwei Jahren, im Februar 2015, begann, war dies alles noch derart neu und ungewohnt für mich, dass ich viele Konzepte nicht zu erfassen und viele Zusammenhänge nicht zu erkennen vermochte. Doch nun erschließen sie sich mir nach und nach. Auch meine derzeitige Ausbildung zur Naturheilpraktikerin sowie meine inzwischen parallel dazu angefangene Weiterbildung in Transpersonaler Psychologie empfinde ich als sehr hilfreich in diesem Prozess.

So steht für uns gegen Ende Oktober 2016 wieder die Frage im Raum, welchem Verlag wir unser Manuskript anvertrauen wollen. Obschon ich noch immer die abgebrochene Zusammenarbeit mit dem Govinda-Verlag bedaure, will ich versuchen, für neue Kontakte offen zu sein. Ich frage Christina um Rat, und sie antwortet ruhig und sicher: «Überlass es doch einfach dem Quantenfeld. Dann wird das Leben immer genau das an dich herantragen, was deine Seele sich ausgesucht hat. Wenn jetzt der richtige Zeitpunkt gekommen ist, einen Verlag zu finden, dann wird man es da oben schon regeln.»

So überlasse ich es zum ersten Mal in meinem Leben aus tiefstem Herzen ganz bewusst dem Universum, dem Quantenfeld und den kosmischen Hütern, dass wir den passenden Verlag finden werden. Auf der verstandesmäßigen Ebene ist es zwar nicht wirklich nachvollziehbar, wie wir ohne jegliches aktives Handeln überhaupt an einen Verlag herankommen sollen, aber was weiß schon der Verstand? Ich bin entschlossen, dieses Mal der höheren Führung zu vertrauen und nicht wieder alles kontrollieren zu wollen. Vielleicht ergibt sich ja irgend eine ungeahnte Zufallsbegegnung, oder vielleicht stoße ich zufälligerweise auf ein Buch oder auf einen Artikel in der Zeitung, in dem ein Verlag erwähnt wird. Was immer auch geschehen soll – ich überlasse das ganze Buchprojekt jetzt ohne Erwartungen oder Bedingungen den höheren göttlichen Mächten. Dabei traue ich mir mittlerweile auch zu, die erforderliche Geduld aufzubringen, falls es etwas länger dauern sollte.

Da zudem in wenigen Monaten mein Abschluss nach vierjähriger Ausbildungszeit ansteht, habe ich reichlich Stoff, auf den ich inzwischen meine Aufmerksamkeit richten kann. Allerdings weiß ich nach wie vor nicht, ob ich später den Beruf als Naturheilpraktikerin tatsächlich ausüben werde oder ob da möglicherweise noch andere Aufgaben auf mich warten werden. Bezüglich meiner bevorstehenden Abschlussprüfungen ermuntert mich Christina, ganz einfach meinen kontrollfreudigen Verstand loszulassen und mich auch hier vertrauensvoll der höheren Führung zu überlassen. Ich habe ja während all der Jahre gut gelernt, mein fachliches Wissen sei ja vorhanden, ich brauchte es jetzt einfach nur abzurufen mittels meiner Intuitionskraft.

Ich gebe zu, dass ich mich damit einigermaßen schwer tue, und mein Verstand würde sich tatsächlich sicherer fühlen, wenn ich den ganzen Lernstoff aus den vielen Ordnern wie gewohnt durch fleißiges Lernen in mein Gehirn pressen würde. Ich bin nicht wie meine fünfzehnjährige Tochter, die kaum je auf Prüfungen lernt oder Referate und dergleichen vorbereitet, sondern alles intuitiv angeht und damit unfassbarerweise recht erfolgreich ist. Ohne Vorbereitung ist sie imstande, in jeder Situation das jeweils Angemessene und Richtige zu erkennen, zu hören und zu erspüren. Im Unterschied dazu fühle ich mich sicherer, wenn ich meinen Verstand auf Situationen vorbereitet habe. Aber ich will lernen, mehr und mehr auch auf meine Intuitionskraft zu vertrauen.

Was das Buchprojekt betrifft, so habe ich mich wie gesagt darauf eingestellt, dass es möglicherweise noch eine Weile dauern könnte, bis wieder Bewegung in die Angelegenheit kommt. Doch einmal mehr werde ich vom Universum auf zauberhafteste Weise überrascht und sprachlos gemacht. Denn die «Antwort» auf meinen Entschluss, mich dem Quantenfeld zu überlassen, ist beeindruckender als ich es mir je hätte vorstellen können. Bereits am nächsten Tag (!) bekomme ich eine SMS von meinem ehemaligen Verleger Ronald Zürrer – nach mehreren Monaten der völligen Funkstille zwischen uns. Was für eine riesengroße, schöne Überraschung! An Ronald wagte ich im Zusammenhang mit dem Buch nicht mal zu denken, denn ich bin davon ausgegangen, dass ich meine Chance bereits vertan hatte.

Warum schickt er mir genau jetzt eine freundschaftliche und versöhnliche Nachricht und erkundigt sich unaufdringlich danach, wie es mir und dem Buchprojekt seit unserem letzten Austausch ergangen sei? Warum genau heute? Es ist ein unglaublicher Moment für mich, und auf einen Schlag wird mir bewusst: Ronald ist noch immer der einzig richtige Partner für unser Buch. Im Grunde wusste ich dies in meinem Inneren schon bei unserer ersten Begegnung. Und er, der sich stark auf seine Intuitionskraft verlässt, hat jetzt offensichtlich ein deutliches Zeichen bekommen, sich wieder bei mir zu melden. Es folgt ein kurzer, angenehmer Prozess mit gegenseitigem Eingestehen von Fehlern und mit gegenseitiger erneuter Vertrauensfindung. Ende 2016 nehmen wir unsere Zusammenarbeit wieder auf und unterzeichnen daraufhin auch formell einen neuen Verlagsvertrag.

Christina gibt ebenfalls ihr grünes Licht und begrüßt unsere Wiederaufnahme der Zusammenarbeit mit Ronald und dem Govinda-Verlag sehr – geradeso, als hätte sie es ohnehin längst gewusst. Wie sagte sie doch vor einiger Zeit: «Keine Sorge, Mama, man bekommt immer eine zweite Chance.» Ja, wie es aussieht, kann man sich der Vorsehung tatsächlich nicht entziehen.

Von März bis Mai 2017 widmet sich Ronald intensiv dem Lektorat unseres Manuskriptes, und nach und nach wächst das Buch heran und nimmt Gestalt an. Dieses Mal verläuft unsere Zusammenarbeit völlig reibungslos und harmonisch, so dass sich alle

Mai 2017: Das Team des vorliegenden Buches:
Christina mit Bernadette und Ronald.

Beteiligten sicher sind, dass nunmehr der richtige Zeitpunkt für eine Veröffentlichung gekommen ist. Kapitel für Kapitel überprüfen sowohl ich als auch Christina die einfühlsame und kompetente Lektoratsarbeit von Ronald, und wir sind sehr erfreut darüber, wie es ihm gelingt, mein Manuskript sprachlich und energetisch auf ein höheres Niveau zu erheben. Christina sagt, dadurch enthalte das Buch nun die kombinierten Schwingungen von mir, von ihr und von Ronald.

Mitten in diese Arbeit fällt auch Christinas 16. Geburtstag am 15. April 2017, und nebst einigen wenigen Freundinnen und Verwandten lädt Christina auch Ronald dazu ein, an den Feierlichkeiten bei uns zu Hause teilzunehmen. Fünf Wochen später machen wir gemeinsam mit Narada, Ronalds 20-jährigem Sohn, der Künstler ist, ein Fotoshooting. Narada wird auch beauftragt, unser Logo mit den Silhouetten von Elena und Christina zu gestalten, und er unterstützt uns zudem beim Bucheinband.

Wie es weitergehen wird: Die drei Kernbegriffe
Freiheit, Wahrheit und Liebe

Im Verlaufe der Lektoratsarbeit wird ebenfalls deutlich, dass allein schon das bereits jetzt vorhandene Textmaterial viel zu umfangreich ist, um es in einem einzigen Buch unterzubringen. Zudem hat Christina schon des öfteren angekündigt, dass dies alles erst der Anfang ihres Wirkens sei und dass wir in Zukunft noch zahlreiche weitere mündliche und schriftliche Äußerungen von ihr erwarten dürfen. Uns wird klar, dass es nicht bei einem einzelnen Buch bleiben wird, sondern dass hier gerade eine ganze «Christina»-Buchreihe am Entstehen ist. Daher entscheiden wir, das vorhandene Manuskript aufzuteilen und zwei Bände daraus zu machen.

Der vorliegende erste Band soll dabei vor allem die Geschichte von Christinas Geburt, Kindheit und Jugend sowie besonders ihre Entwicklung und Entfaltung zwischen Februar 2015 und Frühling 2017 beschreiben. Diese ersten 16 Jahre waren für Christina offensichtlich Jahre des Angewöhnens an die Dreidimensionalität, des Geschultwerdens und der Prüfungen, um sich auf ihre künftige Lebensaufgabe vorzubereiten.

Auf Anregung von Ronald fasst Christina Mitte April 2017 diese ihre Lebensaufgabe mit den drei Kernbegriffen *Freiheit, Wahrheit und Liebe* zusammen.

Ende Mai 2017, kurz bevor das Buch in Druck geht, erläutert sie dazu: «Beim Thema **Freiheit** geht es in erster Linie um die Freiheit der Menschheit vom Einfluss des Unlichts. Dabei gilt es zunächst, den Unterschied zwischen dem Licht und dem Unlicht klar zu erkennen. Danach kann sich die Bevölkerung in jedem Lebensbereich – materiell, emotional, rational und spirituell – bewusst vom System des Unlichts abkoppeln und ein neues Leben der Unabhängigkeit und der Selbstbestimmung beginnen. Dies umfasst zum Beispiel Themen wie die Selbstversorgung durch einen eigenen Kleingarten, den Tauschhandel als Alternative zum Geldsystem, das Bilden von eigenen Meinungen unabhängig vom Einfluss der Massenmedien, die Befreiung aus der Alltagsroutine und dergleichen. Ebenfalls zum Thema Freiheit gehört auch die innere Freiheit, das heißt das Annehmen aller Teile unseres Menschseins, auch der Schattenteile, im Fluss der Lebensfreude.

Damit all dies möglich werden kann, braucht es **Wahrheit**. Mit Wahrheit meine ich vor allem das Aufklären der Menschen über einige Tatsachen, die vom System des Unlichts verdreht worden sind. Denn erst wenn man die versteckten Lügen und Irreführungen erkennt und durchschaut, hat man die Möglichkeit, sich bewusst für einen anderen Weg zu entscheiden. Dies umfasst einerseits große Themen wie etwa die wahre Herkunft und Vergangenheit der Menschheit und andererseits auch das alltägliche Verstehen der Hintergründe unseres politischen und wirtschaftlichen Systems.

Der dritte Kernbegriff ist die **Liebe**. Hier geht es darum, zuerst das Wesen von Gefühlen und Emotionen zu erkennen und dann zu beginnen, alle negativen Dinge in unserem Fühlen zu Liebe zu transformieren. So können die Menschen lernen, auf Negatives und Destruktives nicht mit Wut oder Gewalt zu reagieren, sondern mit Liebe. Dann werden sie sowohl sich selbst als auch den Tätern in ihrer Vergangenheit verzeihen und beginnen, allem mit Liebe zu begegnen.»

Alle diese Themen sollen in den folgenden Bänden der «Christina»-Buchreihe zur Sprache kommen. Der zweite Band mit dem Titel «Die Vision des Guten» soll dabei vor allem Christinas philosophische und wissenschaftliche Ausführungen der Jahre 2015 und 2016 enthalten sowie einige bemerkenswerte Begebenheiten und Phänomene aus dieser Zeit schildern, die wir aus Platzgründen nicht mehr in Band 1 aufnehmen können.

Wie es danach weitergehen wird, wird die Zeit offenbaren. Wir gehen jedoch davon aus, dass in den kommenden Jahren mit weiteren «Christina»-Bänden zu rechnen sein wird …

41

Schlusswort von Christina

Liebe Leserin, lieber Leser,

Ich wurde gebeten, für dieses Buch, das meine Mutter in den vergangenen Monaten in liebevoller und hingebungsvoller Arbeit verfasst hat und für das uns mit Ronald nun ein vertrauenswürdiger Verleger zugeführt wurde, ein Schlusswort zu schreiben. Dies tue ich hiermit sehr gerne.

Die Menschheit ist im Begriff, eine erstaunliche Revolution zu durchleben. Viele haben diese Revolution herbeigesehnt, doch nur wenige verstehen, was sie wirklich bedeutet. Die kommende Revolution ist Teil einer großen Entwicklung, die Teil eines noch größeren Ereignisses ist, das umwälzende Ausmaße hat. Aber am Ende wird alles gut werden.

Das kommende Erwachen der Menschheit geschieht in Etappen, und die nächste Stufe ist die Revolution der Liebe. Liebe ist die Kraft in allen schönen, kreativen und fröhlichen Dingen, aus der die Welt besteht. Destruktive Machtstrukturen hingegen sind lediglich die Reflexion von Angst und Lieblosigkeit einer Bevölkerung. Wahre Liebe lässt alle Angst hinter sich und macht eine anmutige Revolution nicht nur möglich, sondern unumstößlich. Wenn wir alle die Energie der Liebe in uns entfesseln, dann hat die Menschheit ein zweites Mal in ihrer Geschichte das Feuer entdeckt: Das Feuer der Liebe wird sich in allen Menschen verbreiten, damit alle Systeme dieser Welt eine Anpassung durch Liebe erfahren. Die Liebe ist die alles durchdringende Kraft der Natur und somit auch unser aller Kraft.

Wir stehen vor einer Wahl: Entweder wird unsere Welt in wüster Zerstörung versinken, oder aber sie wird sich zum Konstruktiven und Guten wenden. Es gibt eine Wahrscheinlichkeit, dass alles im Chaos versinken wird: Imperien brechen zusammen, Königreiche brennen nieder, Lebensräume und ganze Welten werden zerstört. Alles, was einmal schön, lebendig und natürlich organisiert war, wird in Stücke gerissen und zerfällt zu Staub.

Doch diesem düsteren Szenario steht eine andere, umgekehrt gerichtete Kraft entgegen – eine Kraft, die das Unmöglichscheinende vollbringen kann: die Kraft des Lebens, die Kraft der Liebe. Jedes einzelne Lebewesen ist eine kurze Aufwallung gegen das Chaos, denn es ist imstande, dort Ordnung zu schaffen, wo Chaos und Unordnung wüten. Genialität ist unser Erbe, der freie Wille ist unsere Macht, und Unüberwindbares ist das Spielzeug für unsere Seele.

Die Essenz des Lebens fühlt sich an wie Liebe, erscheint wie Schönheit und erklingt wie Wahrheit. Diese Essenz des Lebens strahlt immerzu aus den himmlischen Reichen auf die Erde herab und formt das irdische Leben nach den Vorstellungen von oben. Doch die Kräfte des Unlichts hatten auf der Erde für eine gewisse Zeit Rückenwind. Dadurch ließen sich die Menschen verführen, setzten ihren Verstand gegen das Leben ein und wurden zu willenlosen Zombies, angetrieben von Gier und Neid und irrsinnigen Machtgelüsten. Das Unlicht macht vor nichts Halt, und es überrennt alles, wenn man es zulässt. Einzig der Wille einer Seele, nach dem göttlichen Plan zu leben, steht über dieser zerstörerischen Kraft. Wenn also alle Chancen gegen uns stehen, wenn die Aussichten am düstersten sind und wenn Gewalt und Zerstörung scheinbar alles beherrschen, dann kommt ein Engel und flüstert uns zu: «Es gibt etwas, das du tun kannst: Gewinne! Gewinne!»

Ein starkes Licht kann jedes Multiversum bis auf seinen Kern erschüttern. So steht der Engel des Lebens bereits am Ende dieser Zeit und winkt uns zu. Wir alle sind jetzt gefragt, die Erde zu einer lebendigen Reflexion des Himmels zu machen. Wer sich auf diese Weise ganz dem Dienste des Lebens verschreibt, wird diese Welt überwinden.

Denn wir alle sind als Licht geboren, und alle werden sich wieder daran erinnern, dass sie Licht sind. Das wird unsere Zukunft! Es wird ein großes Licht geben, und dieses Licht bist du.

Es wird große Heilung geben, und diese Heilung bist du. Es wird eine Wende zur Liebe geben, und diese Wende der Liebe bist du. Liebe wird dann die Währung eines jeden Landes sein, und die Vision des Guten wird das Zukunftsgesetz eines jeden Landes sein. Ein kleiner Lichtfaden wird sich zu einem himmlischen Licht entwickeln.

Es werde Licht!

– Christina von Dreien,
im November 2016

September 2016: Die 15½-jährige Christina im heimischen Garten.

Wir alle sind als Licht geboren,
und alle werden sich wieder daran erinnern,
dass sie Licht sind.
Das wird unsere Zukunft!

Es wird ein großes Licht geben,
und dieses Licht bist du.
Es wird große Heilung geben,
und diese Heilung bist du.
Es wird eine Wende zur Liebe geben,
und diese Wende der Liebe bist du.

Liebe wird dann
die Währung eines jeden Landes sein,
und die Vision des Guten wird
das Zukunftsgesetz eines jeden Landes sein.
Ein kleiner Lichtfaden wird sich
zu einem himmlischen Licht entwickeln.

Es werde Licht!

Christina von Dreien

Danksagungen

Mein großer herzlicher Dank gilt Dir, *Christina*. Du bist hierher gekommen, um mit Deiner weltoffenen, weisen und friedvollen Art die Menschen dabei zu unterstützen, ihr Bewusstsein zu erweitern und den Sinn ihres Daseins klarer zu erkennen. Danke, dass ich in diesem ersten Buch einen Teil der vielschichtigen höherdimensionalen Phänomene, die für Dich so selbstverständlich sind, sowie auch einen Teil Deiner zahlreichen Aussagen niederschreiben durfte. Deine Lichtschwingung hat auch mir geholfen, mich weiterzuentwickeln und mein eigenes Licht wieder zu erkennen und zu entfalten. Mit diesem Buch wird nun das Erfüllen Deiner Lebensaufgabe beginnen. Ich freue mich darüber, dass Du uns daran teilhaben lässt.

Auch Dir, *Ronald,* möchte ich meinen innigsten Dank für die harmonische Zusammenarbeit aussprechen. Meine eigenen sprachlichen Kenntnisse hätten niemals ausgereicht, um einem Text mit solch erhabenem Inhalt die angemessene Form zu verleihen. Doch mit Dir als einfühlsamem und sprachgewandtem Lektor und Verleger wird daraus nun eine Buchreihe entstehen, die der lichtvollen Themen Christinas würdig ist. Wir als Familie erachten Dich zudem auch als unseren persönlichen Freund und Weggefährten und schätzen Dein bescheidenes Wesen, unseren offenen und klaren Umgang sowie die kritischen Gespräche sehr. Danke für Dein Vertrauen in unsere Arbeit und für die Freiheit, die Du uns darin stets gewährst.

Besonderer Dank gilt auch Dir, *Mario*. Während der unzähligen Gesprächsstunden zwischen Christina und mir hast Du Dich jeweils verständnisvoll und fasziniert Deinen eigenen Vorlieben gewidmet, die meist vier Räder oder vier Beine haben. Die Zeit wird zeigen, welche Rolle Du in dieser Mission spielen wirst. In Dir hat Christina auf alle Fälle immer einen verlässlichen Bruder und Vertrauten, wie man ihn sich nur wünschen kann.

Elena, Dich durfte ich als Mama nur zwei Monate lang begleiten. Dann hast Du Dich entschieden, Deine dreidimensionale

Hülle wieder zu verlassen und eine weit wichtigere Aufgabe zu übernehmen. Hab meinen herzlichen Dank dafür, dass Du Christina beim Erfüllen ihrer Bestimmung allezeit mit Deinem goldenen Licht begleitest und unterstützt.

Ihr alle seid für mich Geschenke des Himmels, und dafür bin ich unendlich dankbar. Ihr alle gebt mir mit Eurem Denken, Sprechen, Handeln und Wirken immer wieder Anlass und Vorbild, mich innerlich weiterzuentwickeln, meinem göttlichen Kern Schritt für Schritt näher zu kommen und mein eigenes Licht und Potenzial weiter zu entfalten.

– Bernadette von Dreien,
im Mai 2017

Über die Autorin

Bernadette von Dreien (geb. am 16. Januar 1972 im schweizerischen Toggenburg als Bernadette Brändle; bürgerlich Bernadette Meier) ist eine frühere Spitzen-Leichtathletin und heutige Naturheilpraktikerin.

In diversen Langstrecken-Laufdisziplinen (Marathon, Halbmarathon, 10'000 m, Berglauf und Crosslauf) feierte sie ab 1997 – als Bernadette Meier – zahlreiche Elite-Medaillen, darunter mehrfach den Titel als Schweizer Meisterin; dazu kommen etliche Top-Ten-Klassierungen an Europa- und Weltmeisterschaften. Sie war bis Sommer 2015 als Kader-Athletin von Swiss Athletics aktiv.

Die gelernte Medizinische Praxisassistentin absolvierte zwischen 2013 und 2017 eine zusätzliche Ausbildung zur Dipl. Naturheilpraktikerin mit der Fachrichtung Traditionelle Europäische Naturheilkunde (TEN).

Sie lebt derzeit mit Tochter Christina (geb. 2001) und Sohn Mario (geb. 2003) in dem Dorf Dreien im schweizerischen Kanton St. Gallen.

Ein Hinweis zu den Pseudonymen:

Weder Bernadette noch Christina beabsichtigen, durch das Annehmen des Pseudonyms «von Dreien» ihre Identität zu verschleiern. Vielmehr führen sie dafür die folgenden Gründe an: Erstens drückt ein Pseudonym eine gewisse Neutralität aus; zweitens besitzt der bürgerliche Name (Meier) nicht denselben Wiedererkennungswert; drittens weist das Pseudonym «von Dreien» auf den Ort hin, an dem Christina ihre irdischen Wurzeln hat und bisher seit ihrer Geburt lebt; und viertens ist bei Christina der Zusatz «von Dreien» eine Anspielung darauf, dass sie eigentlich nicht eines von zwei Geschwistern ist, sondern eines *von dreien*. Denn ihre früh verstorbene Zwillingsschwester Elena gehört aus ihrer Sicht genauso zur Familie; sie ist als feinstoffliches Lichtwesen beständig an Christinas Seite und begleitet und unterstützt sie beim Erfüllen ihrer Lebensaufgaben.

Website von Bernadette:　　www.bernadettemeier.ch

Website von Christina:　　　www.christinavondreien.ch

Eine Anmerkung der Autorin:

Es entspricht unserem Weltbild und auch der Art und Weise, wie wir uns eine liebevolle Verbindung zwischen Menschen wünschen, dass wir offen, ehrlich und respektvoll miteinander umgehen. Daher bitten wir Sie, unsere Privatsphäre genauso zu respektieren, wie Sie es sich wünschen, dass andere Ihre Privatsphäre respektieren. Insbesondere ersuchen wir Sie, uns nur mit lichtvollen Anliegen zu kontaktieren und uns ausschließlich nach vorheriger Absprache zu besuchen.

　Wie im vorliegenden Buch ausgeführt, steht Christina der Öffentlichkeit weder als Heilerin von physischen oder psychischen Erkrankungen noch für das Vorführen ihrer Begabungen zu Unterhaltungszwecken zur Verfügung. Wir bitten Sie, auch dies zu respektieren. Herzlichen Dank.

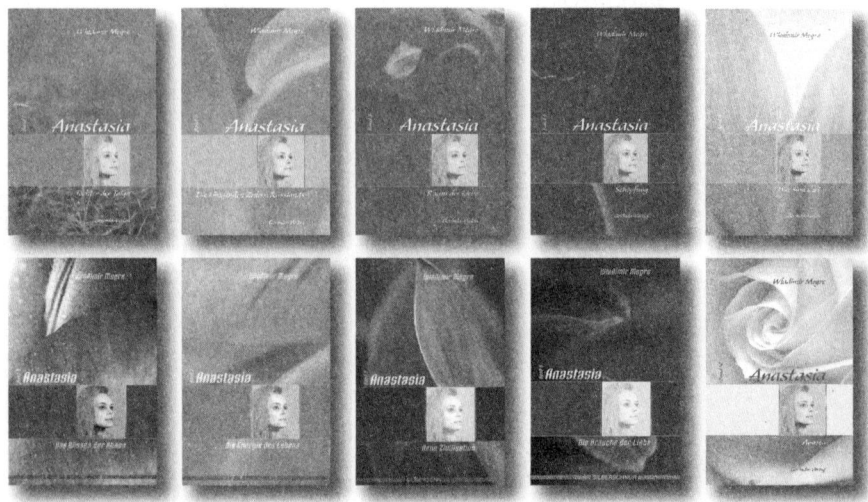

Anastasia ist die Botschafterin eines uralten Volkes, dessen Nachkommen auch heute noch vereinzelt in der Taiga leben, von der Zivilisation unbeeinflusst und immer noch im Besitz «paranormaler» Kräfte, die der moderne Mensch weitgehend verloren hat.

Kurz nach der Öffnung Russlands war die Zeit anscheinend reif, dass die Welt von der Existenz dieser Menschen erfahren sollte. So ließ es die junge Einsiedlerin Anastasia im Jahr 1994 zu, dass ein «Zivilisierter» – der Geschäftsmann Wladimir Megre aus Nowosibirsk – mit ihr in Kontakt kam und im darauffolgenden Jahr für drei Tage Zeuge ihres Lebens auf einer entlegenen Taiga-Lichtung wurde. Diese Begegnung sollte Wladimir Megres Leben grundlegend verändern. Als einfacher Geschäftsmann, der nur den Atheismus des kommunistischen Russlands kannte, sah er sich plötzlich mit Phänomenen konfrontiert, die alles bisher Gekannte um Dimensionen übertrafen: Telepathie, Präkognition, Teleportation, Unverletzlichkeit, Verbindung mit höherdimensionalen Welten usw.

Anastasias Person und Lebensstil provozieren Fragen zu weltbewegenden Themen wie die Herkunft des Menschen, Gesundheit, kosmische Heilkraft, richtige Ernährung, göttliche Naturverbundenheit, die Ursache von Krankheit, Hintergründe der Weltpolitik oder die Zukunft der Menschheit.

Seit dem ersten Erscheinen von Band 1 in Russland (1996) hat sich dort Unglaubliches getan. Die Bücher riefen eine ökologisch und spirituell orientierte Bewegung ins Leben, die inzwischen zur regelrechten Volksbewegung mit einer großen Anzahl verschiedener Non-Profit-Organisationen und alternativer Wohnprojekte – sogenannte «Familienlandsitze» – wurde. Anastasias Botschaft berührte die Herzen von Millionen von Menschen, und die überwältigende Resonanz löste eine revolutionäre Dynamik aus, die inzwischen weit über den russischen Sprachraum hinausgeht. So gibt es in ganz Europa und auch im deutschen Sprachraum bereits zahlreiche Projekte, die im Begriff sind, die Ideen Anastasias umzusetzen in eine lebendige Realität.

Die «Anastasia»-Bücher wurden mittlerweile in mehr als zwanzig Sprachen mit einer Gesamtauflage von über 11 Millionen Exemplaren gedruckt. In deutscher Sprache sind sämtliche zehn Bände erschienen; fünf davon sind inzwischen auch als Hörbuch lieferbar.

Band 1:   Anastasia – Tochter der Taiga   199 Seiten │ Hörbuch 400 Minuten

Band 2:   Anastasia – Die klingenden Zedern Russlands
                                                   226 Seiten │ Hörbuch 470 Minuten

Band 3:   Anastasia – Raum der Liebe   216 Seiten │ Hörbuch 458 Minuten

Band 4:   Anastasia – Schöpfung   226 Seiten │ Hörbuch 495 Minuten

Band 5:   Anastasia – Wer sind wir?   237 Seiten │ Hörbuch 522 Minuten

Band 6:   Anastasia – Das Wissen der Ahnen   274 Seiten

Band 7:   Anastasia – Die Energie des Lebens   264 Seiten

Band 8.1:   Anastasia – Neue Zivilisation   208 Seiten

Band 8.2:   Anastasia – Die Bräuche der Liebe   208 Seiten

Band 10:   Anastasia – Anasta   260 Seiten

jeder Band € 16,00 / CHF 24.00 │ jedes Hörbuch € 12,90 / Fr. 15.50

Weitere Informationen auf der Website des Verlages:

www.govinda.ch/unsere-autoren/wladimir-megre.html

Die geistige Herkunft des Menschen.

Darwinismus: kritische Forschung, neue Perspektiven.

Armin Risi
«IHR SEID LICHTWESEN»
Ursprung und Geschichte des Menschen

398 Seiten, gebunden, reich illustriert
ISBN 978-3-905831-27-6
€ 24,00 / Fr. 36.00

Welche Erkenntnisse erlangen wir, wenn die Wissenschaft sich nicht auf ein materialistisches Weltbild beschränkt? Armin Risi, einer der mutigsten Vordenker der heutigen Zeit, provoziert sowohl die Wissenschaften als auch die Religionen: Tiere wurden nie zu Menschen, wie die Evolutionstheorie behauptet, und der «Garten Eden» war ganz anders. Auch waren die Menschen der früheren Zeitalter nicht primitiv. Sie kannten die Wissenschaft des Lebens, die wir heute ganzheitlich – im Zusammenhang des Materiellen mit dem Spirituellen – neu entdecken: «Ihr seid Lichtwesen.» (Joh 10,34)

• Wie entstand der Mensch? • Wie entstand das Leben auf der Erde? Aus Materie? Zufällig? • Was besagen die angeblichen Beweise des Darwinismus tatsächlich? • Was sagt das alten Mythen- und Mysterienwissen? • Welche Botschaft verbirgt sich in den archäologischen Rätseln? • Wohin führt die Spur unserer Vorfahren?

Der längst erforderliche Durchbruch über den Darwinismus hinaus – konsequent und revolutionär.

Armin Risi
EVOLUTION
Stammt der Mensch von den Tieren ab?

166 Seiten, Taschenbuch
ISBN 978-3-905831-28-3
€ 9,50 / Fr. 14.00

Seit über hundert Jahren dominiert die Evolutionstheorie die gesamte Wissenschaft und Forschung, und sie wird in Schulbüchern und an Universitäten so präsentiert, als sei sie längst bewiesen. In Wirklichkeit jedoch stellt der Darwinismus nur eine von mehreren möglichen Interpretationen der wissenschaftlichen Fakten dar. Und Interpretationen beruhen immer auf Weltbildern.

• Welches Weltbild liegt der Evolutionstheorie zugrunde?
• Wie glaubwürdig ist die Evolutionstheorie?
• Wie entstand das Leben auf der Erde?
• Wie entstand der Mensch?

Dieses Buch aus der Reihe «Grundlagenwissen im Govinda-Verlag» ist eine logische und leicht verständliche Darlegung der fundamentalen Mängel der Evolutionstheorie. Es zeigt, dass heute ein Denken in neuen Dimensionen erforderlich ist, insbesondere was das Phänomen «Leben» und die Herkunft des Menschen betrifft.

Eine faktenreiche Ergänzung zu Armin Risis Standardwerk «Ihr seid Lichtwesen».

Einführung in die Wissenschaft der Seelenwanderung.

Vorteile einer fleischlosen Ernährung.

Ronald Zürrer
REINKARNATION

Armin Risi / Ronald Zürrer
VEGETARISCH LEBEN

144 Seiten, Taschenbuch
ISBN 978-3-906347-61-5
€ 9,50 / Fr. 14.00

11. Auflage, 173 Seiten, Taschenbuch
ISBN 978-3-906347-77-6
Sonderpreis € 4,50 / Fr. 8.00

Gemäß aktuellen Umfragen glauben heute rund 70 % der Bevölkerung im deutschsprachigen Raum an eine Weiterexistenz der Seele nach dem Tod, und bereits rund 35 % glauben überdies, dass wir uns im Sinne der Wiedergeburts- bzw. Reinkarnationslehre neu verkörpern können. Diese Zahlen sind steigend: Immer mehr Menschen, insbesondere aus der jüngeren Generation, interessieren sich für die Idee der Seelenwanderung und möchten mehr darüber erfahren.

Dieses Buch aus der Reihe «Grundlagenwissen im Govinda-Verlag» bietet dem Leser eine Einführung in die zentralen Aspekte der Lehren von Karma, Dharma und Reinkarnation. Alles Wichtige, was man über die Wiedergeburt wissen muss und was darüber bis heute bekannt ist, wird in kurzen Kapiteln angesprochen und in leicht verständlicher Weise erklärt.

Dem Autor Ronald Zürrer wurde für seine Verdienste in der Reinkarnationsforschung 2006 der «Schweizerpreis für Parapsychologie» verliehen.

Seit Jahren eine der bedeutendsten und beliebtesten Schriften zum Thema – in erweiterter und aktualisierter Neuauflage!

Vegetarisch leben – dies ist nicht nur eine gesunde, vollwertige Ernährungsweise, sondern auch Ausdruck eines bewussten Lebensstils. Vegetarisch leben ist ein aktiver Schritt, um den destruktiven Tendenzen der modernen Zivilisation entgegenzuwirken. Denn die Nachteile des globalen Fleischkonsums werden immer offensichtlicher.

Dieses Buch aus der Reihe «Grundlagenwissen im Govinda-Verlag» vermittelt die wichtigsten Informationen zur Diskussion über Vegetarismus und Fleischkonsum: Ein informatives Grundlagenbuch sowohl für Vegetarier als auch für kritische Fleischkonsumenten.

Mit einer Gesamtauflage von 458.000 Exemplaren ist «Vegetarisch leben» heute im deutschsprachigen Raum die am weitesten verbreitete Schrift zu diesem Thema.

Die Menschheit vor der globalen Transformation.

Wegweiser zur Transformation.

Susanne Aubry / Karl Schnelting
DEIN WILLE GESCHEHE JETZT!

Susanne Aubry / Karl Schnelting
WEIL ICH DICH LIEBE

289 Seiten, Taschenbuch
ISBN 978-3-906347-85-1
€ 12,00 / Fr. 18.00

369 Seiten, Taschenbuch
ISBN 978-3-906347-86-8
€ 12,00 / Fr. 18.00

Wir leben heute in einer Zeit, in der sich vieles scheidet und entscheidet. Aus irdischen und auch aus höherdimensionalen, unsichtbaren Bereichen greifen dunkle Mächte nach der Menschheit. Gleichzeitig steht die Erde nach kosmischem Schöpfungsplan vor einer globalen Transformation. Aus den Welten des Lichts gelangen deshalb immer dringlichere Botschaften und Warnungen an die Menschen: • Welche Entscheidungen stehen bevor? • Wessen Wille wird geschehen? • Wie schützt man sich vor negativen Einflüssen? • Wie können wir auch in Zeiten extremer Bedrohung die höhere Sicht, die göttliche Liebe und das Gottvertrauen bewahren?

Erfahren Sie in diesem historischen Buch, was Lichtwesen aus hohen und höchsten Dimensionen uns schon in den Jahren 1995–97 über die gegenwärtigen und zukünftigen Vorgänge auf der Erde mitteilten. Ihre Botschaften enthalten nicht nur einzigartige Perspektiven, Enthüllungen und Prophezeiungen, sondern sind auch eine unerschöpfliche, lebendige Quelle von persönlicher Kraft und Inspiration.

Die Erde und mit ihr die Menschen befinden sich in einer tiefgreifenden Transformation, die sich unaufhaltsam beschleunigt. Nie zuvor war die kosmische Einstrahlung auf die Erde so hochaktiv wie in der gegenwärtigen Zeit. Durch sie wird alles intensiviert und verstärkt – das Licht, aber auch die Dunkelheit.

• Was bedeuten diese Veränderungen für uns?
• Wie reagieren wir im Hinblick auf das Kommende?

Wer mehr als nur menschlichen Rat sucht, findet in diesem Buch Zugang zu neuen Quellen der Erkenntnis und der Wahrnehmung. Lichtwesen aus hohen und höchsten Dimensionen teilten uns schon in den Jahren 1996–98 mit, wie die künftige Entwicklung der Erde vor sich gehen wird und wie der Mensch sich individuell darauf vorbereiten kann. Ihre von Weisheit und Liebe erfüllten Botschaften sind auf unserem Weg in die neue Zeit einzigartige Wegweiser und eine unerschöpfliche Quelle der Kraft und Zuversicht.

Wie wir unseres Glückes Schmied sein können.

Wie wir unsere Lebensaufgaben erkennen und erfüllen können.

Daniela Maiwald / Ronald Zürrer
NIMM DEIN LEBEN IN DIE EIGENE HAND!

Daniela Maiwald / Ronald Zürrer
FOLGE DEINER BESTIMMUNG!

Mit einem Vorwort von Armin Risi
ISBN 978-3-905831-42-9
261 Seiten, gebunden, Leseband
€ 34,00 / Fr. 39.90

Mit einem Vorwort von Richard Unger
ISBN 978-3-905831-43-6
661 Seiten, gebunden, Leseband
€ 58,00 / Fr. 69.90

Die dreibändige Buchreihe über das weltweit einzigartige System der Psychologischen Handanalyse.

In Band 1 werden unter anderem folgende Themen erörtert: • Eine kurze Geschichte der Handlesekunst • Der Unterschied zwischen Chirologie, Chiromantie und Chirosophie • Das Welt- und Menschenbild der Psychologischen Handanalyse • Das Konzept «Schulungsplanet Erde» • Handanalyse bei Kindern und Jugendlichen • Grundzüge einer spirituellen Psychologie • Der Aufbau des feinstofflichen Körpers • Einführung in das Konzept von Karma («Schicksal») • Einführung in das Konzept von Dharma («Lebensaufgabe») • Das bewusste Schmieden unseres Lebensglücks.

Die dreibändige Buchreihe über das weltweit einzigartige System der Psychologischen Handanalyse.

In Band 2 werden unter anderem folgende Themen erörtert: • Wie wir aus den Fingerabdrücken unser psychologisches Grundmuster und unseren persönlichen Lebenszweck ermitteln können • Wie und warum das System zur Decodierung der Fingerabdrücke funktioniert • Die «Vier Lebensschulen» und ihre Kardinaltugenden: Demut, Liebe, Weisheit, innerer Frieden • Die dreizehn Themenbereiche, in denen sich unsere Bestimmung und unsere Herausforderungen offenbaren • Konstruktiver Umgang mit unterschwelligen Ängsten und anderen Basisemotionen.

(Hinweis: Band 3 «LEBE DEINE TALENTE! – Wie wir unsere Potenziale entdecken und entfalten können» ist in Vorbereitung.)

Dieses Buch ist mehr als nur eine weitere Michael-Jackson-Biografie. Es beschreibt eine der faszinierendsten, triumphalsten und tragischsten Lebensgeschichten der heutigen Zeit. Denn wer erkennt, was beim King of Pop geschah, durchschaut auch vieles andere …

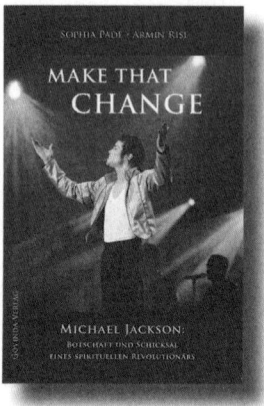

Sophia Pade / Armin Risi

MAKE THAT CHANGE

Michael Jackson: Botschaft und Schicksal eines spirituellen Revolutionärs

688 Seiten, gebunden, mit Lesebändern und zahlreichen Bildern und Illustrationen
ISBN 978-3-905831-46-7
€ 34,00 / Fr. 39.90

MICHAEL JACKSON (1958–2009) war nicht nur ein brillanter und innovativer Sänger, Komponist, Tänzer und Choreograf, sondern auch ein Friedensbotschafter und ein spiritueller Revolutionär. *«Make that change»*, der berühmte Aufruf aus dem Song *Man in the Mirror,* war sein erklärtes Ziel. Mit seinem weltweiten Einfluss wollte er konkrete Veränderungen bewirken – nicht durch Bekämpfung der Dunkelheit, sondern durch die Stärkung des Lichts: Liebe, Heilung, Wohltätigkeit, Schutz der Kinder. Und gerade dort setzten die falschen Anschuldigungen und der Rufmord an. Der Megastar war für gewisse Kreise zu einer spürbaren Bedrohung geworden. Es ging um Geld und Macht und mehr noch um eine *spirituelle Dimension:* die Botschaft des Lichts, die immer wieder bekämpft und ins Gegenteil verdreht wird, insbesondere durch Angriffe auf den Botschafter …

MAKE THAT CHANGE beruht auf einer langjährigen intensiven Recherche über die verborgenen Aspekte von Michael Jacksons Schicksal. Was im Leben des King of Pop geschah, ist ein entlarvender Spiegel unserer Zeit, ebenso wie die Umstände, die zu seinem Tod führten (offiziell durch «fahrlässige Tötung»). Vor dieser dunklen Kulisse wird das Licht umso sichtbarer – als Zeugnis einer friedvollen Revolution des Herzens, die heute notwendiger ist denn je.

- Das Leben des Megastars, seine globale Bedeutung – und die Mächte, die ihn bekämpften
- Seine Krankheiten, seine Schmerzen, seine Operationen (von denen die meisten medizinisch bedingt und notwendig waren)
- Warum es zu den Anschuldigungen kam (warum gerade «Kindesmissbrauch»?)
- Wie die Massenmedien der Verleumdung dien(t)en
- Die Hintergründe und Abgründe der Entertainment-Industrie
- Michael Jacksons Pläne für ein eigenes, lichtvolleres Medienimperium
- Der lange und heimtückische Kampf um seine Kapitalanlagen
- Wie es zu seinem erzwungenen(!) Comeback kam – mit tödlichem Ausgang
- Wie's nach seinem Tod weiterging (das dubiose und fehlerhafte Testament, die zwei großen Prozesse, die neuen Anschuldigungen, der «Ausverkauf»)
- Der Schlüssel zur Heilung des Planeten («Heal the World»)

Der Philosoph und Dichter Ronald Zürrer legt sein neuestes Werk vor:
ein kleines, feines Büchlein über die Schönheit und Heilkraft von
Tugenden, ergänzt durch ein Kartenset mit 170 Tugendkarten. Für alle,
denen es mit der Veredelung ihres Charakters tatsächlich ernst ist.

Ronald Zürrer

SCHÖNHEIT DES INNEREN

Taschenbuch und Kartenset

65 Seiten, Taschenbuch
ISBN 978-3-905831-39-9
€ 8,00 / CHF 12.00

170 Kärtchen in handlicher Papp-Box
ISBN 978-3-905831-40-5
€ 20,00 / CHF 30.00

Dieses Buch richtet sich an Menschen, deren Wunsch es ist, Zeit und Aufmerksamkeit auf das
Entfalten von Tugenden zu richten – also von erhebenden Charaktereigenschaften, die beitragen
zur Schönheit des Inneren.

Hierfür hat der Autor einige der bedeutsamsten und glückverheißendsten Früchte vom Baum
der Tugenden gepflückt und sie in Form von kleinen Lebensvorsätzen aus seiner persönlichen
Sicht erläutert. So werden in diesem Aufschlagewerk beispielsweise die folgenden Tugenden und
ethischen Werte beleuchtet:

Achtsamkeit | Ausgeglichenheit | Authentizität | Begeisterungsfähigkeit | Dankbarkeit | Demut
| Eigenverantwortung | Einfachheit | Einzigartigkeit | Entschlossenheit | Erwartungslosigkeit |
Frieden | Fürsorge | Gastfreundlichkeit | Geduld | Gelassenheit | Gerechtigkeit | Gewaltlosigkeit
| Glaube | Hilfsbereitschaft | Hingabe | Hoffnung | Humor | Individualität | Klarheit | Kreativität
| Kritikfähigkeit | Lernfähigkeit | Liebe | Maßhaltung | Mitgefühl | Mut | Naturverbundenheit |
Phantasie | Schweigsamkeit | Tiefgründigkeit | Treue | Unbekümmertheit | Unterscheidungskraft
| Urvertrauen | Verantwortungsbewusstsein | Vergebung | Weisheit | Zuversicht.

Mit Hilfe des Kartensets kannst du – wie bei den sogenannten «Engelkarten» – in einer bestimmten Lebenssituation eine Tugend-Karte ziehen, um zu erfahren, welcher Engel in diesem Moment
zu dir kommen und dir bei deinen aktuellen Fragen oder Entscheidungen beistehen möchte.

Oder du kannst regelmäßig eine Karte ziehen und dann die entsprechende Tugend zu deiner
persönlichen «Tagestugend» oder «Tugend der Woche» oder «Tugend des Monats» erklären. Lenke
alsdann deine Achtsamkeit bewusst auf die Qualität dieser Tugend und beobachte ihr Wirken in
deinem Alltag, etwa in deinem Austausch mit anderen Menschen oder mit dir selbst oder auch
in der Erfüllung deiner beruflichen, sozialen und familiären Pflichten. Auf diese Weise wirst du
die Erfahrung machen, dass sich diese Tugend allmählich in deinem Bewusstsein entfaltet und
beginnt, dein Denken und Fühlen, dein Sprechen und Handeln zu durchdringen und zu berei-
chern. Lass dich überraschen, welch erfreuliche Auswirkungen dies auf dein Leben haben wird.

Bernadette von Dreien

CHRISTINA, Band 1:
Zwillinge als Licht geboren

Buch, 319 Seiten, gebunden,
mit Lesebändchen
ISBN 978-3-905831-48-1
€ 19,90 / Fr. 28.00

Vollständige, ungekürzte Hörbuchfassung
Lesung: Nicola Good
Umfang: 2 CDs (MP3-Format) mit Booklet,
in edlem DigiPac aus Karton
Spieldauer: ca. 12 Stunden

ISBN 978-3-905831-49-8
€ 15,90 / Fr. 22.00

Bernadette von Dreien

CHRISTINA, Band 2:
Die Vision des Guten

Buch, 337 Seiten, gebunden,
mit Lesebändchen
ISBN 978-3-905831-50-4
€ 19,90 / Fr. 28.00

Vollständige, ungekürzte Hörbuchfassung
Lesung: Nicola Good
Umfang: 2 CDs (MP3-Format) mit Booklet,
in edlem DigiPac aus Karton
Spieldauer: ca. 13 Stunden

ISBN 978-3-905831-51-1
€ 15,90 / Fr. 22.00